토마스 아퀴나스 신학대전 28

법

이 진 남 옮김

제2부 제1편
제90문 - 제97문

신학대전 28

법

2015년 7월 8일 교회인가
2020년 2월 27일 1판 1쇄 발행
2022년 4월 5일 2판 1쇄 발행

간행위원 | 손희송 주교 정의채 몬시뇰 이재룡 신부(위원장)
          안소근 수녀 윤주현 신부 이상섭 교수 정현석 교수
지은이 | 토마스 아퀴나스
옮긴이 | 이진남
펴낸이 | 이순규
펴낸곳 | 바오로딸

01166 서울 강북구 오현로7길 34
등록 | 제7 - 5호 1964년 10월 15일
전화 | 02) 944 - 0800 팩스 | 987 - 5275

취급처 | 중앙보급소
전화 | 02) 984 - 3611 팩스 | 984 - 3612
ⓒ 한국성토마스연구소·2022 FSP 1588
성경 ⓒ 한국천주교중앙협의회, 2021.

값 23,000원

이메일 | edit@pauline.or.kr
인터넷 서점 | www.pauline.or.kr 02) 944 - 0944
ISBN 978 - 89 - 331 - 1475 - 9 94160
ISBN 978 - 89 - 331 - 0517 - 7 94160(세트)

Summa Theologiae, vol.28
by St. Thomas Aquinas

Korean translation copyright ⓒ 2020 by St. Thomas Institute in Korea
All rights reserved
Published by Pauline, Seoul

토마스 아퀴나스 신학대전 28

법

S. Thomae Aquinatis
SUMMA THEOLOGIAE

이 진 남 옮김

제2부 제1편
제 90 문 - 제 97 문

차 례

성 요한 바오로 2세 교황의 격려와 축복의 말씀 / ix
교황 레오 13세의 회칙 발췌문 / xiv
성 요한 바오로 2세 교황의 회칙 발췌문 / xvii
우리말 번역에 부쳐 / xxii
『신학대전』 간행계획 / xxv
일러두기 / xxvii
일반약어표 / xxxi
성 토마스 작품 약어표 / xxxiii
'법' 입문 / xxxviii

제90문 법의 본질에 대하여 / 3
제1절 법은 이성에 속하는 것인가? / 5
제2절 법은 항상 공동선으로 질서 지어지는가? / 11
제3절 누구의 이성이라도 법을 제정할 수 있는가? / 17
제4절 공포(公布)는 법의 본성에 속하는가? / 23

제91문 법의 종류에 대하여 / 29
제1절 영원법은 존재하는가? / 29
제2절 우리에게 자연법은 존재하는가? / 35
제3절 인정법(人定法)은 존재하는가? / 43
제4절 신법(神法)은 존재할 필요가 있었는가? / 49

제5절 신법은 오직 하나인가? / 55
제6절 정욕의 법은 존재하는가? / 63

제92문 법의 효력에 대하여 / 71
제1절 법의 효력은 인간을 선하게 만드는가? / 71
제2절 법의 행위는 적합하게 지정되는가? / 79

제93문 영원법에 대하여 / 87
제1절 영원법은 하느님 안에 있는 최고의 원형인가? / 89
제2절 영원법은 모두에게 알려지는가? / 95
제3절 모든 법은 영원법에서 나오는가? / 101
제4절 필연적인 것과 영원한 것은 영원법 아래 있는가? / 107
제5절 본성적으로 우유적인 것은 영원법 아래 있는가? / 113
제6절 모든 인간사(人間事)는 영원법 아래 있는가? / 119

제94문 자연법에 대하여 / 129
제1절 자연법은 습성인가? / 129
제2절 자연법은 계명을 여러 개 가지는가, 하나만 가지는가? / 135
제3절 덕의 모든 행위는 자연법에서 나오는 것인가? / 143
제4절 모두에게 자연의 법은 하나인가? / 149
제5절 자연의 법은 개정될 수 있는가? / 157
제6절 자연의 법은 인간의 마음에서부터 지워질 수 있는가? / 165

제95문 인정법에 대하여 / 171
제1절 인간에 의해 어떤 법이 주어지는 것은 유익한가? / 171

제2절 인간이 만든 모든 법은 자연법에서 나오는가? / 179
제3절 이시도루스는 실정법의 성질을 적절하게 설명했는가? / 187
제4절 이시도루스는 인정법을 적절하게 분류했는가? / 193

제96문 인정법의 효력에 대하여 / 201
제1절 인정법은 특정한 사람에게가 아니라 공통적으로 주어져야 하는가? / 201
제2절 모든 악덕을 억제하는 것은 인정법에 속하는가? / 209
제3절 인정법은 모든 덕의 행위에 규칙을 부여하는가? / 215
제4절 인정법은 양심의 법정에서 인간에게 필연성을 부과하는가? / 219
제5절 모든 사람이 법 아래 있는가? / 227
제6절 법 아래 있는 자가 법의 문구에서 벗어나 행동할 수 있는가? / 235

제97문 법의 개정에 대하여 / 243
제1절 어떤 방식에 있어서는 인정법이 개정되어야 하는가? / 243
제2절 더 좋은 어떤 것이 생기면 인정법은 항상 개정되어야 하는가? / 249
제3절 관습은 법의 효력을 가질 수 있는가? / 253
제4절 다중의 통치자는 인정법에 있어 면제할 수 있는가? / 261

주제 색인 / 266
인명 색인 / 277
성경 색인 / 278
토마스 아퀴나스 작품 색인 / 278
고전 작품 색인 / 279

FROM THE VATICAN

April 26, 1994

Dear Father Tjeng,*

His Holiness Pope John Paul II was indeed pleased to learn that a Korean translation of the *Summa Theologiae* of Saint Thomas of Aquinas is being published. He warmly encourages you and your collaborators in this enterprise, which will lead not only to a better knowledge of the teachings and method of the one whom Pope Leo XIII called "inter Scholasticos Doctores, omnium princeps et magister"(Leo XIII, *Aeterni Patris,* No. 22), but also to a most fruitful encounter between Christian philosophy and theology and the intellectual traditions of Korea.

Only recently, His Holiness referred to the unique place of Saint Thomas in the history of thought by stating that "the philosophical and theological synthesis which he elaborated is a solid, lasting possession for the Church and humanity"(*Great Prayer,* 16 March 1994, No. 6). That synthesis flows from the principle that there is a profound and inescapable harmony between the truths of reason and those of faith.(cf. *Address to*

---

* The Reverend Paul Tjeng Eui-Chai

성 요한 바오로 2세 교황의 격려와 축복의 말씀

친애하는 정의채 바오로 신부님,

교황 요한 바오로 2세 성하께서는 성 토마스 아퀴나스의 『신학대전』이 한국어로 번역·출판되고 있다는 소식을 들으시고 매우 기뻐하십니다. 이 작업에 참여하는 이들을 따뜻한 마음으로 격려하십니다. 이 작업은 교황 레오 13세 성하께서 "스콜라 학자들의 수장(首長)이며 스승"(레오 13세, 『영원하신 아버지』22항)이라고 부르신 성 토마스의 가르침과 방법에 대해 보다 깊은 이해를 하게 할 뿐만 아니라 그리스도교의 철학과 신학이 한국의 전통 사상과 만나 매우 풍요로운 결실을 맺게 할 것입니다.

교황 성하께서는 최근에도 "성 토마스가 집대성한 철학적·신학적 종합은 교회와 온 인류의 건실하고 항구한 자산입니다"(『위대한 기도』 1994년 3월 16일, 6항)라고 하시어, 사상사(思想史)에 있어 성 토마스가 차지하는 독보적인 위치를 확인하셨습니다. 성 토마스가 이룩한 종합은 이성의 진리와 신앙의 진리 사이에는 근본적이고 불가피한 조화가 존재한다는 원리로부터 비롯됩니다.(제8차 국제 토마스 회의에서의 말씀: 1980년 9월 13일, 2항 참조)

Eighth International Thomistic Congress : 13 September 1980, No. 2)

The heart of Saint Thomas'reflection is man's relationship to God, his Creator and Lord. He sees man as proceeding from creative divine wisdom and returning to the Father on the basis of an elevation of the human intellect and will, through the grace of Christ's redemptive love. Indeed, he defines man as "the horizon of creation in which heaven and earth join, like a link between time and eternity, like a synthesis of creation."(Ibid., No. 5)

For Saint Thomas, true philosophy should faithfully mirror the order of things themselves, otherwise it ends by being reduced to an arbitrary subjective opinion. "This realistic and historical method, fundamentally optimistic and open, makes St. Thomas not only the 'Doctor Communis Ecclesiae', as Paul VI calls him in his beautiful Letter *Lumen Ecclesiae,* but the 'Doctor Humanitatis', because he is always ready and disposed to receive the human values of all cultures."(Ibid., No. 4) Is this approach itself not a solid point of contact with the great philosophical systems of the East and a sure promise of a very fruitful dialogue between the intellectual traditions of East and West? Such a dialogue in turn is the obligatory path of the progress of human culture, as well as a requisite for a deeper inculturation of Christianity among the peoples of the vast continent of Asia.

His Holiness values the present translation as an important contribution to these lofty goals. He invokes an abundance of

성 토마스 사상의 핵심은 인간이 자신의 창조자이며 주님이신 하느님과 인간이 맺고 있는 관계입니다. 성 토마스는 인간을 하느님의 창조적 지혜에서 출발하여, 인간 자신의 지성과 의지를 고양(高揚)시키는 그리스도의 구원적 사랑의 은총에 힘입어 아버지께로 다시 돌아가는 존재로 봅니다. 바로 그렇기 때문에 성 토마스는 "인간을 하늘과 땅이 만나는 창조의 지평, 시간과 영원의 연결 고리 또는 창조의 종합"으로 정의합니다.(같은 곳, 5항)

사실 성 토마스가 보기에 참다운 철학이란 실재 자체의 질서를 성실하게 반영하여야 합니다. 만일 그렇지 못하다면 철학이란 한낱 인위적인 주관적 견해로 전락하고 말 것입니다. "근본적으로 낙관적이며 개방적인, 실재주의적이고 역사적인 이 방법은, 바오로 6세 성하께서 『교회의 빛』이라는 아름다운 서한에서 그를 지칭한 것처럼, 성 토마스를 '교회의 보편적 스승'일 뿐만 아니라 '인류의 스승'이 되게 해줍니다. 그것은 성 토마스가 언제나 모든 문화 속에 포함되어 있는 인간적 가치들을 받아들일 준비가 되어있기 때문입니다."(같은 곳, 4항) 이러한 그의 입장이야말로 동양의 위대한 철학 체계들과의 만남을 가능케 하는 건실한 기반이자, 동(東)과 서(西)의 지성적 전통 사이의 창조적 교류를 약속하는 것이 아니고 무엇이겠습니까? 그리고 이와 같은 교류는 인류 문화가 발전해 가야 할 도정(道程)임과 동시에 아시아라는 방대한 대륙에 사는 민족들에게 그리스도교가 더 깊이 토착화되기 위한 필수조건인 것입니다.

교황 성하께서는 현재 진행되고 있는 번역 작업을 그런 숭고한 목적을 달성하는 데 기여하는 중요한 작업으로 평가하고 계십니다. 교

divine blessings upon the authors, publishers and readers of this masterpiece of Christian philosophy and theology.

With good wishes, I am

Sincerely yours in Christ,

Card. Angelo Sodano

Cardinal Angelo Sodano
Secretary of State

황 성하께서는 그리스도교 철학과 신학에 관한 이 위대한 걸작을 번역하는 이와 출판하는 이와 읽는 이 모두에게 주님의 풍성한 축복이 내리기를 기도드리십니다.

1994년 4월 26일

그리스도 안에서 만사형통하시기를 빌며,
바티칸국 국무성 장관
추기경 안젤로 소다노

교황 레오 13세의 회칙 발췌문

『영원하신 아버지』(*Aeterni Patris*, 1879)
(이재룡 신부 옮김, 한국천주교중앙협의회, 1999)

[1879년 8월 4일에 반포된 이 회칙의 원제목은 『가톨릭 학교들에서 성 토마스 데 아퀴노의 정신에 따라 교육되어야 하는 그리스도교 철학에 관하여』(*De philosophia christiana ad mentem sancti Thomae Aquinatis Doctoris Angelici in scholis catholicis instauranda*)이다.]

30. 그러므로 더할 나위 없이 타당한 이유를 가지고 상당수의 철학자들이 철학을 쇄신하기 위해서는 토마스 데 아퀴노의 놀라운 가르침을 그 순수한 광채 속에서 회복시켜야 한다고 믿고 헌신적으로 투신하였습니다.

우리는 기쁘게도 여러분의 수도회의 적지 않은 회원들이 같은 지향을 가지고 기꺼이 같은 길에 투신했음을 잘 알고 있습니다. 저는 이 점을 높이 평가하고 있으며, 동시에 그들이 그런 방향으로 끊임없이 매진해 줄 것을 당부하는 바입니다. 그리고 저에게, 이 '천사적 박사'라는 수원(水源)으로부터 영구히 풍부하게 흘러넘치는 가장 순수한 지혜의 강물을 온 세계 젊은이들에게 넉넉하게 마시게 하는 일보다 더 소중하고 바람직한 일은 없다는 점을 모든 이에게 확실하게 일러두는 바입니다.

32. 그리고 신앙에서 멀어져서 가톨릭교회의 가르침을 미워하는 사람들 가운데 상당수는 오직 이성만을 유일한 스승이며 안내자로 삼는다고 선언하고 있습니다. 가톨릭 신앙으로써 그들을 치유하고 은총으로 돌아오게 하려면, 하느님의 초자연적 도우심 다음으로는 교부들과 스콜라 학자들의 건전한 가르침보다 더 적절한 것은 없습니다. 이들은 신앙의 튼튼한 토대, 그 신적인 기원, 그 확실한 진리, 그 증명 논거, 인류에게 가능해진 은혜, 그리고 이성과의 완전한 조화 등을 증명하였고, 또 너무도 명료하고 강력했기 때문에, 주저하는 자들과 허풍떠는 자들까지도 회심시키기에 충분했습니다.

타락한 이론들의 해악 때문에 우리가 모두 목격하고 있듯이 매우 심각한 위험에 노출되어 있는 가정과 시민사회조차도, 만일 대학과 학교들에서 교회의 가르침에 가장 일치되는 건전한 교육이 시행되기만 했더라면 분명 훨씬 더 평온하고 확실한 기반 위에 서있을 수 있었을 것입니다. 우리는 바로 이런 가장 건전한 가르침을 토마스 데 아퀴노의 작품들 속에서 발견합니다. 왜냐하면 오늘날 방종으로 변형되고 있는 자유의 진정한 본성, 법칙과 그 힘, 자명한 원리들의 영역, 더 높은 권위에 대한 마땅한 복종, 인간 상호 간의 사랑 등에 대한 토마스의 가르침들은 사회질서의 평온과 대중의 안녕에 위험하기 짝이 없는 새로운 법의 원리들을 전복시킬 수 있는 대단히 강력하고 꺾일 수 없는 힘을 지니고 있기 때문입니다.

36. 특별히 신중한 분별력을 가지고 그대들[전 세계 주교들]이 뽑은 스승들[신학교와 가톨릭대학교 교수들]은 자기 제자들의 정신이 성 토마스 데 아퀴노의 가르침으로 관통될 수 있도록 깊은 노력을 기울여

야 하며, 그의 가르침이 다른 모든 이론에 견주어 얼마나 튼튼하고 월등한지를 분명히 해야 합니다. 그대들이 설립한 (또는 설립할) 학부들은 그의 가르침을 해설하고 옹호하며 흔한 오류들을 논박하는 데 활용할 수 있어야 합니다.

그리고 그대들은 정통 가르침 대신에 이런저런 허풍떠는 이론들에 말려들거나, 진정한 가르침 대신에 타락한 이론들에 현혹되지 않도록 성 토마스의 지혜가 그 원천으로부터, 또는 적어도 뛰어난 지성들의 확실하고 한결같은 판단에 따르면 그 원천에서 흘러나와 아직도 맑고 투명하게 흐르는 저 강물들로부터 탐구될 수 있도록 조처해야 합니다. 그리고 같은 원천에서 나왔다고들 말하기는 하지만 실제로는 이질적이고 해로운 저 시냇물에서 젊은이들의 정신을 멀리 떼어 놓도록 최선의 노력을 기울여야 합니다.

성 요한 바오로 2세 교황의 회칙 발췌문

『신앙과 이성』(Fides et Ratio, 1998)
(이재룡 신부 옮김, 한국천주교중앙협의회, 1999)

43. 이 오랜 발전 과정에서 성 토마스 데 아퀴노(St. Thomas de Aquino)는 특별한 자리를 차지하고 있습니다. 그것은 그가 가르친 내용 때문만이 아니라 당대의 아랍 사상과 유다교 사상과 나눈 대화 때문입니다. 그리스도교 사상가들이 고대 철학, 특히 아리스토텔레스의 보화들을 재발견하고 있던 시대에, 성 토마스는 신앙과 이성 사이의 조화에 영예로운 자리를 배정한 위대한 공로를 가지고 있습니다. 이성의 빛과 신앙의 빛은 둘 다 하느님에게서 오는 것이고, 따라서 양자 사이에는 어떠한 모순도 있을 수 없다고 그는 논증하고 있습니다.

더욱 근본적으로, 토마스는 철학의 일차적 관심사인 자연(natura)이 하느님의 계시를 이해하는 데 적극적으로 기여할 수 있다는 것을 인정합니다. 따라서 신앙은 이성을 두려워할 필요가 없고, 오히려 이성을 추구하고 그것에 대해서 신뢰를 가지고 있습니다. 은총이 자연에 의존하고 자연을 완성시키듯이, 신앙은 이성에 의존하고 이성을 완성합니다. 신앙을 통해서 조명받을 때, 이성은 죄의 불복종 때문에 오는 연약성과 한계로부터 해방되어, 삼위일체 하느님께 대한 지식으로 고양되는 데 요구되는 힘을 얻게 됩니다. 비록 신앙의 초자연적인 성격을 강조하기는 했지만, 이 '천사적 박사'(Doctor Angelicus)는 신앙이 지니고 있는 합리적 성격의 중요성을 간과하지 않았습니다. 참으로 그는 이 이해 가능성의 깊이를 천착해 들어가 그 의미를 밝혀낼 수 있었습니다. 신앙은 어떤 의미에서 일종의 '사고 훈련'(exercitium cogitationis)입니다. 그리고 인간 이성은, 어쨌든 자유롭게 심사숙고해서 내리는 선택으로 얻어지는 신앙의 내용들에 동의한다고 해서, 무효화되는 것도 아니고 그 품위가 손상되는 것도 아닙니다.

바로 그렇기 때문에 교회는 한결같이 성 토마스를 사고의 스승이며 올바른 신학자의 전형으로 추천해 온 것입니다. 이 점에 관해서 저는 선임자인 하느님의 종 교황 바오로 6세께서 천사적 박사의 서거 700주년[1974년]의 기회에 하신 말씀을 상기하고 싶습니다. "의심할 바 없이, 토마스는 진리에의 용기, 새로운 문제들을 직면할 때의 정신의 자유, 그리고 그리스도교가 세속 철학이나 편견으로 감염되는 것을 허용하지 않는 사람들의 지적 정직성 등을 최고도로 소유하고 있었습니다. 따라서 그는 그리스도교 사상사 속에서 언제나 새로운 철학과 보편적 문화에 이르는 길의 선구자로 남아있습니다. 그가 찬란한 예언자적 통찰력으로 신앙과 이성 사이의 새로운 만남에서 제시한 요점과 해결의 씨앗은 세계의 세속성(saecularitas)과 복음의 근본성 사이의 화해였고, 따라서 세상과 그 가치들을 부정하려는 자연스럽지 못한 경향을 피하면서도 동시에 초자연적 질서의 숭고하고 준엄한 요구들로써 신앙을 지킬 수 있었습니다."

44. 성 토마스의 또 하나의 위대한 통찰은, 지식이 지혜로 성장해

가게 되는 과정에서 성령의 역할을 깊이 깨닫고 있었다는 사실입니다. 그의 『신학대전』(Summa Theologiae)의 앞머리에서 아퀴나스는, 성령의 선물로서 천상의 것들에 대한 지식으로의 통로를 열어주는 지혜의 우위성을 날카롭게 보여주고 있습니다. 그의 신학은 우리가 신적인 것들에 대한 신앙과 지식에 밀접하게 연관되어 있는 지혜의 특성을 이해할 수 있게 해줍니다. 이 지혜는 천성적으로(per connaturalitatem) 알려지게 됩니다. 그것은 신앙을 전제로 하고 있고, 결국 신앙 자체의 진리에 입각한 올바른 판단을 형성해 줍니다. "성령의 선물들 가운데 하나인 지혜는 지성적 덕 가운데서 발견되는 지혜와는 구별됩니다. 이 두 번째 지혜는 연구를 통해서 얻어지지만, 첫 번째 지혜는 야고보 사도가 말하고 있는 것처럼 '높은 데서 옵니다.' 이것은 또한 신앙과도 구별되는데, 그것은 신앙이 신적인 진리를 있는 그대로 받아들이기 때문입니다. 그러나 지혜의 선물은 신적인 진리에 따라서 판단할 수 있게 해줍니다."

그렇지만 이 지혜에 어울리는 우위성은 천사적 박사가 철학적 지혜와 신학적 지혜라는 지혜의 다른 두 개의 보충적 형태들이 있다는 것을 간과하게 만들지 않습니다. '철학적 지혜'는 자연적인 제약을 가지고 있는 지성의 실재 탐구 역량에 기초를 두고 있고, 신학적 지혜는 계시에 기초를 두고 신앙의 내용들을 탐구하여 하느님의 신비에 접근해 갑니다.

"진리는 누가 발설하든지 간에 모두 성령으로부터 오는 것"(omne verum a quocumque dicatur a Spiritu Sancto est)임을 깊이 확신하고 있던 성 토마스는 그의 진리 사랑에 공평무사했습니다. 그는 어디에서든지 진리를 추구하였고, 진리의 보편성을 입증하는 데 전력을 다했습니다. 교회의 교도권은 그에게서 진리를 향한 열정을 인정하였습니다. 그리고 정확히 그것이 일관되게 보편적이고 객관적이며 초월적인 진리의 지평 속에 머무르기 때문에, 그의 사상은 '인간 지성이 결코 생각해 낼 수 없었을 높은 경지'에 도달했습니다. 그는 정당하게도 '진리의 사도'(apostolus veritatis)라고 불릴 수 있을 것입니다. 확고하게 진리만을 추구하는 토마스의 실재주의(realismus)는 진리의 객관성을 인정하고 '현상'의 철학뿐만 아니라 '존재'의 철학(philosophia essendi)까지도 제시할 수 있습니다.

57. 그러나 교도권은 철학 이론들의 오류들과 일탈들을 지적하기만 하는 것은 아닙니다. 이에 못지않은 관심을 가지고 교회 교도권은 철학적 탐구의 진정한 쇄신의 기본 원리들을 강조하고 특정 방향을 지시하기도 합니다. 이 점에서 교황 레오 13세께서는 회칙『영원하신 아버지』(Aeterni Patris)에서 교회 생활을 위해 역사적으로 매우 중요한 일보를 내디디셨습니다. 왜냐하면 그 회칙은 오늘날까지도 온전히 철학만을 위해 작성된 유일한 권위 있는 교황 문헌으로 남아 있기 때문입니다. 이 위대한 교황께서는 신앙과 이성 사이의 관계에 관한 제1차 바티칸공의회의 가르침을 발전시키는 가운데, 철학적 사고가 신앙과 신학에 얼마나 깊이 공헌하는지를 보여주셨습니다. 한 세기 이상이 지났지만 그 회칙이 담고 있는 실천적이고 교육적인 통찰들은 그 중요성을 조금도 잃어버리지 않았습니다. 특히 성 토마스의 철학이 지니고 있는 그 어느 것에도 비할 수 없는 가치에 관한 강조는 더욱 그렇습니다. '천사적 박사'의 사상에 대한 쇄신된 강조야말로 교황 레오 13세께서는 신앙의 요구들에 부합되는 철학의 활용을

활성화시키는 최선의 길로 비쳐졌습니다. "성 토마스는 이성과 신앙을 날카롭게 구분하였습니다. 그러나 이 양자를 조화시켜 각각 자신의 권리와 품위를 고스란히 간직하게 할 수 있었습니다."

78. 이 성찰들의 빛 속에서, 교도권이 왜 반복적으로 성 토마스 사상의 공로들을 격찬하고 그를 신학 연구의 인도자이며 전형(典型)으로 삼았는지가 명백히 드러납니다. 이것은 순수하게 철학적인 문제들에 대해서 어떤 입장을 취하기 위해서도 아니고, 또 특정 이론들에 대한 호감을 표시하기 위한 것도 아니었습니다. 교도권의 의도는 언제나, 성 토마스가 어떤 의미에서 진리를 추구하는 모든 사람을 위한 진정한 전형인지를 보여주자는 것이었습니다. 실상 그의 성찰 속에서 이성의 요구들과 신앙의 힘이, 일찍이 인간 사고가 이룩한 가장 고상한 종합을 발견합니다. 왜냐하면 그는 이성에게 고유한 모험을 평가 절하함이 없이, 계시를 통해서 도입된 근본적인 새로움을 옹호할 수 있었기 때문입니다.

우리말 번역에 부쳐

　토마스 아퀴나스(Thomas Aquinas)의 이름과 그의 저서 『신학대전』(Summa Theologiae)이라는 책 이름은 우리 철학계에나 신학계에 널리 알려져 있지만 그 내용은 별로 알려지지 않은 것이 현실이다.
　토마스는 분명 서구 사상 형성에 지대한 역할을 하였다. 기실 서구의 중세 사상은 인류 사상사에 일찍이 없었던 세계 사상을 형성하였던 것이다. 그것은 그리스-로마 사상과 유다 사상, 페르시아 사상, 이집트 사상, 아랍 사상, 그리스도교 사상 등이 심층 교류되어 길게는 천오백 년이란 장구한 시간에 걸쳐 형성되었다.
　사실 서구의 근대·현대 사상도 이런 중세 사상을 모체로 하여 발생하였다. 그러기에 중세 사상 없이는 현존하는 근세·현대 사상이 성립되지 못했을 것이다. 중세 사상에서 유일한 존재는 아닐지라도 대표적이며 그 절정이고 빼어난 인물이라고 할 수 있는 사람은 토마스 아퀴나스이다.
　이제 우리 학문계, 특히 철학계와 신학계에 서구 사상이 두 손, 세 손을 거쳐 전수되던 시기는 지났고, 원전(原典)들과 직접 접촉하여 학문을 학문으로 깊이 있게 그 뿌리에서부터 파헤쳐 가야 할 시기에 도달한 것으로 생각된다. 사실 토마스의 『신학대전』은 하느님과 세계와 인간을 깊이 통찰하여 그 본질과 존재를 유감 없이 탐구한 저서이기에 숙독하면 할수록 미래지향적인 면과 접촉하게 하는 인류의 보전(寶典)이다. 그러므로 서구 사상의 원천 중 하나라 할 수 있는 토마스 아퀴나스의 『신학대전』을 이 시기에 이 땅의 사상계에 소개한다는 것은 큰 의미가 있다고 생각한다.

우선 번역 제1권을 내놓는 바이지만 언제 번역이 끝나리라고 기약하기는 어렵다. 그것은 『신학대전』이란 저작이 천지(天地)를 관통하는 광활한 사상을 단일 체계 안에 포용하는, 인류 사상사에서 일찍이 그 유례를 찾아볼 수 없는 방대한 저서이기 때문이다.

이 번역은 원전의 고전적·학문적 가치를 생각하여 가능한 한 원문에 충실하려 하였으나 직역으로 뜻이 전혀 통하지 않는 곳에서는 의역을 했으므로 난삽하고 생경하게 된 곳이 한두 곳이 아님을 자인하는 바이다.

끝으로 크나큰 희생을 무릅쓰고 이 방대한 번역 사업을 흔쾌히 결정한 바오로딸출판사에 경의를 표하며 심심한 감사를 드리는 바이다. 또한 이 번역서가 나오기를 고대하며 그간 큰 관심과 성원을 보내주신 분들께도 같은 사의를 표한다.

마침 지난해 천주교 한국 전래 200주년 행사를 성대히 마치고 제3세기 첫해를 지내는 이때에, 또 한국천주교회가 민족문화 창달에 기여하겠다는 기치를 높이 들고 나선 이때에 『신학대전』의 번역 첫 권이 나오게 된 것을 의미있는 일로 생각한다.

이 번역의 원문 대본으로는 S. Thomae Aquinatis, *Summa Theologiae*, cum textu ex recensione Leonina, Cura et Studio Petri Caramello, Taurini-Romae, Marietti, 1952을 사용하였다.

각주 작성에 있어서는 바로 앞에서 말한 이 번역의 라틴어 대본인

Marietti 1952년판 각주의 중요한 부분들은 거의 그대로 옮겼고 현대의 주요 번역본들도 참조하였다. 그 밖의 것들은 역자의 주해들이다. 레오판과 비오판도 비교하였다.

1985년 9월
서강대학교 철학과 연구실에서
역자 정의채

『신학대전』 간행계획

[제1부]

01 (ST I, 1–12) 하느님의 존재, 정의채 옮김, 1985. 3판 2014.
02 (ST I, 13–19) 하느님의 생명, 정의채 옮김, 1993. 3판 2022.
03 (ST I, 20–30) 하느님의 작용과 위격, 정의채 옮김, 1994. 2판 2000.
04 (ST I, 31–38) 위격들의 구별, 정의채 옮김, 1997.
05 (ST I, 39–43) 위격들의 관계, 정의채 옮김, 1998.
06 (ST I, 44–49) 창조, 정의채 옮김, 1999.
07 (ST I, 50–57) 천사, 윤종국 옮김, 2010.
08 (ST I, 58–64) 천사의 활동, 강윤희 옮김, 2020.
09 (ST I, 65–74) 우주 창조, 김춘오 옮김, 2010.
10 (ST I, 75–78) 인간, 정의채 옮김, 2003.
11 (ST I, 79–83) 인간 영혼의 능력, 정의채 옮김, 2003.
12 (ST I, 84–89) 인간의 지성, 정의채 옮김, 2013.
13 (ST I, 90–102) 하느님의 모상으로 창조된 인간, 김율 옮김, 2008.
14 (ST I, 103–114) 하느님의 통치, 이상섭 옮김, 2009.
15 (ST I, 115–119) 우주의 질서, 김정국 옮김, 2010.

[제2부 제1편]

16 (ST I-II, 1–5) 행복, 정의채 옮김, 2000.
17 (ST I-II, 6–17) 인간적 행위, 이상섭 옮김, 2019.
18 (ST I-II, 18–21) 도덕성의 원리, 이재룡 옮김, 2019.
19 (ST I-II, 22–30) 정념, 김정국 옮김, 2020.
20 (ST I-II, 31–39) 쾌락, 이재룡 옮김, 2020.
21 (ST I-II, 40–48) 두려움과 분노, 채이병 옮김, 2020.
22 (ST I-II, 49–54) 습성, 이재룡 옮김, 2020.
23 (ST I-II, 55–67) 덕, 이재룡 옮김, 2020.
24 (ST I-II, 68–70) 성령의 선물, 채이병 옮김, 2020.
25 (ST I-II, 71–80) 죄, 안소근 옮김, 2020.
26 (ST I-II, 81–85) 원죄, 정현석 옮김, 2021.
27 (ST I-II, 86–89) 죄의 결과, 윤주현 옮김, 2021.
28 (ST I-II, 90–97) 법, 이진남 옮김, 2020.
29 (ST I-II, 98–105) 옛 법, 이경상 옮김, 2021.
30 (ST I-II, 106–114) 새 법과 은총, 이재룡 옮김, 근간.

[제2부 제2편]

31 (ST II-II, 1–7) 믿음
32 (ST II-II, 8–16) 믿음의 결과
33 (ST II-II, 17–22) 희망
34 (ST II-II, 33–33) 참사랑

35 (ST II-II, 34–44) 참사랑과 결부되는 것
36 (ST II-II, 45–56) 현명
37 (ST II-II, 57–62) 정의
38 (ST II-II, 63–79) 불의
39 (ST II-II, 80–91) 종교와 경신
40 (ST II-II, 92–100) 종교와 결부되는 것
41 (ST II-II, 101–122) 사회적 덕
42 (ST II-II, 123–140) 용기
43 (ST II-II, 141–154) 절제
44 (ST II-II, 155–170) 절제의 부분
45 (ST II-II, 171–178) 예언과 은사
46 (ST II-II, 179–182) 활동과 관상
47 (ST II-II, 183–189) 사목과 수도생활

[제3부]
48 (ST III, 1–6) 육화하신 말씀
49 (ST III, 7–15) 그리스도의 은총
50 (ST III, 16–26) 하느님과 인간 사이의 중재자
51 (ST III, 27–30) 동정녀 마리아
52 (ST III, 31–37) 그리스도의 유년기
53 (ST III, 38–45) 그리스도의 생활
54 (ST III, 46–52) 그리스도의 수난
55 (ST III, 53–59) 예수 부활
56 (ST III, 60–65) 성사
57 (ST III, 66–72) 세례와 견진
58 (ST III, 73–78) 성체성사
59 (ST III, 79–83) 영성체
60 (ST III, 84–90) 고해성사(*절필)

[보충부]
61 (ST Sup, 1–11) 통회
62 (ST Sup, 12–20) 보속과 열쇠
63 (ST Sup, 21–28) 냉담과 대사
64 (ST Sup, 29–33) 병자성사
65 (ST Sup, 34–40) 성품성사
66 (ST Sup, 41–49) 혼인성사
67 (ST Sup, 50–62) 혼인장애
68 (ST Sup, 63–68) 재혼
69 (ST Sup, 69–74) 죽음과 심판
70 (ST Sup, 75–86) 육신의 부활
71 (ST Sup, 87–96) 최후심판과 성인들
72 (ST Sup, 97–99) 단죄받은 자들
73 (***)   [신학대전 요약]
74 (***)   [신학대전 입문]
75 (***)   [총 색인]

일러두기

1. 『신학대전』의 대구조(macro-structura)

1.1. 성 토마스는 불후의 걸작인 이 방대한 작품을 신플라톤주의의 '발원-귀환'이라는 웅장한 구도를 활용하여 구성하고 있다. 그래서 제1부는 만물이 하느님으로부터 나오는 발원(發源, exitus) 과정이고, 제2부는 만물이 하느님께로 되돌아가는 귀환(歸還, reditus) 여정이며, 제3부는 그 귀환의 길 또는 수단이 되어주신 구세주의 위업(偉業)을 다루고 있다. 보충부는 일찍 찾아온 그의 죽음 때문에 미완으로 남게 된 (제3부의) 공백을 그의 제자, 혹은 제자 그룹이 그의 초창기 작품으로부터 관련 내용을 정리하여 옮겨다 채워 넣은 보완 부분이다.

1.2. 'I'(Prima Pars)은 제1부, 'I-II'(Prima Pars Secundae Partis)는 제2부 제1편, 'II-II'(Secunda Pars Secundae Partis)는 제2부 제2편, 'III'(Tertia Pars)은 제3부, 그리고 'Sup.'(Supplementum)은 보충부의 약식 기호들이다.

1.3. 지금 우리의 기획처럼, 방대한 『신학대전』의 내용을 나누어 출간하는 경우에, 분책(分冊)의 기초가 되는 단위로, 여러 개의 문(quaestio)들이 한데 모여 이루는 공동의 주제인 'tract.'(tractatus)를 '논고'(論考)라고 부른다.

1.4. 'q.'(quaestio)라고 표기되는 단위를 '문'(問)이라고 부른다.

1.5. '문'에서 제기된 문제를 해결하기 위해서는 필요한 만큼의 분절작업(articulatio)이 요구되는데, 이렇게 세분된, 실질적인 논의의 기본 단위를 이루는 'a.'(articulus)를 '절'(節)이라고 부른다.

2. 절(節)의 세부구조(micro-structura)

각각의 절에서 본격적으로 논의되는 세부내용은 규칙적인 형식으로 구성되어 있고, 크게 두 부분으로 대별된다. 먼저, 권위 있는 가르침들이 찬-반(贊反)으로 제시되고, 다음에 저자 자신의 해결책이 제시된다.

2.1. 첫 번째 부분에서는 먼저, 중세 스콜라학자들의 기본적인 학문 방법인 '권위'(auctoritas), 곧 성경과 교부들, 그리고 때로는 고대 철학자들을 비롯한 사상가들로부터 해당 주제에 대한 가르침들 가운데 (곧 제시될 필자의 입장에 반대되는) '부정적인' 가르침들이 엄선하여 제시된다. 곧 '반론들'(objectiones)로서, 보통 세 개 정도가 제시되는데, '반론1'(obj.1), '반론2'(obj.2)라 부른다.

2.2. 다음으로는 (역시 권위들 가운데에서) 그에 대해 반대되는, 곧 저자의 입장을 지지하는 긍정적인 가르침이 (보통은 하나) 제시된다. 곧 '재반론'(sed contra)이다.

2.3. 저자 자신의 독창적 해결책이 제시되는 두 번째 부분도 또다시 두 부분으로 구별되는데, 먼저 '답변'(Respondeo) 부분에서는 그 주제에 대한 저자 자신의 해결책이 제시되며, 가끔은 '본론'(corpus)

이라고 불리기도 한다.

2.4. 그런 다음에 '해답'(solutio) 부분에서는 '답변'에서 확인한 결론들을, 앞머리에 제시되었던 반론들 하나하나에 대해 적용한다. 원문에서 라틴어로 'ad1', 'ad2' 등으로 표시되는 것을 우리는 '제1답' '제2답' 등으로 부른다.

3. 본문과 각주에서의 유의사항

3.1. 번역 대본은 비판본인 레오판(ed. Leonina)을 주로 따르고 있는 마리에티판이다: S. Thomas Aquinatis, *Summa Theologiae*, cum textu ex recensione Leonina, Taurini-Romae, Marietti, 1952.

3.2. (괄호) 속의 내용은 라틴 원문에 있지만, 길고 복잡한 문장 구조가 조금이나마 시각적으로 간명해지도록 역자가 임의로 괄호로 묶은 것이다.

3.3. [꺾쇠괄호] 안의 단어나 구절은 해당 라틴어 원문에는 없으나, 문맥상 요구된다고 판단되는 내용을 삽입한 것이다.

3.4. 성경은 기본적으로 한국천주교주교회의에서 발행한 『성경』을 따르지만, 내용에서 차이가 있는 경우에는 역자가 라틴 원문에 충실하게 번역하고, 각주에 『성경』 구절을 제시하였다.

3.5. 다양한 종류의 각주에 대해 아라비아 숫자로 일련번호를 매겼다. 단, 마리에티판의 권말에 추가주(adnotationes)로 실려있는 내용을 번역한 경우에는 일련번호에 이어 '(* 추가주)'라는 별도의 표시를 했다.

4. 약어표에 관하여

4.1. 일반적인 약어들을 '일반약어표'로 제시하였다.

4.2. 성 토마스의 작품들에 대해서는 약어표를 따로 제시하였다.

4.3. 성경 약어에 대해서는 가톨릭교회에서 통용되는 일반 관례를 따른다.

4.4. 성 아우구스티누스를 비롯한 교부들의 작품들에 대해서는 한국교부학연구회가 펴낸 『교부 문헌 용례집』(수원가톨릭대학교출판부, 2014)을 따른다.

4.5. 아리스토텔레스를 비롯한 고대 사상가들의 작품들에 대한 약어는 한국서양고전철학회 등에서의 일반적인 관례를 준용한다.

일반약어표

a.	절(articulus). 예) '제1절', '제7절' 등.
aa.	여러 절들(articuli). 예) aa.1-3은 '제1절에서 제3절까지'를 가리킴.
ad1, ad3	제1답, 제3답: 절(articulus)을 시작하면서 제기되었던 반론들(objectiones)에 대해, 일일이 '해답'(solutio) 부분에서 해결책으로 제시하는 답변들.
c.	장(capitulum).
c.	본론(corpus) 곧 '답변'(Respondeo)을 가리킴.
Can.	카논(Canon: 공의회의 장엄 결정문).
Cf.	참조(conferire).
d.	구분(divisio). 특히 『명제집』과 『명제집 주해』에서 기본 틀로 제시될 때, '제1구분', '제2구분'으로 표기. 예) 『명제집 주해』 제1권 제2구분 제1문 제3절. (많이들 'divisio'와 혼용하고 있는 'distinctio'는 '구별.')
DH	『덴칭거-휘너만』 혹은 『규정-선언 편람』(Denzinger-Hunermann이 1991년부터 편찬).
DS	『덴칭거-쇤메처』 혹은 『규정-선언 편람』(Denzinger-Schoenmetzer가 1963년부터 편찬).
Ibid.	같은 작품 또는 같은 곳(Ibidem).
ID.	같은 저자(Idem).
lect.	강(lectio). 예) '제1강', '제2강' 등. (단, 서술문에서 지칭 시에는 '강독.')
lib.	권(liber). 예) '제1권', '제2권' 등.
ll.	행(行, lineae).
loc. cit.	인용된 곳(loco citato).

n.	번(numerum) 또는 그대로 'n'. 예) '2번' 또는 'n.2'.
obj.	반론(objectio). 예) '반론1', '반론2' 등.
op. cit.	이미 인용된 작품(opere citato).
parall.	병행문헌(paralleli).
PG	미뉴, 『그리스교부전집』(Migne, *Patrologia Graeca*).
PL	미뉴, 『라틴교부전집』(Migne, *Patrologia Latina*).
Proem.	머리말(Proemium).
Prol.	머리글(Prologus).
q.	문(quaestio). 예) '제1문', '제89문' 등. (단, 간혹 서술 문장 중 특정 '문'을 가리킬 때에는 '문제'라고 지칭할 수도 있다.) 예문) "창조에 관해 논하는 이 '문제'는…."
qc.	소문제(quaestiuncula). (주로 『명제집 주해』에 나타남.)
qq.	여러 문들(quaestiones). 예) qq.57-59는 '제57문에서 제59문까지'를 가리킴.
Resp.	답변(Respondeo) [=본론].
s.c./sc	재반론(Sed contra) 또는 '그러나 반대로'. (보통은 재반론이 하나이지만, 드물게 번호와 함께 두세 개가 제시되기도 한다. 이때에는 '재반론1', '재반론3' 등으로 표기한다.)
sol.	해답(solutio). (단, 기본 틀 가운데에서 반론1에 대한 해답[ad1], 반론2에 대한 해답[ad2] 등은 '제1답', '제2답' 등이라고 지칭.)
tract.	논고(tractatus: 여러 문들이 함께 모여 이루는 논의 주제).

성 토마스 작품 약어표

In Sent., I, d.3, q.1, a.3, qc.1, ad1	『명제집 주해』 제1권 제3구분 제1문 제3절 제1소문제 제1답
ScG, I, II	『대이교도대전』 제1권, 제2권
ST(* 생략)	『신학대전』
I, q.1, a.1, ad2	『신학대전』 제1부 제1문 제1절 제2답
I-II	『신학대전』 제2부 제1편
II-II	『신학대전』 제2부 제2편
III	『신학대전』 제3부
Sup.	『신학대전』 보충부
Catena Aurea	『황금사슬』 또는 『4복음서연속주해』
Compendium Theol.	『신학 요강』
Contra doct. retrah.	『소년의 수도회 입회를 비난하는 전염병과도 같은 가르침 논박』
Contra err. Graec.	『그리스인들의 오류 논박』
Contra impugn.	『전례와 수도회를 거스르는 자들 논박』
De aetern. mundi	『세상 영원성』
De anima	『영혼에 관한 토론문제』 또는 『영혼론』
De articulis fidei	『신앙요목』
De beatitudine	『참행복』 또는 『진복』
De caritate	『사랑론』 또는 『사랑에 관한 토론문제』
De correct. Frat.	『형제적 충언』 또는 『형제적 충언에 관한 토론문제』
De demonstratione	『증명론』
De diff. verbi Domini	『하느님의 말씀과 인간의 말의 차이』
De dilex. Dei et prox.	『하느님 사랑과 이웃 사랑』

De dimens. indeterm.	『무한의 크기』
De divinis moribus	『하느님의 습성』
De duo. praecep. char.	『사랑의 이중계명』
De empt. et vend.	『신용거래』 또는 『매매론』
De ente et ess.	『존재자와 본질』 또는 『유(有)와 본질(本質)에 대하여』
De eruditione principis	『군주 교육』
De expos. missae	『미사 해설』
De fallaciis	『오류론』
De fato	『운명론』
De forma absol.	『사죄경 형식』
De humanitate Christi	『그리스도의 인성』
De instantibus	『순간론』
De intellectu et intell.	『지성과 가지상』
De inventione medii	『수단의 발명』
De iudiciis astr.	『점술가의 판단』
De magistro	『교사론』 또는 『교사에 관한 토론문제』
De malo	『악론』 또는 『악에 관한 토론문제』
De mixtione element.	『요소들의 혼합』
De motu cordis	『심장 운동』
De natura accidentis	『우유의 본성』
De natura generis	『유(類)의 본성』
De natura loci	『장소의 본성』
De natura luminis	『빛의 본성』
De natura materiae	『질료의 본성』
De natura syllog.	『삼단논법의 본성』
De natura verbi intell.	『지성의 말의 본성』
De occult. oper. naturae	『자연의 신비로운 작용』
De officio sacerdotis	『사제의 직무』

De perf. vitae spir.	『영성생활의 완성』
De potentia	『권능론』 또는 『권능에 관한 토론문제』
De potentiis animae	『영혼의 능력들』
De principiis naturae	『자연의 원리들』
De principio individ.	『개체화의 원리』
De propos. mod.	『양태명제론』
De purit. consc. et modo conf.	『양심의 순수함과 고백 양식』
De quat. oppositis	『네 대당(對當)』
De quo est et quod est	『'그것에 의해 있는 것'(존재)과 '있는 것'(본질)』
De rationibus fidei	『신앙의 근거들』
De regimine Iudae.	『유다인 통치』
De regimine princ.	『군주통치론』
De secreto	『비밀』
De sensu resp. singul. et intellectu resp. univ.	『감각과 개체, 지성과 보편자』
De sensu respectu singul.	『개별자 감각』
De sortibus	『제비뽑기』
De spe	『희망론』 또는 『희망에 관한 토론문제』
De spir. creat.	『영적 피조물』 또는 『영적 피조물에 관한 토론문제』
De sub. sep.	『분리된 실체』
De tempore	『시간론』
De unione Verbi Incarn.	『육화하신 말씀의 결합』 또는 『육화하신 말씀의 결합에 관한 토론문제』
De unit. vel plurit. formarum	『형상의 단일성 여부』
De unitate Intell.	『지성단일성』
De usuris in communi	『고리대금』
De veritate	『진리론』 또는 『진리에 관한 토론문제』
De virt. card.	『사추덕』 또는 『사추덕에 관한 토론문제』
De virtutibus in com.	『덕론』 또는 『덕에 관한 토론문제』
Ep. ad comitissam	『플랑드르 백작부인 회신』

Ep. ad duciss. Brabant.	『브라방의 백작부인 서신』
Ep. exhort. de modo stud.	『학업 방식에 관한 권고 서한』
Hymn.: Adoro Te	『찬미가: 엎드려 흠숭하나이다』
In Anal. post., I, II	『분석론 후서 주해』 제1권, 제2권
In Cant. Canticor.	『아가 주해』
In De anima, I, II	『영혼론 주해』 제1권, 제2권
In De cael., I, II	『천지론 주해』 제1권, 제2권
In De causis	『원인론 주해』
In De div. nom.	『신명론 주해』
In De gen. et corrupt.	『생성소멸론 주해』
In De hebd.	『주간론 주해』
In De mem. et remin.	『기억과 회상 주해』
In De meteora	『기상학 주해』
In De sensu et sensato	『감각과 감각대상 주해』
In De Trin.	『삼위일체론 주해』
In decem praecept.	『십계명 해설』
In Decretal.	『교령 해설』
In Ep. ad Col.	『콜로새서 주해』
In Ep. ad Ephes.	『에페소서 주해』
In Ep. ad Hebr.	『히브리서 주해』
In Ep. ad Philem.	『필레몬서 주해』
In Ep. ad Philipp.	『필리피서 주해』
In Ep. ad Rom.	『로마서 주해』
In Ep. I ad Cor.	『코린토 1서 주해』
In Ep. II ad Cor.	『코린토 2서 주해』
In Ep. I ad Thess.	『테살로니카 1서 주해』
In Ep. Pauli	『바오로서간 주해』
In Ethic., I, II	『니코마코스 윤리학 주해』 제1권, 제2권
In Hieremiam	『예레미야서 주해』

In Ioan.	『요한복음서 주해』
In Iob	『욥기 주해』
In Isaiam	『이사야서 주해』
In Matth.	『마태오복음서 주해』
In Metaph., I, II	『형이상학 주해』 제1권, 제2권
In orat. dominicam	『주님의 기도 해설』
In Periherm., I, II	『명제론 주해』 제1권, 제2권
In Phys., I, II	『자연학 주해』 제1권, 제2권
In Pol., I, II	『정치학 주해』 제1권, 제2권
In Psalm.	『시편 주해』
In salut. angelicam	『성모송 해설』
In Symbolorum	『사도신경 해설』
In Threnos	『애가 주해』
Officium de fest. Corp. Dom.	『성체축일 성무일도』
Orationes	『기도문』
Primus tract. de univers.	『보편자 제1론』
Principium	『취임강연』
Quaestiones Disp.	『토론문제집』
Quodlibet., I, II	『자유토론문제집』 제1자유토론, 제2자유토론
Resp. ad 108	『108문항 회신』
Resp. ad 30	『30문항 회신』
Resp. ad 36	『36문항 회신』
Resp. ad 42(43)	『42(43)문항 회신』
Resp. ad 6	『6문항 회신』
Resp. ad Abba. Casin.	『몬테카시노 아빠스 회신』
Secundus tract. de univers.	『보편자 제2론』
Sermones	『설교집』
Summa totius logicae	『총논리학대전』
Tabula Ethicorum	『윤리학 도표』

'법' 입문

이 책은 토마스 아퀴나스의 『신학대전』 제2부 제1편 제90문부터 제97문까지를 라틴어 원문과 함께 우리말로 번역한 것이다. 대본으로는 마리에티판을 사용했다. 신학대전은 제1부(신과 창조, 피조물로서의 인간), 제2부(신에게 귀환으로서의 도덕), 제3부(신과 인간의 중재자로서의 그리스도), 보충부로 구성되어 있다. 그리고 제2부는 다시 행복과 행위, 도덕의 일반적 원리를 설명하는 제1편과 각종의 덕들을 설명하는 제2편으로 나뉜다. 즉, 제2부 제1편은 인간이 진정한 행복인 신을 봄(visio Dei)을 달성하기 위해 구체적인 행위(actus)와 정념(passio)을 통해 신에게 다가가는 것이 필요하다는 점과, 이를 위해 인간 내부에 있는 원리들과 외부에 있는 원리들을 설명한다. 그리고 제2부 제2편은 내적 원리 중 하나인 덕(virtus)의 여러 가지 종류들을 체계적으로 설명하고 있다. 제2부 제1편은 인간의 궁극 목적으로서의 행복(제1문-제5문), 그 행복을 달성하게 하는 행위(제6문-제21문), 인간적 행위와 정념(제22문-제48문), 인간적 행위의 내적 원리(제49문-제89문), 외적 원리(제90문-제114문)로 구성된다. 그중에서 외적 원리는 제90문-제108문의 법(lex)과 제109문-제114문의 은총(gratia)으로 나뉜다.[1] 법은 다시 제90문-

---

1. 자동차에 비유하면 인간적 행위의 내적 원리인 능력과 습성은 각각 자동차의 기계장치와 운전 습관에 해당된다. 그리고 외적 원리인 법과 은총은 각각 내

제92문의 법의 본질, 종류, 효력과 같이 법 일반에 대한 논의와 제93문-제108문의 영원법, 자연법, 인정법 등 개별적 법에 대한 논의로 구성된다. 신법(神法), 즉 옛 법(lex vetus)과 새 법(lex nova)을 다루는 제98문-제108문은 따로 한 권으로 번역될 것이다. 이 책에서 다루는 법에 관한 논의는 다음과 같다.

토마스는 제90문에서 법의 정의를 내린다. 법은 행위의 규칙과 척도이고 인간적 행위에 있어 규칙과 척도는 목적으로 질서 짓는 그 행위의 제일원리인 이성이다. 실천이성의 제일원리는 궁극적 목적인 행복(felicitas)과 지복(beatitudo)이고 부분은 전체를 향하여 질서 지어져 있으며 한 인간은 공동체의 한 부분이기 때문에, 법의 목적은 공동선(bonum commune)이 된다. 법의 목적인 공동선으로 질서 짓는 것은 인민 전체나 그 대변자에게 속하기 때문에 법은 인민 전체나 그 대변자만이 제정할 수 있다. 규칙과 척도로서의 법이 구속력을 갖기 위해서는 다스림을 받는 사람들에게 적용되어야 하고, 이는 공포(公布)의 과정을 통해 이루어진다. 이로써 '공동선을 위해 공동체를 책임지는 자에 의해 공포된 이성의 명령'이라는 법의 정의가 제시된다. 그런데 이러한 법의 정의에서 공동선이라는 목적과 이성의 명령이라는 법의 본성은 각각 법의 목적인과 형상인에 해당된다. 그리고 공동체를 책임지는 자는 법의 작용

비게이션과 지름길에 해당된다. 운동에 있어 방향이 필요하듯이 삶에 있어서도 법이 필요하다. 인간은 자신의 행위를 자유의지로 결정하기 때문에 그 삶은 자유롭지만 때로는 방향을 잃고 헤매는 경우가 있다. 따라서 일종의 내비게이션과 같은 장치가 필요하다. 그리고 법으로도 방향을 제대로 잡지 못하는 인간에 대해 하느님의 사랑이 은총으로 직접적이고 빠르게 인도하기도 한다.
인간적 행위의 내적 원리는 능력(potentia)과 습성(habitus)인데, 능력은 제1부(제77문-제83문)에서 다뤘기 때문에 여기서는 습성만 다룬다.

인에 해당된다. 여기서 법의 목적과 본성은 이성법(lex rationis)으로 서의 자연법주의의 측면을, 법의 제정자와 공포의 과정은 의지법 (lex voluntatis)으로서의 실정법주의의 측면을 담보한다고 볼 수 있 다. 이렇게 토마스의 법 개념에는 균형 잡힌 종합적 고찰이 숨어 있다.

제91문에서 토마스는 법의 종류에 대해 말하면서 법의 체계를 제시한다. 우주를 다스리는 하느님의 이성은 영원하기 때문에 영 원법으로 불러야 한다고 말한다. 법의 두 가지 존재 방식에 따라 영원법이 규제하고 재는 주체인 하느님 안에 있는 것이라면, 자연 법은 규제받고 재어지는 주체인 이성적 피조물 안에 있는 것이다. 이렇게 신의 창조를 통해 인간이 하느님의 이성을 분유한 것을 자 연법이라고 한다. 사변이성과 같이 실천이성에서도 논증 불가능 한 원리에서 특수한 결론을 만들어야 하는데, 실천이성의 경우에 는 이 작업이 명확하지 않은 경우가 많기 때문에 자연법 이외에 인 정법(人定法)이 필요하다. 인간은 자신의 본성적 능력을 넘어서서 영원한 지복으로 인도되어야 하고, 그 판단력이 불확실하며 내적 행위를 통제할 수 없고, 유익함도 말살하는 인정법의 한계 때문에 따로 신법(lex divina)이 있어야 한다. 그런데 신법은 구약의 옛 법과 신약의 새 법, 두 가지로 구성된다. 이 둘은 종적(種的)으로 서로 다른 것이 아니라 완전성의 정도에서 다르다. 옛 법의 불완전함을 완성한 것이 새 법이다. 다음은 토마스의 법체계를 그림으로 나타 낸 것이다.[2]

---

2. 이 체계도는 빈센트 맥납이 제시한 것을 바탕으로 자연법의 두 종류(자연법 과 자연법칙)를 추가한 것이다. 비영원법이라는 표현은 토마스 자신이 쓴 것

토마스 아퀴나스의 법체계

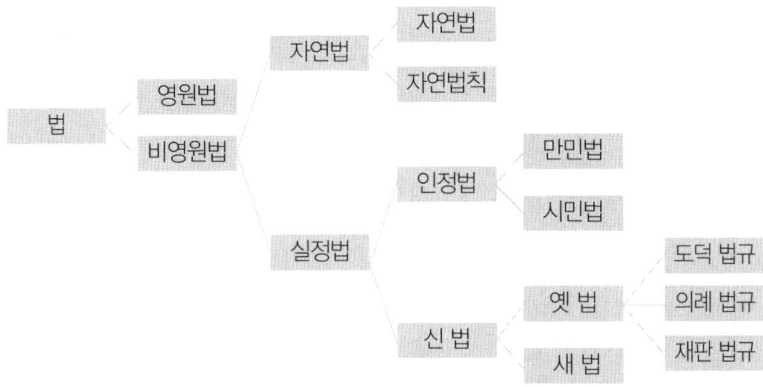

제92문에서 토마스는 법의 효력에 대해 말한다. 덕이 사람을 내적으로 선하게 만드는 것이라면, 법은 외부에서 사람을 덕으로 인도하는 것이다. 이렇게 토마스에 있어 덕치와 법치는 양립하게 된다. 이성의 명령(ordinatio)인 법은 덕의 행위를 규정하는데, 인간적 행위의 종류에 따라 달리 규정한다. 유적으로 선한 것은 명령하고 악한 것은 금지하며, 차별이 없는 것은 허용하고 스스로 복종하도록 만들기 위해 처벌한다. 따라서 명령, 금지, 허용, 처벌은 법의 행위가 된다.

은 아니지만 이해를 위해 추가한 것이고, 실정법(lex positiva)이라는 말은 토마스 자신이 사용한 말로 자연법과 대립된 의미에서 이렇게도 저렇게도 정할 수 있지만 일단 정해진 다음에는 구속력을 가지는 법을 말한다. 그리고 그 실정법을 누가 만들었느냐에 따라 인정법과 신법으로 나뉜다. Vincent McNabb, "St. Thomas Aquinas and Law", *Blackfriars*(May, 1929), 1058 참조.

제93문에서는 영원법에 대해 설명한다. 장인과 통치자에게 그 원형이 먼저 있어야 하듯이 하느님의 창조에 있어서도 원형이 먼저 있어야 하기 때문에 신의 이성인 영원법은 하느님 안에 있는 최고의 원형이다. 영원법은 모두에게 알려지지만, 성인만 그 자체로 본질을 통해 알 수 있고 나머지 사람들은 조명을 통해서만 알 수 있다. 운동의 질서에 있어 제1동자에서 제2동자로 움직여가듯이, 또한 기술적인 것에 있어서도 최고 장인으로부터 하급 숙련공으로 내려가듯이, 모든 하위의 법들은 최고 통치자의 원리인 영원법에서 나온다. 신의 본성과 본질에 속하는 필연적인 것과 영원한 것은 영원법 아래 있지 않고 영원법 자체가 된다. 본성적으로 우유적인 비이성적 피조물들은 인간의 법의 지배를 받지 않지만 하느님의 섭리의 지배를 받기 때문에 영원법 아래에 있다. 비이성적 피조물들은 운동의 방법으로만 영원법 아래에 있지만, 인간은 운동뿐 아니라 인식의 방법으로도 영원법 아래에 있다. 다만 악인은 타락하여 불완전하게, 선인은 완전하게 영원법 아래에 있다.

제94문에서는 자연법에 대해 설명한다. 자연법은 본질적으로 습성은 아니지만 양지(良知, *synderesis*)라는 논증 불가능한 원리의 형태로 습성적으로 간직한다는 의미에서 습성으로 불린다. 자연법의 계명은 여러 개다. 사변이성에 있어 일차적 원리가 유(有)이듯이 실천이성에 있어 일차적 계명은 '선은 행하고 추구해야 하며 악은 피해야 한다'이다. 그리고 여기서 자연적 성향의 질서에 따라 존재의 보존, 생식과 양육, 진리 추구와 사회생활과 같은 이차적 계명들이 나온다. 모든 유덕한 행위들은 본성에 따라 적합한 행위로 이끌리기 때문에 유덕한 한에 있어서 자연법에서 나온다고 말할 수 있다. 그러나 특정 종류의 행위라는 관점에서는, 처음에는 본성이 이끌지 않는 것을 덕에 따라 할 수 있기 때문에 자연법에서 나온다고 할 수 없다. 모두에게 자연법은 같은 것이다. 그러나 필연적인 것과 관련되는 사변이성과 달리 실천이성은 우유적인 것과 관련되기 때문에, 일반적 원리는 모두에게 같고 똑같이 알려지지만 고유한 결론은 모두에게 같지도 않고 똑같이 알려지지 않을 수도 있다. 그러므로 부가의 방식에 있어 자연법은 바뀔 수 없다. 그러나 차감의 방식에 있어, 자연법의 일차적 계명은 바뀔 수 없지만 이차적 계명들은 바뀔 수 있다. 일차적 계명에 있어 자연법은 인간의 마음에서 지워질 수 없다. 그러나 이차적 계명들은 나쁜 확신이나 비뚤어진 습관 때문에 지워질 수 있다.

제95문에서는 인정법의 유익, 기원, 성질, 분류에 대해 설명한다. 인간에게는 덕으로 향하는 본성이 있지만 완전하지 않아 훈련이 필요하고, 또한 권고를 듣지 않는 자들은 힘과 공포로 덕으로 인도해야 하기 때문에 인정법은 유익하다. 법은 정의로워야 하고 정의는 이성의 규칙을 따르는 것이며 이성의 제일규칙은 자연법이기 때문에 인정법은 자연법에서 나와야 한다. 법은 신법, 자연법, 인간의 유익에 비례해야 하기 때문에 인정법에 대한 이시도루스의 설명은 적절하다. 자연법에서 나오는 방식, 공동선을 위해 일하는 사람들의 다양성, 국가의 정체, 입법자에 따른 이시도루스의 인정법 분류는 적절하다.

제96문에서는 인정법의 효력과 관련하여 설명한다. 목적을 위한 것은 목적에 비례하고 법의 목적은 공동선이며 인정법은 공동선에 비례하므로 인정법은 특정한 사람이 아니라 모두에게 공통으로 주어져야 한다. 측정을 할 때 척도가 같은 류(類)에 의해 재어져야 하듯이 법도 사람에 따라 허용 범위가 달라져야 하기 때문에 인정법은 모든 악덕을 억제할 수 없다. 법은 공동선을 향해 질서 지어지기 때문에 인정법은 모든 덕의 행동에 규칙을 부여한다. 목적과 형상과 제정자에 있어 정의로울 때, 인정법은 양심의 법정에서 인간에게 필연성을 부과한다. 규칙의 지배를 받는다는 의미에서 모든 인간이 인정법 아래 있지만 유덕한 자와 정의로운 자는 법의 지배를 받지 않는다. 필요에 따라 법의 적용으로부터 면제될 수는 있지만 융통성 없는 법 해석은 해로울 수 있기 때문에 그 결정은 통치자만 할 수 있다.

제97문에서는 법의 개정에 대해 설명한다. 이성적 측면에서 완전한 것으로 발전함에 따라, 인간의 측면에서 조건의 다양성과 변화에 따라 인정법은 개정될 수 있다. 더 좋은 것이 생긴다고 항상 인정법이 개정되는 것은 아니다. 법 개정은 기존 관습을 폐지하여 법의 구속력을 감소시키는 성질이 있기 때문에, 법 개정으로 인한 유익이 그로 인한 손실보다 월등할 때만 인정법을 개정해야 한다. 법은 통치자의 이성과 의지의 표현이고 반복되는 행동을 통해서도 표현될 수 있기 때문에 관습은 법의 효력을 가질 수 있다. 때에 따라 법의 적용이 유익하지 않을 경우에는 통치자가 면제하는 것에 따라 인정법의 적용은 바뀔 수 있다.

토마스가 생각하는 법은 세 가지 점에서 우리 시대의 법 개념과 상당한 차이를 보인다. 첫째, 현대인들에 있어 법이란 최소한의 도덕이자 도덕으로부터 일정 정도의 거리를 둔 강제적 규범을 의미한다. 그러나 토마스 시대에 있어 법은 도덕과 분리되지 않았다. 오히려 법은 도덕의 중요한 원리 중 하나로 여겨졌다. 둘째, 현대인들에 있어 법은 법칙(法則)과 다르다. 각종 법들은 국민의 삶을 강제하는 규정적인(prescriptive) 것인 반면, 만유인력의 법칙과 같은 자연법칙은 기술적이기(descriptive) 때문이다. 그러나 토마스 시대의 법에는 이러한 구분이 없었다. 이성의 명령인 법은 인간의 행위뿐 아니라 자연에도 적용되었다. 셋째, 현대인들은 법의 목적이 일차적으로 국민 개개인의 각종 권리를 보장해 주는 것이라고 생각한다. 그러나 토마스 시대에 있어 법의 목적은 공동선(bonum commune)을 위해 존재하는 것이었다.

현대의 학계에서 흔히 제기되는 토마스의 자연법에 대한 오해는 네 가지 정도로 요약될 수 있다. 첫째, 현대 윤리학에서 자연법 사상은 흔히 규범 윤리 이론의 행위 중심 윤리에 속하는 비결과주의 이론 중 하나로 여겨진다. 따라서 자연법 윤리는 흔히 인간 중심 윤리에 속하는 덕윤리와는 관련이 없는 것으로 취급된다. 그러나 토마스의 자연법은 인간으로 하여금 덕으로 향하게 하는 인간적 행위의 외적 원리 중 하나였다. 따라서 내적 원리인 덕과 긴밀한 연관이 있다고 보아야 한다. 둘째, 현대 법학계에서는 흔히 자연법주의와 실정법주의를 양립할 수 없는 것으로 여기고 토마스의 자연법사상을 극단적인 형태의 이성법으로 간주하곤 한다. 그러나 제90문에 나온 법에 대한 정의에서 확인했듯이, 토마스의 법 개념에는 이성법과 의지법, 자연법주의와 실정법주의의 조화가 숨어있었다. 셋째, 현대 토마스주의 자연법학자들 중에는 무어(G. E. Moore)의 자연주의적 오류(naturalistic fallacy)에 대한 대응의 과정에서 신자연법주의(new natural law theory)나 환원주의적 자연법주

(reductivist natural law theory)를 제시하는 사람들이 있다. 전자는 토마스의 자연법사상에서 신학적·형이상학적 기반을 제거하고 칸트주의적으로 이성에 근거하는 전략을, 후자는 신학적 요소를 배제하고 아리스토텔레스적 목적론으로 회귀하는 전략을 채택한다. 그러나 자연법이 신의 이성인 영원법에 근거하고 있다는 점과 '유(有)와 선(善)은 치환된다'(ens et bonum convertuntur)는 토마스 철학의 기본에 충실하려면 신과 목적론을 모두 간직하는 유신론적 자연법이론(theistic natural law theory)을 지켜야 한다. 넷째, 중세와 토마스가 종교적이고 정치적으로 위계적이고 보수적이었을 것이라는 생각에서, 흔히 그가 법보다 권력이 우선하고 신의 명령에 의해 법은 가볍게 무시될 수 있다는 입장을 가졌을 것이라고 생각할 수도 있다. 그러나 토마스가 생각하는 법과 정의, 권력의 관계는 명확했다. 그는 악법은 법이 아니고 법의 왜곡일 뿐이라고 말했다. 그리고 그는 신의 명령은 자연법과 실체적으로 동일하다고 말하면서 신의 명령에 의해 자연법의 계명의 적용에서 면제되는 경우는 있지만 그렇다고 자연법의 일반적 계명이 취소되는 것은 아니라고 말했다. 철학자이자 신학자, 수사로서 토마스는 평생을 신앙과 이성의 조화에 힘썼다. 그래서 그에게 있어 자연법 윤리와 신명론(divine command theory)은 양립하고 조화되는 것이었다.

참고문헌

강상진, 「토마스 아퀴나스의 실천이성과 자연법」, 『법철학연구』 제17권 제1호(2014), 85-108쪽.

김춘오, 『성 토마스의 형이상학』, 대전가톨릭대학교출판부, 2006.

스칸드롤리오, 토마소『자연법-성 토마스 아퀴나스의 자연법 이론』, 한영만 옮김, 가톨릭대학교출판부, 2019.

이상섭, 「법은 인간적 행위의 외적 원리일 뿐인가?-토마스 아퀴나스의 법(lex) 이론에 대한 하나의 고찰」,『중세철학』, 한국중세철학회, 제22권(2016), 227-256쪽.

이진남, 「아퀴나스 자연법 이론의 세 요소」,『중세철학』, 한국중세철학회, 제10권(2004), 93-117쪽.

_____,「아퀴나스에 있어서 법으로부터의 예외」,『철학연구』, 고려대철학연구소, 제31권(2006), 131-158쪽.

_____,「토마스주의 유신론적 자연법 윤리에 대한 변호」,『가톨릭철학』, 한국중세철학회, 제8호(2006), 228-259쪽.

_____,「토마스주의 자연법윤리에서 신자연법주의와 환원주의 자연법주의」,『철학연구』, 고려대철학연구소, 제33권(2007), 137-162쪽.

_____,「자연법과 생명윤리-토마스주의 자연법윤리의 체계와 원리를 중심으로」,『범한철학』, 범한철학회, 제57집(2010), 163-188쪽; 재게재:『한국가톨릭의사협회지』제33권 제1호(2010), 103-122쪽.

_____,「법과 공동선-아퀴나스의 법 개념을 중심으로」,『가톨릭철학』, 한국가톨릭철학회, 제28호(2017), 97-122쪽.

임경헌,「토마스 아퀴나스의 자연법-신데레시스, 아리스토텔레스, 그리고 몇 가지 문제들」,『중세철학』, 한국중세철학회, 제23권(2017), 5-45쪽.

Aquinas, Thomas, *Summa Theologiae: Latin Text and English Translations*,

    Introductions, Notes, Appendices and Glossaries, vol. 60, Blackfriars, 1964.

_____, *Summa Theologica*, Complete English Edition in Five Volumes, trans. by Fathers of the English Dominican Province, vols. 1-5, Allen(TX), Christian Classics, 1981.

_____, *Summa Contra Gentiles*, 5 vols. trans. by Pegis, Anton et al., Notre Dame(IN), University of Notre Dame Press, 1956.

_____, *Commentary on the Aristotle's Nicomachean Ethics*, trans. by C.I. Litzinger, OF, Notre Dame(IN), Dumb Ox Books, 1993.

d'Entreves, Alexander P., *Natural Law: An Introduction to Legal Philosophy*, New Brunswick, Transaction Publishers, 1999.

Finnis, John, *Natural Law and Natural Rights*, Oxford, Clarendon, 1993.

_____, *Aquinas: Moral, Political, and Legal Theory*(Founders of Modern Political and Social Thought), Oxford, Oxford University Press, 1998.

George, Robert. P.(ed.), *Natural Law Theory: Contemporary Essays*, Oxford, Clarendon Press, 1992.

_____, *In Defense of Natural Law*, Oxford, Oxford University Press, 1999.

Goyette, John et al.,(eds.). *St. Thomas Aquinas and the Natural Law Tradition: Contemporary Perspectives*, Washington D.C., The Catholic University of America Press, 2004.

Hittinger, Russell, *A Critique of the New Natural Law Theory*, Notre Dame, University of Notre Dame Press, 1987.

Keeling, Michael, *The Mandate of Heaven: The Divine Command and the*

Natural Order, Edinburgh, T&T Clark, 1995.

Lisska, Anthony J., *Aquinas's Theory of Natural Law: An Analytic Reconstruction*, Oxford, Clarendon Press, 1997.

Maritain, Jacques, *The Rights of Man and Natural Law*, trans. by Doris C. Anson, New York, Gordian Press, 1971.

McLean, Edward B. (ed.), *Common Truths: New Perspectives on Natural Law*, Wilmington(Delaware), ISI Books, 2000.

Nelson, Daniel Mark, *The Priority of Prudence: Virtue and Natural Law in Thomas Aquinas and the Implications for Modern Ethics*, University Park(Pennsylvania), Pennsylvania State University Press, 1992.

O'Connor, Daniel J., *Aquinas and Natural Law*, London, MacMillan, 1967.

O'Keefe, Martin D., *Known from the Things that are: Fundamental Theory of the Moral Life*, Houston, Center for Thomistic Studies, 1987.

Porter, Jean, *Natural & Divine Law: Reclaiming the Tradition for Christian Ethics*, Ottawa(Ontario), Novalis, St. Paul University Press, 1999.

Rhonheimer, Martin, *Natural Law and Practical Reason: A Thomist View of Moral Autonomy*, trans. by Gerald Malsbary, New York, Fordham University Press, 2000.

Simon, Yves R., *The Tradition of Natural Law: A Philosopher's Reflections*, ed. by Vukan Kuic, New York, Fordham University Press, 1992.

Westerman, Pauline C., *The Disintegration of Natural Law Theory: Aquinas to Finnis*, Leiden–New York–Koln, Brill, 1998.

토마스 아퀴나스 신학대전 28
법

제2부 제1편
제 90 문 - 제 97 문

QUAESTIO XC
DE ESSENTIA LEGIS
in quatuor articulos divisa

Consequenter considerandum est de principiis exterioribus actuum.[1] Principium autem exterius ad malum inclinans est diabolus, de cuius tentatione in Primo[2] dictum est. Principium autem exterius movens ad bonum est Deus, qui et nos instruit per legem, et iuvat per gratiam. Unde primo, de lege; secundo, de gratia dicendum est.[3] Circa legem autem, primo oportet considerare de ipsa lege in communi; secundo, de partibus eius.[4] Circa legem autem in communi tria occurrunt consideranda: primo quidem, de essentia ipsius; secundo, de differentia legum;[5] tertio, de effectibus legis.[6]

Circa primum quaeruntur quatuor.[7]

Primo: utrum lex sit aliquid rationis.

Secundo: de fine legis.

Tertio: de causa eius.

---

1. Cf. q.49, Introd.
2. q.114.
3. q.109.
4. q.93.

제90문
법의 본질에 대하여
(전4절)

다음으로 행위의 외적 원리들에 대해 고찰해야 한다.[1] 악으로 기울게 하는 외적 원리는 악마이고, 그 유혹에 대해서는 제1부에서[2] 말한 바 있다. 그리고 선으로 움직이는 외적 원리는 하느님인데, 그는 우리를 법으로 가르치고 은총으로 도와준다. 그러므로 첫째는 법에 대해서, 둘째는 은총에 대해서 말해야 한다.[3] 그런데 법과 관련해서는, 첫째로 법 자체에 대해 일반적으로, 그리고 둘째로 그 부분들에 대해 고찰해야 한다.[4] 그런데 법 일반에 대해서는 세 가지가 고찰되어야 할 것으로 보인다. 첫째는 법 자체의 본질에 대해, 둘째는 법의 종류에 대해,[5] 셋째는 법의 효력에 대해서다.[6]

첫 번째 [주제]에 대해서는 네 가지 문제[7]가 제기된다.

1. 법은 이성적인 것인가?
2. 법의 목적에 대하여.
3. 법의 원인에 대하여.

---

5. q.91.
6. q.92.
7. 제1절, 제2절에서는 법의 본질과 목적을 묻고, 제3절, 제4절에서는 법 제정의 주체와 준수의 주체에 대해 묻는다.

q.90, a.1

Quarto: de promulgatione ipsius.

ARTICULUS 1
Utrum lex sit aliquid rationis[1]

Ad primum sic proceditur. Videtur quod lex non sit aliquid rationis.

1. Dicit enim Apostolus, *ad Rom.* 7,[23]: *Video aliam legem in membris meis,* etc. Sed nihil quod est rationis, est in membris: quia ratio non utitur organo corporali. Ergo lex non est aliquid rationis.

2. Praeterea, in ratione non est nisi potentia, habitus et actus. Sed lex non est ipsa potentia rationis. Similiter etiam non est aliquis habitus rationis: quia habitus rationis sunt virtutes intellectuales, de quibus supra[2] dictum est. Nec etiam est actus rationis: quia cessante rationis actu, lex cessaret, puta in dormientibus. Ergo lex non est aliquid rationis.

3. Praeterea, lex movet eos qui subiiciuntur legi, ad recte agendum. Sed movere ad agendum proprie pertinet ad voluntatem, ut patet ex praemissis.[3] Ergo lex non pertinet ad rationem, sed magis ad voluntatem: secundum quod etiam Iurisperitus dicit:[4] *Quod placuit principi, legis habet vigorem.*

---

1. 원래 글자 그대로의 의미는 '법은 어떤 이성적인 것인가'라는 말인데, 이 절에서

4. 법 자체의 공포에 대하여.

제1절: 법은 이성에 속하는 것인가?[1]

[반론] 첫째에 대해서는 다음과 같이 진행된다. 법은 이성에 속하는 것이 아닌 것으로 생각된다.

1. 사도 바오로는 로마서 7장 23절에서 '나는 내 지체 안에서 또 다른 법을 알아봅니다' 등이라고 말하기 때문이다. 그런데 이성에 속하는 것은 지체 안에 있지 않다. 왜냐하면 이성은 신체적 기관을 사용하지 않기 때문이다. 그러므로 법은 이성에 속하는 것이 아니다.

2. 그 밖에도 이성에는 능력, 습성 그리고 작용 외에는 없다. 그러나 법은 이성의 능력 자체가 아니다. 마찬가지로 이성의 어떤 습성도 아니다. 왜냐하면 위에서 말했듯이,[2] 이성의 습성은 지성적 덕이기 때문이다. 법은 또한 이성의 작용도 아니다. 왜냐하면 가령 자고 있을 때와 같이 이성의 작용이 정지된다면 법이 정지되기 때문이다. 따라서 법은 이성에 속하는 것이 아니다.

3. 그 밖에도 법은 그 법의 지배하에 있는 사람들을 바르게 행동하도록 이끈다. 그러나 앞에서 밝힌 바와 같이[3] 행위로 이끄는 것은 고유하게 의지에 속한다. 따라서 법은 이성이 아니라 의지에 속한다. 더구나 법률가는 "군주의 마음에 드는 것은 법의 힘을 가진다"고 말한다.[4]

---

1. 논의되고 있는 바로 볼 때 정확한 의미는 '법은 본질적으로 이성적인 것인가'로 볼 수 있다.
2. q.57.
3. q.9, a.1.

q.90, a.1

SED CONTRA est quod ad legem pertinet praecipere et prohibere. Sed imperare est rationis, ut supra[5] habitum est. Ergo lex est aliquid rationis.

RESPONDEO dicendum quod lex quaedam regula est et mensura actuum, secundum quam inducitur aliquis ad agendum, vel ab agendo retrahitur: dicitur enim lex a *ligando*, quia obligat ad agendum.[6] Regula autem et mensura humanorum actuum est ratio, quae est primum principium actuum humanorum,[8] ut ex praedictis[7] patet: rationis enim est ordinare ad finem, qui est primum principium in agendis, secundum Philosophum.[9] In unoquoque autem genere id quod est principium, est mensura et regula illius generis: sicut unitas in genere numeri,[10] et motus primus in genere motuum. Unde relinquitur quod lex sit aliquid pertinens ad rationem.

---

4. *Dig.*, I, t.4: De constit. principum, leg.1.
   여기서 법률가는 울피아누스를 가리킨다.
5. q.17, a.1.
6. (* 추가주) "물질적인 것에서 영적인 것으로 은유적으로 차용되기 때문에, 잡아 맨다는 것은 필연성을 부과한다는 것을 의미한다. 왜냐하면 잡아매여 있는 자는 잡아매여 있는 장소에 멈춰있어야만 하는 필연성을 가지고, 다른 곳으로 떠날 수 있는 능력을 빼앗기기 때문이다. 따라서 잡아맴은 그 자체로 필연적인 것에 있어서는 있을 곳이 없다는 것이 명백하다. 왜냐하면 불은 그 자체가 위로 올라가는 것이 필연적이지만, 그렇다고 불이 위로 올라가는 것에 잡아매여 있다고 말할 수는 없기 때문이다. 그러나 다른 것에 의해 필연성이 주어지는, 그러한 필연적인 것에서만 잡아맴은 있을 곳을 가진다. 그런데 다른 작용자에 의해 주어질 수 있는 필연성에는 두 가지가 있다. 첫째는 강제의 필연성이다. … 둘째는 조건

[재반론] 그러나 반대로 명령하고 금지하는 것은 법에 속한다. 그런데 위에서 말한 바와 같이,[5] 명령하는 것은 이성적인 것이다. 그러므로 법은 이성에 속하는 것이다.

[답변] 법은 그것에 따라 어떤 사람이 행위를 하도록 계도하거나 어떤 행위를 하지 않도록 금지하는, 행위의 규칙과 척도다. 어떤 행위를 하도록 의무를 지우기 때문에(obligare), 법이 '잡아매다'(ligare)라는 말에서 나왔다고 하는 것이다.[6] 그런데 앞에서 밝힌 바와 같이[7] 인간적 행위[8]의 규칙과 척도는 인간적 행위의 제일원리인 이성이다. 왜냐하면 철학자에 따르면[9] 목적으로 질서 짓는 것은 행위의 제일원리이고 이성에 속하기 때문이다. 그런데 수(數)라는 류(類)에 있어 일(一)과[10] 운동이라는 류에 있어 제일운동이 그렇듯이, 각각의 류에 있어 원리가 되는 것은 그 류의 척도이고 규칙이다. 따라서 법은 이성에 속하는 어떤 것이라는 결론이 남는다.

적인 필연성이다. … 첫째 필연성, 즉 강제의 필연성은 의지의 운동에서 일어나지 않는다. … 그러나 둘째 필연성은 의지에 주어질 수 있다. 예컨대 어떤 자가 선을 따라야만 하는지 악을 피해야만 하는지 선택하는 것은 필연적이다." *De Veritate.*, q.17, a.3.

7. q.1, a.1, ad3.
8. 인간적 행위(actus humanus)는 도덕적 의미를 가진 것으로, 가치 중립적 의미를 가지는 인간의 행위(actus hominis)와 구분해야 한다.
9. *Physic.*, II, c.9(현대의 많은 번역본에서는 제8장으로 되어있음. 앞으로 괄호 안의 장 표시는 이러한 의미로 쓰임), 200a22-24; S. Thomas, lect.15, n.5; *In Ethic.*, VII, c.9, 1151a16; S. Thomas, lect.8, n.1431.
10. Cf. I, q.11, a.2.

AD PRIMUM ergo dicendum quod, cum lex sit regula quaedam et mensura,[11] dicitur dupliciter esse in aliquo. Uno modo, sicut in mensurante et regulante. Et quia hoc est proprium rationis, ideo per hunc modum lex est in ratione sola. — Alio modo, sicut in regulato et mensurato. Et sic lex est in omnibus quae inclinantur in aliquid ex aliqua lege: ita quod quaelibet inclinatio proveniens ex aliqua lege, potest dici lex, non essentialiter, sed quasi participative.[12] Et hoc modo inclinatio ipsa membrorum ad concupiscendum *lex membrorum* vocatur.[13]

AD SECUNDUM dicendum quod, sicut in actibus exterioribus est considerare operationem et operatum, puta aedificationem et aedificatum; ita in operibus rationis est considerare ipsum actum rationis, qui est intelligere et ratiocinari, et aliquid per huiusmodi actum constitutum. Quod quidem in speculativa ratione primo quidem est definitio; secundo, enunciatio; tertio vero, syllogismus vel argumentatio.[14] Et quia ratio etiam practica utitur quodam

---

11. 법의 의미를 규칙(regula)과 척도(mensura)로 풀어 말하고 있다. 여기서 규칙(regula)은 '조작하다', '인도하다', '다스리다', '지도하다'의 의미를 가진 'rego'에서 나왔고, 척도(mensura)는 '재다', '측정하다', '할당하다', '판단하다', '평가하다'의 의미를 가진 'metior'에서 나왔다. 따라서 규칙과 척도로서의 법은 다스리고 인도된다는 역동적인 의미와, 평가되고 측정된다는 수동적이고 정적인 의미를 동시에 가진다고 할 수 있다.
12. 플라톤에서 나온 분유(μέθεξις)라는 말은 아리스토텔레스, 플로티누스를 거쳐 토마스에게로 이어진다. 토마스에 있어 분유(participatio)는 보편적으로 다른 것에 속한 것을 개별적인 방법으로 무언가 받아들이는 것을 말하는 것으로, 세 가지로 나뉜다. 첫째는 종(種)이 류(類)를, 개체가 종을 분유하는 논리적인 분유이고, 둘째는 실체가 우유를, 질료가 형상을 분유하는 서술적인 분유이며, 셋째는 결과가 원인을 분유하는 존재론적 분유이다. 이 말에 대한 철학계의 번

[해답] 1. 법은 어떤 규칙(regula)과 척도(mensura)[11]이기 때문에 (법은) 어떤 것 안에 두 가지 방식으로 존재한다고 말해진다. 첫째는 재고 규제하는 자 안에서와 같이. 그리고 이는 이성에 고유한 것이기 때문에 이 방식으로 법은 이성에만 존재한다. — 둘째는 재어지고 규제되는 자 안에서와 같이. 그리고 이렇게 법은 어떤 법에 의해 어떤 것으로 이끌려지는 모든 것 안에 있기 때문에, 어떤 법에 의해 나오는 이끌림은 무엇이든지 본질적으로가 아니라 마치 분유(分有)[12]적으로 법이라고 불릴 수 있다. 그리고 이러한 방식으로 지체 자체가 욕망하는 쪽으로 이끌리는 것은 '지체의 법'이라고 불린다.[13]

2. 가령 집 짓는 행위와 지어진 집이 서로 구별되듯이 외적 행위에 있어서도 활동과 활동의 결과를 구별해야 한다. 마찬가지로 이성의 활동에 있어서도 이해하는 것과 추론하는 것인 이성의 행위 자체와 이러한 종류의 행위를 통해 이루어지는 어떤 것을 구별해야 한다. 사변이성에 있어서 그것은 첫째 정의(定義), 둘째 명제, 셋째 삼단논법과 논증이다.[14] 그리고 철학자가 『니코마코스 윤리학』 제7권에서 가르

역은 관여(關與), 참여(參與), 분유(分有) 등 일관성 없게 진행되었다. 그런데 관여나 참여는 존재론적 위계를 드러내는 데 적합하지 않아 토마스 철학의 번역어로 적합하지 않다. 그리고 토마스에 있어 이 말은 명사[participatio]뿐 아니라 동사[participare]로도 쓰인다. 또한 동사형 언어인 우리말로 번역하는 데 있어서는 능동과 피동의 구분이 필요할 때가 많다. 따라서 본 번역에서는 앞뒤 문맥에 따라 '분유'(分有)와 '분여'(分與) 두 가지 말로 번역하겠다. 즉 피조물과 같은 하위의 존재가 하느님과 같은 상위의 존재를 '분유'한다고 하고, 상위의 존재가 자신의 존재를 하위의 존재에 나누어 주는 것은 '분여'한다고 번역하겠다. 왜냐하면 분유는 '나누어 갖는다'의 의미이고, 분여는 '나누어 주다'의 의미이기 때문이다. 참고로 대만에서 번역한 신학대전에는 분유라는 표현만 쓰고 있는데, 이 경우 상위의 존재가 하위의 존재에게 나누어 주는 행위를 하위의 존재가 상위의 존재를 나누어 갖는 것으로 뒤집어 해석하는 문제가 생긴다.

13. Vide Magistrum, *In Sent*., II, d.30.

syllogismo in operabilibus, ut supra[16] habitum est, secundum quod Philosophus docet in VII *Ethic.*;[15] ideo est invenire aliquid in ratione practica quod ita se habeat ad operationes,[17] sicut se habet propositio in ratione speculativa ad conclusiones. Et huiusmodi propositiones universales rationis practicae ordinatae ad actiones, habent rationem legis. Quae quidem propositiones aliquando actualiter considerantur, aliquando vero habitualiter a ratione tenentur.

AD TERTIUM dicendum quod ratio habet vim movendi a voluntate, ut supra[18] dictum est: ex hoc enim quod aliquis vult finem, ratio imperat de his quae sunt ad finem. Sed voluntas de his quae imperantur, ad hoc quod legis rationem habeat, oportet quod sit aliqua ratione regulata. Et hoc modo intelligitur quod voluntas principis habet vigorem legis: alioquin voluntas principis magis esset iniquitas quam lex.[19]

ARTICULUS 2

Utrum lex ordinetur semper ad bonum commune

---

14. 이는 형식논리학의 전통적 교재에 있는 세 항목으로, 사고의 세 가지 주요 과정 또는 단계에 해당된다.
15. c.5, 1147a24-31; S. Thomas, lect.3, nn.1345-1346.
    (각주 15, 16에 해당하는 한글 번역 문장과 라틴어 문장의 어순이 다름)
16. q.13, a.3; q.76, a. 1; q.77, a.2, ad4.

친 바에 따라,[15] 위에서 밝혔듯이[16] 실천적인 것에 있어 실천이성은 삼단논법을 사용하기 때문에, 사변이성에 있어 명제가 결론에 관련되듯이, 실천이성에 있어서도 행동에 관련되는 어떤 것이 있다.[17] 그리고 이러한 방식으로 활동으로 향해진 실천이성의 보편적 명제들은 법의 본성을 갖는다. 사실 명제는 어떤 때는 실제로 고려되지만, 어떤 때는 이성에 의해 습성적으로 알게 된다.

3. 위에서 말했듯이,[18] 이성은 의지로부터 움직이는 힘을 얻는다. 왜냐하면 어떤 사람이 목적을 원한다는 사실 때문에 이성은 목적으로 향해 있는 것에 대해 명령을 내리기 때문이다. 그러나 명령된 것과 관련한 의지가 법의 본성을 가지기 위해서는 어떤 이성에 의해 규정되어야 한다. 군주의 의지가 법의 효력을 가진다는 말은 이러한 방식으로 이해되어야 한다. 그렇지 않다면 군주의 의지는 법이라기보다는 불법이 될 것이다.[19]

제2절: 법은 항상 공동선으로 질서 지어지는가?

Parall.: Infra, q.95, a.4; q.96, a.1; *In Sent.*, III, d.37, a.2, qc.2, ad5; *In Ethic.*, V, lect.2.

---

17. 사변이성과 실천이성이 실체적으로 서로 다른 능력은 아니다. 다만 다루는 주제와 관심이 다를 뿐이다.
18. q.17, a.1.
19. 이는 지배자의 자의적 법 해석과 법 제정에 대한 경고이고, 지나친 실정법주의에 대한 반대로 볼 수 있다.

q.90, a.2

Ad secundum sic proceditur. Videtur quod lex non ordinetur semper ad bonum commune sicut ad finem.

1. Ad legem enim pertinet praecipere et prohibere. Sed praecepta[1] ordinantur ad quaedam singularia bona. Non ergo semper finis legis est bonum commune.

2. Praeterea, lex dirigit hominem ad agendum. Sed actus humani sunt in particularibus. Ergo et lex ad aliquod particulare bonum ordinatur.

3. Praeterea, Isidorus dicit, in libro *Etymol.*:[2] *Si ratione lex constat, lex erit omne quod ratione constiterit.* Sed ratione consistit non solum quod ordinatur ad bonum commune, sed etiam quod ordinatur ad bonum privatum. Ergo[3] lex non ordinatur solum ad bonum commune, sed etiam ad bonum privatum unius.

SED CONTRA est quod Isidorus dicit, in V *Etymol.*,[4] quod lex est *nullo privato commodo, sed pro communi utilitate civium conscripta.*

RESPONDEO dicendum quod, sicut dictum est,[5] lex pertinet ad id quod est principium humanorum actuum, ex eo quod est regula et mensura. Sicut autem ratio est principium humanorum actuum, ita etiam in ipsa ratione est aliquid quod est

---

1. praecipere(명령하다)에서 나온 praeceptum은 문맥에 따라 '계명'으로도 '명령'으로도 번역할 수 있다.
2. II, c.10; V, c.33: PL 82, 130 C, 199 A.

[반론] 둘째에 대해서는 다음과 같이 진행된다. 법은 항상 목적으로서 공동선으로 질서 지어지는 것은 아닌 것으로 생각된다.

1. 명령하고 금지하는 것은 법에 속하기 때문이다. 그런데 명령¹은 개별적 선을 향해 있다. 따라서 법의 목적이 항상 공동선인 것은 아니다.

2. 그 밖에도 법은 인간으로 하여금 행동하도록 지도한다. 그런데 인간적 행위는 특수한 것에 있다. 따라서 법은 어떤 특수한 선을 위해 질서 지어져 있다.

3. 그 밖에도 이시도루스는 『어원』²이라는 책에서 "만약 법이 이성에 근거한다면 이성에 근거하는 것은 무엇이든 다 법이다"라고 말한다. 그런데 공동선으로 향해진 것뿐 아니라 개인적 선으로 향해진 것들도 이성에 근거한다. 따라서³ 법은 공동선뿐 아니라 한 개인의 개인적 선으로 질서 지어져 있다.

[재반론] 그러나 반대로 이시도루스는 『어원』 제5권⁴에서 법은 "사적 이익을 위해서가 아니라 시민들 공동의 유익을 위해서 만들어진다"고 말한다.

[답변] 위에서 말했듯이,⁵ 법은 규칙이며 척도이기 때문에 인간적 행위의 원리에 속한다. 그런데 이성은 인간적 행위의 원리이기 때문에 이성 그 자체에도 다른 모든 것과 관련하여 원리가 되는 어떤 것이 있

---

3. 비오판에는 '따라서' 다음에 나오는 'lex non ⋯ unius'(법은 공동선뿐 아니라 한 개인의 개인적 선으로 질서 지어져 있다)가 없음.
4. c.21: PL 82, 203 A. Cf. II, c.10: PL 82, 131 B.
5. 앞 절.

principium respectu omnium aliorum. Unde ad hoc oportet quod principaliter et maxime pertineat lex. — Primum autem principium in operativis, quorum est ratio practica, est finis ultimus. Est autem ultimus finis humanae vitae felicitas vel beatitudo,[7] ut supra[6] habitum est. Unde oportet quod lex maxime respiciat ordinem qui est in beatitudinem. — Rursus, cum omnis pars ordinetur ad totum sicut imperfectum ad perfectum; unus autem homo est pars communitatis perfectae:[8] necesse est quod lex proprie respiciat ordinem ad felicitatem communem. Unde et philosophus, in praemissa definitione legalium,[9] mentionem facit et de felicitate et communione politica. Dicit enim, in V *Ethic.*,[10] quod *legalia iusta dicimus factiva et conservativa felicitatis et particularum ipsius, politica communicatione*: perfecta enim communitas civitas est, ut dicitur in I *Polit..*[11]

In quolibet autem genere id quod maxime dicitur, est principium aliorum, et alia dicuntur secundum ordinem ad ipsum: sicut ignis, qui est maxime calidus, est causa caliditatis in corporibus mixtis, quae intantum dicuntur calida, inquantum participant de igne.[12] Unde oportet quod, cum lex maxime dicatur secundum ordinem ad bonum commune, quodcumque aliud praeceptum de particulari opere non habeat rationem legis nisi secundum ordinem ad bonum commune. Et ideo omnis lex ad bonum

---

6. q.2, a.7; q.3, a.1; q.69, a.1.
7. 성 토마스에게 행복(felicitas)은 지상에서 가능한 행복인 반면, 지복(beatitudo)은 천국에서나 가능한 영원한 행복을 말한다.

다. 따라서 법은 주로, 그리고 우선적으로 이 원리에 속한다고 해야
한다. — 그런데 실천이성이 관련되는 것, 즉 실천적인 것의 제일원리
는 궁극적 목적이다. 그런데 위에서 밝혔듯이[6] 인생의 궁극 목적은 행
복(felicitas)과 지복(至福: beatitudo)[7]이다. 따라서 법은 우선적으로 지복
을 향한 질서를 보살펴야 한다. — 더욱이 불완전한 것이 완전한 것
으로 질서 지어져 있듯이 모든 부분은 전체로 질서 지어져 있고, 또한
한 인간은 완전한 공동체의 부분이기 때문에,[8] 법은 그 본래의 의미에
있어 공동의 행복을 향한 질서를 보살펴야 하는 것이다. 따라서 철학
자는 앞에서 '법적인 것'이라고 한 말[9]의 정의(定義)를 내리면서 행복과
정치적 공동체에 관해 언급하고 있다. 그는 『니코마코스 윤리학』 제5
권[10]에서 "정치적 공동체를 위해 행복과 그 부분적인 것을 만들고 보
존할 능력이 있는 것을 법적으로 정의로운 것이라고 부른다"고 말한
다. 왜냐하면 『정치학』 제1권[11]에서 말하듯이 완전한 공동체는 국가이
기 때문이다.

그런데 모든 류(類)에 있어 가장 많이 그 류에 속한다고 일컬어지는
것은 무엇이든 다른 것들의 원리가 되고, 다른 것들은 이것을 향한 질
서에 따라 그 류에 속한다고 일컬어진다. 이는 최우선적으로 뜨거운
것인 불이 혼합물들에 있어 열의 원인이고, 그것들이 불을 분유하는
한에 있어서[12] 뜨겁다고 불리는 것과 같다. 따라서 법은 최우선적으로
공동선을 향해 질서지어진 것으로 일컬어지기 때문에, 특정한 일과

---

8. Cf. I, q.60, a.5; II-II, q.64, a.2; Vide I-II, q.21, a.4, ad3 et textus ibi cit.
9. 재반론 참조.
10. c.2, 1129b17-19; S. Thomas, lect.2, nn.902-903.
11. c.1, 1252a5-7; S. Thomas, lect.1.
12. Cf. I, q.2, a.3: *Quarta via*.

commune ordinatur.

AD PRIMUM ergo dicendum quod praeceptum importat applicationem legis ad ea quae ex lege regulantur. Ordo autem ad bonum commune, qui pertinet ad legem, est applicabilis ad singulares fines. Et secundum hoc, etiam de particularibus quibusdam praecepta dantur.

AD SECUNDUM dicendum quod operationes quidem sunt in particularibus: sed illa particularia referri possunt ad bonum commune, non quidem communitate generis vel speciei, sed communitate causae finalis, secundum quod bonum commune dicitur finis communis.

AD TERTIUM dicendum quod, sicut nihil constat firmiter secundum rationem speculativam nisi per resolutionem ad prima principia indemonstrabilia, ita firmiter nihil constat per rationem practicam nisi per ordinationem ad ultimum finem, qui est bonum commune. Quod autem hoc modo ratione constat, legis rationem habet.

ARTICULUS 3
Utrum ratio cuiuslibet sit factiva legis

Ad tertium sic proceditur. Videtur quod cuiuslibet ratio sit factiva legis.

관련한 다른 명령은 공동선을 향한 질서에 따르지 않는 한, 법의 본성을 가지지 않는다고 해야 한다. 그러므로 모든 법은 공동선으로 질서지어져 있다.

[해답] 1. 명령은 법에 따라 규정되는 것들에 법을 적용하는 것을 의미한다. 그런데 법과 관련되는 공동선을 향한 질서는 개별적인 목적에 적용될 수 있다. 이러한 방식으로 어떤 특수한 것에 대해서도 명령이 내려진다.

2. 사실 행위는 특수한 것에서 일어난다. 그러나 공동선은 공동의 목적이라고 불리기 때문에 그 특수한 것은 공통적인 류(類)나 종(種)으로서가 아니라 공동의 목적인으로서 공동선과 관련될 수 있다.

3. 증명 불가능한 제일원리로 분해되지 않고는 사변이성에 따라 확실한 것은 아무것도 없듯이, 최종 목적 즉 공동선을 향해 질서 지어져 있지 않고는 실천이성에 따라 확실한 것은 아무것도 없다. 그런데 이런 방식으로 이성에 의해 확실하게 되는 것은 법의 본성을 갖는다.

제3절: 누구의 이성이라도 법을 제정할 수 있는가?

Parall.: Infra, q.97, a.3, ad3; II-II, q.50, a.1, ad3.

[반론] 셋째에 대해서는 다음과 같이 진행된다. 누구의 이성이라도 법을 제정할 수 있는 것으로 생각된다.

q.90, a.3

1. Dicit enim Apostolus, *ad Rom.* 2,[14], quod *cum gentes, quae legem non habent, naturaliter ea quae legis sunt faciunt, ipsi sibi sunt lex.* Hoc autem communiter de omnibus dicit. Ergo quilibet potest facere sibi legem.

2. Praeterea, sicut Philosophus dicit, in libro II *Ethic.*,[1] *intentio legislatoris est ut inducat hominem ad virtutem.* Sed quilibet homo potest alium inducere ad virtutem. Ergo cuiuslibet hominis ratio est factiva legis.

3. Praeterea, sicut princeps civitatis est civitatis gubernator, ita quilibet paterfamilias est gubernator domus. Sed princeps civitatis potest legem in civitate facere. Ergo quilibet paterfamilias potest in sua domo facere legem.

SED CONTRA est quod Isidorus dicit, in libro *Etymol.*,[2] et habetur in *Decretis*, dist. 2:[3] *Lex est constitutio populi, secundum quam maiores natu simul cum plebibus aliquid sanxerunt.* Non est ergo cuiuslibet facere legem.

RESPONDEO dicendum quod lex proprie, primo et principaliter respicit ordinem ad bonum commune. Ordinare autem aliquid in bonum commune est vel totius multitudinis, vel alicuius gerentis vicem totius multitudinis. Et ideo condere legem vel pertinet ad

---

1. c.1, 1103b3-6; S. Thomas, lect.1, n.251.

제90문 제3절

1. 사도 바오로는 로마서 2장 14절에서 '다른 민족들이 율법을 가지고 있지 않으면서도 본성에 따라 율법에서 요구하는 것을 실천하면, 그 자체가(율법을 가지고 있지 않은 그들이) 자신들에게는 율법이 됩니다'라고 말한다. 그런데 그는 이것을 모두에 대해 공통적으로 말하고 있다. 따라서 누구든지 스스로 법을 제정할 수 있다.

2. 그 밖에도 철학자는 『니코마코스 윤리학』 제2권[1]에서 "입법자가 의도하는 바는 인간을 덕으로 인도하는 것이다"라고 말한다. 그런데 어떤 사람이든지 다른 사람을 덕으로 인도할 수 있다. 따라서 어떤 사람의 이성이라도 법을 제정할 수 있다.

3. 그 밖에도 한 국가의 군주는 그 국가의 지도자이듯이, 어떤 가장도 그 집안의 지도자다. 그런데 국가의 군주는 그 국가에 있어 법을 제정할 수 있다. 따라서 어떤 가장도 자신의 집안에 있어 법을 제정할 수 있다.

[재반론] 그러나 반대로 이시도루스는 『어원』[2]에서 다음과 같이 말하고, 이는 『법령집』 제2구분[3]에도 나온다. "법은 원로들이 평민들과 같이 어떤 것을 규정한 인민의 명령이다." 따라서 아무나 법을 만들 수 있는 것은 아니다.

[답변] 법은 본래, 일차적으로 그리고 원칙적으로 공동선을 향한 질서와 관련된다. 어떤 것을 공동선으로 질서 짓는 것은 인민 전체에게 또는 인민 전체의 권력을 수행하는 자에게 속한다. 따라서 법을 제정

---

2. V, c.10: PL 82, 200 C; cf. II, c.10: PL 82, 130 C.
3. Gratianus(saec. XII), *Decretum*, P. I, d.2, can.1: *Lex est*.

19

q.90, a.3

totam multitudinem,[4] vel pertinet ad personam publicam quae totius multitudinis curam habet. Quia et in omnibus aliis ordinare in finem est eius cuius est proprius ille finis.

AD PRIMUM ergo dicendum quod, sicut supra[5] dictum est, lex est in aliquo non solum sicut in regulante, sed etiam participative sicut in regulato. Et hoc modo unusquisque sibi est lex, inquantum participat ordinem alicuius regulantis. Unde et ibidem subditur [15]: *Qui ostendunt opus legis scriptum in cordibus suis.*

AD SECUNDUM dicendum quod persona privata non potest inducere efficaciter ad virtutem. Potest enim solum monere,[6] sed si sua monitio non recipiatur, non habet vim coactivam; quam debet habere lex, ad hoc quod efficaciter inducat ad virtutem, ut Philosophus dicit, in X *Ethic.*.[7] Hanc autem virtutem coactivam habet multitudo vel persona publica, ad quam pertinet poenas infligere, ut infra[8] dicetur. Et ideo solius eius est leges facere.

AD TERTIUM dicendum quod, sicut homo est pars domus, ita domus est pars civitatis: civitas autem est communitas perfecta, ut dicitur in I *Politic.*.[9] Et ideo sicut bonum unius hominis non est ultimus finis, sed ordinatur ad commune bonum;[10] ita etiam et bonum unius domus ordinatur ad bonum unius civitatis,

---

4. 인민(multitudo) 또는 다중은 영어의 multitude와는 달리 정치적 공동체의 구성원을 말한다.
5. a.1, ad1.
6. 비오판에는 'movere'(움직이다, 계획하다, 동요케 하다)로 되어있음.

하는 것은 인민[4] 전체에게 속하거나 인민 전체를 돌보는 공인에게 속한다. 왜냐하면 다른 모든 것에 있어 목적으로 질서 짓는 것은 목적이 그에게 고유하게 속하는 사람에게 관련되는 것이기 때문이다.

[해답] 1. 위에서 말한 것처럼,[5] 법은 다스리는 자로서 어떤 사람에게 있을 뿐 아니라 다스림을 받는 자로서 어떤 사람에게도 분유적으로 존재한다. 그리고 후자의 방식으로 다스리는 사람의 질서를 분유하는 한에 있어서 각자는 자신에게 법이 된다. 따라서 같은 곳에서 이어지기를(15절), '그들은 자기들의 마음 안에 법의 업적이 쓰여있음을 보여줍니다.'

2. 사인(私人)은 효과적으로 덕으로 이끌 수 없다. 왜냐하면 사인은 충고[6]만 할 수 있을 뿐이고, 그 충고가 받아들여지지 않을 경우 강제할 힘이 없기 때문이다. 그런데 『니코마코스 윤리학』 제10권[7]에서 철학자가 말하듯이, (그 강제력은) 효과적으로 덕으로 이끌기 위해 법이 가져야 하는 것이다. 그런데 아래에서도 말하듯이,[8] 이 강제력은 처벌을 하는 일을 맡는 인민 전체나 공인(公人)이 가지는 것이다. 따라서 그 사람들만이 법을 만들 수 있다.

3. 한 사람은 그 집안의 한 부분이듯이, 한 집안도 국가의 한 부분이다. 그런데 『정치학』 제1권[9]에서 말하듯이, 국가는 완전한 공동체다. 그리고 한 사람의 선은 최종 목적이 아니라 공동선을 위해 질서 지어져 있듯이,[10] 한 집안의 선도 완전한 공동체인 한 국가의 선을 위해 질

---

7. c.10, 1180a20-22; S. Thomas, lect.14, n.2153.
8. Cf. q.92, a.2, ad3; II-II, q.64, a.3.
9. c.1, 1252a5-7; S. Thomas, lect.1.
10. 앞 절 본론 참조.

quae est communitas perfecta. Unde ille qui gubernat aliquam familiam, potest quidem facere aliqua praecepta vel statuta; non tamen quae proprie habeant rationem legis.

Articulus 4

Utrum promulgatio sit de ratione legis

Ad quartum sic proceditur. Videtur quod promulgatio non sit de ratione legis.

1. Lex enim naturalis maxime habet rationem legis. Sed lex naturalis non indiget promulgatione. Ergo non est de ratione legis quod promulgetur.

2. Praeterea, ad legem pertinet proprie obligare ad aliquid faciendum vel non faciendum. Sed non solum obligantur ad implendam legem illi coram quibus promulgatur lex, sed etiam alii. Ergo promulgatio non est de ratione legis.

3. Praeterea, obligatio legis extenditur etiam in futurum: quia *leges futuris negotiis necessitatem imponunt,* ut iura dicunt.[1] Sed promulgatio fit ad praesentes. Ergo promulgatio non est de necessitate legis.

SED CONTRA est quod dicitur in *Decretis,* 4 dist.,[2] quod *leges*

---

1. *Codex Iustinianus,* I, tit.14: De legibus et constit., lex 7: *Leges et.*

서 지어져 있다. 따라서 한 집안을 다스리는 사람은 어떤 규정이나 명령을 만들 수는 있지만, 본래 의미에서 법으로서의 본성을 가지는 것은 아니다.

제4절: 공포(公布)는 법의 본성에 속하는가?

Parall.: *De veritate*, q.17, a.3; *Quodlibet.*, I, q.9, a.3.

[반론] 넷째에 대해서는 다음과 같이 진행된다. 공포는 법의 본성에 속하지 않는 것으로 생각된다.

1. 자연법은 무엇보다도 법의 본성을 가지기 때문이다. 그런데 자연법은 공포할 필요가 없다. 그러므로 공포되는 것은 법의 본성에 관한 것이 아니다.

2. 그 밖에도 무엇을 하도록 또는 하지 말도록 강제하는 것은 법에 속하는 고유한 것이다. 그런데 법을 지켜야 하는 의무는 면전에서 그 법이 공포된 사람뿐 아니라 다른 사람에게도 해당된다. 따라서 공포는 법의 본성에 속하는 것이 아니다.

3. 그 밖에도 법의 구속력은 심지어 미래에까지 미친다. 왜냐하면 법학자들이 말하듯이,[1] '법은 미래의 사건에 필연성을 부여하기' 때문이다. 그러나 공포는 현재 있는 사람들에게 일어난다. 따라서 공포는 법의 필요조건에 속하지 않는다.

[재반론] 그러나 반대로『법령집』제4구분[2]에서 말하기를 "법은 공포

instituuntur cum promulgantur.

RESPONDEO dicendum quod, sicut dictum est,³ lex imponitur aliis per modum regulae et mensurae. Regula autem et mensura imponitur per hoc quod applicatur his quae regulantur et mensurantur. Unde ad hoc quod lex virtutem obligandi obtineat, quod est proprium legis, oportet quod applicetur hominibus qui secundum eam regulari debent. Talis autem applicatio fit per hoc quod in notitiam eorum deducitur ex ipsa promulgatione. Unde promulgatio necessaria est ad hoc quod lex habeat suam virtutem.

Et sic ex quatuor praedictis potest colligi definitio legis, quae nihil est aliud quam quaedam rationis ordinatio ad bonum commune, ab eo qui curam communitatis habet, promulgata.⁴

AD PRIMUM ergo dicendum quod promulgatio legis naturae⁵ est ex hoc ipso quod Deus eam mentibus hominum inseruit naturaliter cognoscendam.⁶

AD SECUNDUM dicendum quod illi coram quibus lex non promulgatur, obligantur ad legem servandam, inquantum in eorum notitiam devenit per alios, vel devenire potest,⁷ promulgatione facta.

---

2. Gartianus, *Decretum*, P. I, d.4, can.3: '이것들 안에서.'(부록)
3. a.1.

제90문 제4절

될 때 확립되는 것이다."

[답변] 위에서 말한 바와 같이,[3] 법은 규칙과 척도라는 방식으로 다른 사람들에게 부과된다. 그런데 규칙과 척도는 규정되고 재어지는 사람들에게 적용되는 것을 통해 부과된다. 따라서 법이 법에 고유한 구속력을 갖기 위해서는, 그 법에 의해 다스림을 받아야만 하는 사람들에게 적용되어야 한다. 그런데 그러한 적용은 그것을 공포함으로써 그들에게 알려지는 것을 통해 이루어진다. 따라서 법이 자신의 힘을 가지기 위해서 공포는 필수적이다.

따라서 위에서 말한 네 절들로부터 법의 정의가 요약될 수 있다. 그것은 공동선을 위해 공동체를 책임지는 자에 의해 공포된 이성의 명령이다.[4]

[해답] 1. 자연의 법은[5] 하느님이 그것을 인간의 정신 안에 새겨주시어 자연적으로 알게 하셨다는 사실 자체로 공포된 것이다.[6]

2. 법이 공포된 후에 다른 사람들을 통해 전달되거나 전달될 수 있는 한에 있어서,[7] 면전에서 법이 공포되지 않은 사람도 법을 지켜야 할 의무가 있다.

---

4. 이러한 법의 정의에는 법의 목적(공동선)과 본질(이성의 명령)이라는 이성으로서의 법(lex rationis)뿐 아니라, 법 제정의 주체(공동체를 책임지는 자)와 법 준수의 주체(공포), 즉 의지로서의 법(lex voluntatis)이라는 두 가지 측면이 모두 들어 있다고 볼 수 있다.
5. 토마스에 있어 자연의 법(lex naturae)은 자연법(lex naturalis)과 같은 의미로 쓰인다.
6. Cf. q.91, a.2.
7. (* 추가주) "'또는 전달될 수 있는'(vel devenire potest)이라는 말들이 모순을 내포하지 않으므로 논리적 가능태로 이해될 수 없지만, 정치적 가능태, 즉 정치적 질서

25

q.90, a.4

AD TERTIUM dicendum quod promulgatio praesens in futurum extenditur per firmitatem scripturae, quae quodammodo semper eam promulgat. Unde Isidorus dicit, in II *Etymol.*,[8] quod *lex a legendo vocata est, quia scripta est.*

나 과정에 대해서는 이해할 수 있다는 점을 눈여겨보라. 따라서 '전달될 수 있는'(devenire potest)은 '다른 사람들을 통해'(per alios)와 연결되는 것이다. 그리고 그 저자는 다른 사람들을 통해 공포된 바가 그들에게 전달되거나, 다른 사람들을 통해 전달될 수 있지만 (공포할 때) 없던 사람들 입장에서는 모르는 일이 생겨날 수 있기 때문에, 또는 (지키고) 싶지 않기 때문에, 또는 (그것을) 알기 위해 그들

3. 현재의 공포는 영구적으로 그것을 공포하는 문서가 가지는 지속성에 의해 미래까지 연장된다. 따라서 이시도루스는 『어원』 제2권[8]에서 "'법'이라는 이름은 '읽다'에서 나온다. 그것이 적혀있기 때문이다"라고 말한다.

안에 있었던 것을 행하는 것을 무시하기 때문에, 공포할 때 없던 사람들도 (지킬) 의무가 있다고 주장하는 것이다. 그렇지 않으면 법의 공포를 모르는, (공포할 때) 없던 사람들은 지켜야 할 의무가 없게 되는 것이다." 카예타누스의 본문 주해.
8. c.10: PL 82, 130 C. — Cf. V, c.3: PL 82, 199 A.

QUAESTIO XCI
DE LEGUM DIVERSITATE[1]
in sex articulos divisa

Deinde considerandum est de diversitate legum.[2]

Et circa hoc quaeruntur sex.

Primo: utrum sit aliqua lex aeterna.

Secundo: utrum sit aliqua lex naturalis.

Tertio: utrum sit aliqua lex humana.

Quarto: utrum sit aliqua lex divina.

Quinto: utrum sit una tantum, vel plures.

Sexto: utrum sit aliqua lex peccati.

Articulus 1
Utrum sit aliqua lex aeterna

Ad primum sic proceditur. Videtur quod non sit aliqua lex aeterna.

---

1. 여기서 종류 또는 다양성(diversitas)은 류(類)와 종(種)이라는 엄격한 의미, 실체적 의미의 종류가 아니다. 따라서 영원법, 자연법, 인정법, 신법은 각각 서로 다른 범주에 들어가는 개념들이 아니라 실체적으로는 하나다.

제91문
법의 종류[1]에 대하여
(전6절)

다음으로 법의 종류에 대해 고찰해야 한다.[2]
이 [주제]에 관해서는 여섯 가지 문제가 제기된다.
1. 영원법은 존재하는가?
2. 자연법은 존재하는가?
3. 인정법은 존재하는가?
4. 신법은 존재하는가?
5. 신법은 하나인가 여럿인가?
6. 죄의 법은 존재하는가?

제1절: 영원법은 존재하는가?

Parall.: Infra, q.93, a.1.

[반론] 첫째에 대해서는 다음과 같이 진행된다. 영원법은 존재하지 않는 것으로 생각된다.

---
2. Cf. q.90, Introd.

1. Omnis enim lex aliquibus imponitur. Sed non fuit ab aeterno aliquis cui lex posset imponi: solus enim Deus fuit ab aeterno. Ergo nulla lex est aeterna.

2. Praeterea, promulgatio est de ratione legis. Sed promulgatio non potuit esse ab aeterno: quia non erat ab aeterno cui promulgaretur. Ergo nulla lex potest esse aeterna.

3. Praeterea, lex importat ordinem ad finem. Sed nihil est aeternum quod ordinetur ad finem: solus enim ultimus finis est aeternus. Ergo nulla lex est aeterna.

SED CONTRA est quod Augustinus dicit, in I *de Lib. Arb.*:[1] *Lex quae summa ratio nominatur, non potest cuipiam intelligenti non incommutabilis aeternaque videri.*

RESPONDEO dicendum quod, sicut supra[2] dictum est, nihil est aliud lex quam quoddam dictamen practicae rationis in principe qui gubernat aliquam communitatem perfectam. Manifestum est autem, supposito quod mundus divina providentia regatur, ut in Primo[3] habitum est, quod tota communitas univers gubernatur ratione divina. Et ideo ipsa ratio gubernationis rerum in Deo sicut in principe universitatis existens, legis habet rationem. Et quia divina ratio nihil concipit ex tempore, sed habet aeternum

---

1. c.6, n.15: PL 32, 1229.
2. q.90, a.1, ad2; aa.3–4.

1. 모든 법은 어떤 사람들에게 주어지기 때문이다. 그런데 법을 부여받을 수 있는 사람은 영원으로부터 존재하지 않았다. 오직 하느님만이 영원으로부터 존재하기 때문이다. 그러므로 영원법은 존재하지 않는다.

2. 그 밖에도 공포는 법의 본성에 속한다. 그런데 공포되는 자는 영원으로부터 존재하지 않았기 때문에, 공포라는 것은 영원으로부터 부여될 수 없다. 그러므로 어떠한 법도 영원할 수 없다.

3. 그 밖에도 법은 목적을 향한 질서를 의미한다. 그런데 궁극적 목적만이 영원하기 때문에, 목적을 향해 질서 지어진 것은 영원하지 않다. 따라서 어떠한 법도 영원하지 않다.

[재반론] 그러나 반대로 『자유의지론』 제1권[1]에서 아우구스티누스는 "최고의 이성이라고 불리는 법은, 이해력 있는 사람이라면 누구에게나 그 법이 불변하고 영원한 법으로 보이지 않는 것이 불가능하다"라고 말한다.

[답변] 위에서 말한 바와 같이,[2] 법은 완전한 공동체를 다스리는 통치자 안에 있는 실천이성의 명령이다. 그런데 제1부에서[3] 말한 바와 같이, 세상이 신의 섭리에 의해 다스려진다면, 우주라는 전체 공동체는 신의 이성에 의해 다스려지는 것이 확실하다. 그리고 우주의 통치자인 하느님 안에 있는, 사물을 다스리는 이성 자체가 법의 본성을 갖는다. 그리고 잠언 8장 23절에서 말하듯이, 신의 이성은 시간으로부터

---

3. q.22, aa.1-2.

q.91, a.1

conceptum, ut dicitur *Prov.* 8,[23]; inde est quod huiusmodi legem oportet dicere aeternam.[4]

AD PRIMUM ergo dicendum quod ea quae in seipsis non sunt, apud Deum existunt, inquantum sunt ab ipso praecognita et praeordinata; secundum illud *Rom.* 4,[17]: *Qui vocat ea quae non sunt, tanquam ea quae sunt.* Sic igitur aeternus divinae legis conceptus habet rationem legis aeternae, secundum quod a Deo ordinatur ad gubernationem rerum ab ipso praecognitarum.

AD SECUNDUM dicendum quod promulgatio fit et verbo et scripto; et utroque modo lex aeterna habet promulgationem ex parte Dei promulgantis: quia et Verbum divinum est aeternum, et scriptura libri vitae[5] est aeterna. Sed ex parte creaturae audientis aut inspicientis, non potest esse promulgatio aeterna.

---

4. (* 추가주) "영원한 이성은 진리의 최고 척도인 한에서가 아니라 선과의 관련 속에 있는 선, 또는 오히려 진리의 척도인 한에서 도덕의 형상적 근원이다.[Cf. II-II, q.4, a.5, ad1] 왜냐하면 실천과 관련하여 사물의 구성과 질서에 대해 탐구되기 때문이고 따라서 행위와 관련되기 때문이다. 그러므로 이 점에 있어서 진리의 이성만으로는 충분치 않고 질서와 선의 이성이 요구된다. 실천적 진리의 이성은 순수 진리의 이성(사변적 진리)에 선의 이성(실천적 진리)을 더한 것으로 성립된다.[Cf. I-II, q.57, a.5, ad3] 따라서 도덕의 형상으로서 영원한 이성은 '모든 실천적 진리의 최고 근원이고 궁극적 척도이며 보편적 진리와 선 자체'(실천적 진리)다. 만약 그것들의 보편성이 존재하는 것 또는 표현하는 것으로 이해된다면, 영원한 이성은 모든 질서와 창조된 운동의 궁극적 근거이기 때문에, 외부로 분여 가능한 것 또는 하느님 바로 그 자신으로서의 신적 본질 그 자체가 된다. 이 점에서 영원한 이성은 모든 행위와 운동을 지도하는 바, 신적인 실천적 지혜의 원리인 영원법이라고 불린다.[이 절과 제93문] 그런데 만약 보편성이 인간 지성의 대상으로서 분유를 통해 이해된다면, 자연의 법[다음의 절과 제94문]이라고 불리게 될 것인데, 이를 통해 '주님의 얼굴의 빛'이 우리 위에 알려주는 것이다. 이 점

파악하는 것이 아니라 영원한 개념을 갖고 있는 것이기 때문에, 이러한 종류의 법은 영원하다고 말해야 한다.[4]

[해답] 1. 자기 스스로 존재하지 않는 것은, 하느님에 의해 예지되고 미리 질서 지어지는 한에서 하느님과 함께 존재한다. 로마서 4장 17절에서 '존재하지 않는 것을 존재하도록 불러내시는 하느님'이라고 말하는 바와 같다. 따라서 하느님이 직접 예지한 것을 다스리도록 명령한 한에 있어서 신법이라는 영원한 개념은 영원법의 본성을 가진다.

2. 공포는 말과 글로 시행된다. 공포하는 하느님 입장에서 보면 이 두 가지 방식으로 영원법은 공포된다. 왜냐하면 신의 말씀은 영원하고 생명의 책[5]이라는 글도 영원하기 때문이다. 그러나 [그것들을] 듣고 읽는 피조물의 입장에서 보면 그 공포는 영원할 수 없다.

에서 그것은 공통의 특성인데, 그 자체로는 결정되어 있지 않지만, 감각 가능한 것으로부터 추상(抽象)과 경험을 통해 결정 가능한 것이 된다. 그런데 이 결정 가능한 것은 이성의 결단을 통해 모든 구체적인 실천적 진리가 환원될 수 있고 환원되어야 하는 것들이다. 따라서 최고의 실천적 진리가 보편성과 결정의 정도에 있어 다양하게 주어지는 한에 있어서 자연의 법은 처음에 인간 지성에 다양하게 나타난다. 이성의 (추리의) 어떠한 중재 없이 본성적으로 이해되는 것은 최상의 것이다. '선은 행해야 하고 악을 피해야 한다.' 이 원리는 사변적 질서에 있어 동일률과 모순율에 해당된다.[q.94, a.2] 도덕적 질서에 있어 인과관계의 원리는 자연의 법 안에 이렇게 표현된다. '목적을 보라.'(respice finem) 이성의 중재로 추리를 통해 넓게 또는 엄격하게 이해된 자연의 법의 나머지 원리들(계명들)은 인식되고 결정된다. 그것들의 연역이 '보편적이고 필연적인 원리를 통해' 이루어지기만 하면 이 결정을 통해 이 원리는 자연의 법의 한계 밖으로 연장되지 않는다.[q.94, a.4] 오로지 '특정하고 우유적인 원리를 통해서만' 자연의 법에서 실정법이 나오는 것이다.[q.91, a.3; q.95]" A. Horvath, *De Moralitate*, Romae, 1930, pp.12-13.

5. Cf. I, q.24, a.1.

q.91, a.2

AD TERTIUM dicendum quod lex importat ordinem ad finem active, inquantum scilicet per eam ordinantur aliqua in finem: non autem passive, idest quod ipsa lex ordinetur ad finem, nisi per accidens in gubernante cuius finis est extra ipsum, ad quem etiam necesse est ut lex eius ordinetur. Sed finis divinae gubernationis est ipse Deus[6], nec eius lex est aliud ab ipso.[7] Unde lex aeterna non ordinatur in alium finem.

ARTICULUS 2
Utrum sit in nobis aliqua lex naturalis[1 2]

---

6. Cf. I, q.22, a.1; q.103, a.2.
7. (* 추가주) 영원법과 섭리가 어떤 관계를 가지는가에 대해서는 성 토마스가 『진리론』q.5, a.1, ad6에서 알려준다. "본래적으로 말해서 하느님의 섭리는 영원법으로 불리지 않고 영원법을 따르는 어떤 것이라고 불린다. 왜냐하면 숙고와 결정을 할 때 근원이 되는, 본성적으로 알려지는 실천적 원리들이 우리 안에 있는 것으로 받아들여지듯이, 영원법은 하느님 안에 있는 것으로 생각되어야 하기 때문이다. 그것은 실천적 지혜 또는 섭리에 관한 것이다. 따라서 이와 같은 방식으로 우리 지성의 법과 실천적 지혜의 관계는 증명할 수 없는 원리와 증명의 관계와 같다. 그리고 이와 같이 하느님에 있어서도 영원법은 섭리가 아니라 섭리의 원리 같은 것이 되는 것이다. 따라서 논증의 모든 결과가 논증 불가능한 원리들에 속하는 것과 같이, 마땅하게도 섭리라는 행위는 영원법에 속하는 것이다."

1. 『신학대전』 법률편(I-II, qq.90-97)에서 성 토마스는 자연법(lex naturalis)과 자연의 법(lex naturae)이라는 말을 구별하지 않고 같이 사용하는 것으로 보인다. 그러나 문맥에 따라서 자연법은 도덕적인 측면을, 자연의 법은 형이상학적인 측면을 강조하는 경우도 있다.

3. 어떤 것이 법을 통해 목적을 향해 질서 지어지는 한에 있어서 법은 능동적으로 목적을 향한 질서를 의미한다. 그러나 수동적으로는, 즉 법 자체가 목적을 향해 질서 지어지는 경우에는 그렇지 않다. 다만 그 목적이 자신 밖에 있고 또한 그 법이 그 목적으로 질서 지어져야 하는 통치자에 있어서는 우유적으로 예외다. 그런데 신의 통치의 목적은 하느님 자신이고,[6] 그의 법은 그 자신과 다르지 않다.[7] 따라서 영원법은 다른 목적을 향해 질서 지어져 있는 것이 아니다.

제2절: 우리에게 자연법[1]은 존재하는가?[2]

Parall.: *In Sent.*, IV, d.33, q.1, a.1; Doctr. Eccl.: 1863년 이탈리아 주교들에게 보낸 비오 9세의 회칙 *Quanto conficiamur moerore*, "우리의 지극히 거룩한 종교에 관하여 극복할 수 없는 무지로 시달리며, 자연법과 모든 이의 마음속에 하느님께로부터 새겨진 그분의 계명들을 성실히 준수하고 하느님께 순종할 자세를 갖추고 있으며, 정직하고 올바른 생활을 영위하는 이들은 신적 조명과 은총의 작용의 힘으로 영원한 생명을 획득할 수 있다는 것이 본인과 여러분에게 주지되어 있습니다."[DS 1677(→ DH 2866)]

---

2. 1567년 교황 비오 5세에 의해 단죄된 미셸 바이우스의 명제 22: "'다른 민족들이 율법을 가지고 있지 않으면서도 본성에 따라 율법에서 요구하는 것을 실천'한다라는 로마서 2장(14절)의 사도 바오로의 본문을 신앙의 은총을 지니지 않는 이교도들과 연관하여 이해하는 자들은 펠라기우스의 견해를 주장하는 것이다."[DS 1022(→ DH 1922)] 1690년 알렉산더 8세에 의해 단죄된 얀센주의자들의 명제 2: "자연법에 대한 극복 불가능한 무지가 있을지라도, 타락한 본성 상태에서 이 무지는 그 행하는 자를 형상적인 죄[질료적인 죄]로부터 면제시키지는 않는다."[DS 1292(→ DH2302)]

q.91, a.2

Ad secundum sic proceditur. Videtur quod non sit in nobis aliqua lex naturalis.

1. Sufficienter enim homo gubernatur per legem aeternam: dicit enim Augustinus, in I *de Lib. Arb.*,[3] quod *lex aeterna est qua iustum est ut omnia sint ordinatissima*. Sed natura non abundat in superfluis, sicut nec deficit in necessariis. Ergo non est aliqua lex homini naturalis.

2. Praeterea, per legem ordinatur homo in suis actibus ad finem, ut supra[4] habitum est. Sed ordinatio humanorum actuum ad finem non est per naturam, sicut accidit in creaturis irrationabilibus, quae solo appetitu naturali agunt propter finem: sed agit homo propter finem per rationem et voluntatem. Ergo non est aliqua lex homini naturalis.

3. Praeterea, quanto aliquis est liberior, tanto minus est sub lege. Sed homo est liberior omnibus animalibus, propter liberum arbitrium, quod prae aliis animalibus habet. Cum igitur alia animalia non subdantur legi naturali, nec homo alicui legi naturali subditur.

SED CONTRA est quod, *Rom.* 2, super illud. [14]: *Cum gentes, quae legem non habent, naturaliter ea quae legis sunt faciunt*, dicit Glossa:[5] *Etsi non habent legem scriptam, habent tamen legem naturalem, qua quilibet intelligit et sibi conscius est quid sit bonum et quid malum.*

---

3. c.6, n.15: PL 32, 1229.

[반론] 둘째에 대해서는 다음과 같이 진행된다. 우리에게 자연법은 존재하지 않는 것으로 생각된다.

1. "영원법이란 그것에 의해 모든 사물이 가장 잘 질서 지어지는 것이 마땅한 그런 것"이라고 아우구스티누스가 『자유의지론』 제1권[3]에서 말하듯이, 인간은 영원법으로 충분히 다스려지기 때문이다. 그런데 자연은 남아도는 데서 넘치게 하지 않고 필요한 곳에서 모자라게 하지도 않는다. 따라서 인간에게 자연법은 존재하지 않는다.

2. 그 밖에도 위에서 말했듯이,[4] 인간은 그 자신의 행위에 있어 법을 통해 목적으로 질서 지어진다. 그런데 본성적 욕구에 의해서만 목적을 위한 행동을 하는 비이성적 피조물과 달리, 인간적 행위를 목적으로 질서 짓는 것은 본성을 통해서가 아니다. 인간은 이성과 의지로 목적을 위한 행동을 한다. 그러므로 인간에게 자연법은 존재하지 않는다.

3. 그 밖에도 사람은 더 자유로울수록 법의 구속을 덜 받게 된다. 그런데 인간은 다른 동물에 앞서서 가지고 있는 자유의지 때문에 모든 동물보다 더 자유롭다. 따라서 다른 동물들이 자연법의 지배를 받지 않기 때문에 인간도 자연법의 지배를 받지 않는다.

[재반론] 그러나 반대로 로마서 2장 14절의 '다른 민족들이 율법을 가지고 있지 않으면서도 본성에 따라 율법에서 요구하는 것을 실천한다'는 구절에 대해 '주석'[5]은 "그들은 쓰인 법은 가지고 있지 않지만 자연법은 가지고 있고, 그로써 누구든지 무엇이 선하고 무엇이 악한지 이해하고 스스로 의식한다"라고 말한다.

---

4. q.90, a.2.
5. Ordin.: PL 114, 476 A; Lombardus: PL 191, 1345 B.

RESPONDEO dicendum quod, sicut supra⁶ dictum est, lex, cum sit regula et mensura, dupliciter potest esse in aliquo: uno modo, sicut in regulante et mensurante; alio modo, sicut in regulato et mensurato, quia inquantum participat aliquid de regula vel mensura, sic regulatur vel mensuratur. Unde cum omnia quae divinae providentiae subduntur, a lege aeterna regulentur et mensurentur, ut ex dictis⁷ patet; manifestum est quod omnia participant aliqualiter legem aeternam, inquantum scilicet ex impressione eius habent inclinationes in proprios actus et fines. Inter cetera autem rationalis creatura excellentiori quodam modo divinae providentiae subiacet,⁹ inquantum et ipsa fit providentiae particeps, sibi ipsi et aliis providens.⁸ Unde et in ipsa participatur ratio aeterna, per quam habet naturalem inclinationem ad debitum actum et finem. Et talis participatio legis aeternae in rationali creatura lex naturalis dicitur. Unde cum Psalmista dixisset [Ps. 4,6], *Sacrificate sacrificium iustitiae,* quasi quibusdam quaerentibus quae sunt iustitiae opera, subiungit: *Multi dicunt, Quis ostendit nobis bona?* cui quaestioni respondens, dicit: *Signatum est super nos lumen vultus tui, Domine*: quasi lumen rationis naturalis, quo discernimus quid sit bonum et malum, quod pertinet ad naturalem legem, nihil aliud sit quam impressio divini luminis in nobis.¹⁰ Unde patet quod lex naturalis nihil

---

6. q.90, a.1, ad1.
7. 앞 절.

[답변] 위에서 말했듯이,[6] 법은 규칙과 척도이기 때문에 어떤 사람 안에서 두 가지 방식으로 있을 수 있다. 첫째는 규제하고 재는 것으로서이고, 둘째는 규제되고 재어지는 것으로서이다. 왜냐하면 어떤 것은 규칙과 측정에 관한 것을 분유하는 한에 있어서 규제되고 재어지기 때문이다. 그런데 위에서 말했듯이,[7] 신의 섭리 아래 있는 모든 것은 영원법에 의해 규제되고 재어진다. 그런데 모든 것이, 그것에 자연법이 각인됨으로써 그 고유한 작용과 목적에 경향성을 가진다는 한에서, 어떤 방식으로 영원법을 분유한다는 것은 확실하다. 이성적 피조물은 스스로 섭리를 분유하는 자가 되어 자신이나 다른 이들에게 주의 깊은 한에 있어서,[8] 다른 것들보다 신의 섭리에 더 뛰어난 방식으로 순종한다.[9] 그러므로 (이성적 피조물은) 영원한 이성 자체를 분유하게 되어, 그것을 통하여 마땅한 행동과 목적으로의 자연적 경향성을 갖는다. 그리고 영원법이 이성적 피조물에 그렇게 분여(分與)한 것을 자연법이라고 부른다. 그래서 시편 저자는 시편 4편 6절에서 '의로운 희생제물을 봉헌하라'고 말한 다음, 마치 '누가 우리에게 좋은 일을 보여주랴?'라고 의로운 행동이 무엇인가를 묻는 이들에게 대답하듯이 '주님, 저희 위에 당신 얼굴의 빛을 비추소서'라고 덧붙인다. 무엇이 선하고 무엇이 악한지를 우리가 구분할 수 있게 해주는 자연적 이성의 빛은 자연법에 속하는 것인데, 이는 신의 빛이 우리에게 각인된 것이다.[10] 따라서 자연법은 영원법이 이성적 피조물에게 분여한 것[11]이라는

---

8. Cf. I, q.22, a.2, ad4; q.103, a.5, ad.2-3.
   (각주 8, 9에 해당하는 한글 번역 문장과 라틴어 문장의 어순이 다름)
9. Cf. *ScG*, III, c.78.
10. Cf. q.19, a.4.
11. '영원법이 이성적 피조물(인간)에게 분여한 것'은 자연법에 대한 성 토마스의 정

aliud est quam participatio[11] legis aeternae in rationali creatura.[12]

AD PRIMUM ergo dicendum quod ratio illa procederet, si lex naturalis esset aliquid diversum a lege aeterna. Non autem est nisi quaedam participatio eius, ut dictum est.[13]

AD SECUNDUM dicendum quod omnis operatio, rationis et voluntatis derivatur in nobis ab eo quod est secundum naturam, ut supra[14] habitum est: nam omnis ratiocinatio derivatur a principiis naturaliter notis, et omnis appetitus eorum quae sunt ad finem, derivatur a naturali appetitu ultimi finis. Et sic etiam oportet quod prima directio actuum nostrorum ad finem, fiat per legem naturalem.

AD TERTIUM dicendum quod etiam animalia irrationalia participant rationem aeternam suo modo, sicut et rationalis creatura. Sed quia rationalis creatura participat eam intellectualiter et rationaliter, ideo participatio legis aeternae in creatura rationali proprie lex vocatur: nam lex est aliquid rationis, ut supra[15] dictum est. In creatura autem irrationali non participatur rationaliter:[16] unde non potest dici lex nisi per similitudinem.

의다. 여기서 분여는 서로 실체적으로 다른 것이라는 의미가 아니다. 즉 영원법과 자연법이 각각 다른 법이 아니라, 실제로는 같지만 개념적으로만 구분된다는 것이다.

12. (* 추가주) "자연법은 개별적인 행동에 있어 마땅히 행동하도록 이끄는, 인간에게 본성적으로 새겨진 개념 외에 다른 것이 아니다. 즉 (인간) 류(類)의 본성에 따라 낳거나 먹거나 그렇게 하도록 맞춰지거나, 종(種)의 본성에 따라 추리하거나 이와 비슷한 것을 하도록 맞춰진다. 따라서 어떤 일을 하는 데 있어 본성이

것이 명백하다.[12]

[해답] 1. 만약 자연법이 영원법과 다른 어떤 것이라면 그런 추론이 나올 수 있다. 그런데 위에서 말했듯이,[13] (자연법은 영원법의) 분여 외에 다른 어떤 것이 아니다.

2. 위에서 말했듯이,[14] 이성과 의지의 모든 활동은 본성에 따른 어떤 것에 의해 우리에게 주어진다. 왜냐하면 모든 추론은 자연적으로 알려지는 원리들에서 나오고, 목적을 향해있는 것들에 대한 모든 욕구는 최종 목적에 대한 자연적 욕구에서 나오는 것이기 때문이다. 따라서 우리 행위를 목적으로 향하게 하는 최초의 방향설정은 자연법을 통해 이루어져야 한다.

3. 이성적 동물들이 (자신의 방식으로 영원한 이성을 분유하고 있듯이) 비이성적 피조물도 자신의 방식으로 영원한 이성을 분유한다. 그런데 이성적 피조물은 영원한 이성을 지성적이고 이성적인 방식으로 분유하기 때문에, 영원법이 이성적 피조물에 분여한 것을 본래적 의미로 법이라고 부르는 것이다. 왜냐하면 위에서 말했듯이,[15] 법이란 이성에 속하는 것이기 때문이다. 그러나 (영원한 이성이) 비이성적 피조물에 이성적으로 분여하지는 않는다.[16] 그러므로 비유를 통하지 않고서는 (같은 의미로) 법이라고 부를 수 없는 것이다.

　　의도하는 목적에 맞지 않는 행동을 하는 모든 것은 자연의 법에 반하는 것이라고 말해진다." *In Sent.*, IV, d.33, q.1, a.1.
13. 앞의 답변.
14. q.10, a.1.
15. q.90, a.1.
16. Cf. q.93, a.5, c. et ad 1; a.6.

Articulus 3
Utrum sit aliqua lex humana

Ad tertium sic proceditur. Videtur quod non sit aliqua lex humana.

1. Lex enim naturalis est participatio legis aeternae, ut dictum est.[1] Sed per legem aeternam *omnia sunt ordinatissima*, ut Augustinus dicit, in I *de Lib. Arb.*.[2] Ergo lex naturalis sufficit ad omnia humana ordinanda. Non est ergo necessarium quod sit aliqua lex humana.

2. Praeterea, lex habet rationem mensurae, ut dictum est.[3] Sed ratio humana non est mensura rerum, sed potius e converso, ut in X *Metaphys.*[4] dicitur. Ergo ex ratione humana nulla lex procedere potest.

3. Praeterea, mensura debet esse certissima, ut dicitur in X *Metaphys.*.[5] Sed dictamen humanae rationis de rebus gerendis est incertum; secundum illud *Sap.* 9,[14]: *Cogitationes mortalium timidae, et incertae providentiae nostrae*. Ergo ex ratione humana nulla lex procedere potest.

Sed contra est quod Augustinus, in I d*e Lib. Arb.*,[6] ponit duas leges, unam aeternam et aliam temporalem, quam dicit esse

---

1. 앞 절.
2. c.6, n.15: PL 32, 1229.
3. q.90, a.1.

제3절: 인정법(人定法)은 존재하는가?

Parall.: Infra, q.95, a.1.

[반론] 셋째에 대해서는 다음과 같이 진행된다. 인정법은 존재하지 않는 것으로 생각된다.

1. 위에서 말했듯이,[1] 자연법은 영원법의 분여이기 때문이다. 그런데 아우구스티누스가 『자유의지론』 제1권[2]에서 말하듯이, 영원법을 통해 "모든 사물이 가장 잘 질서 지어진다." 따라서 자연법은 모든 인간사(人間事)들을 질서 짓는 데 충분하다. 그러므로 인정법이 있을 필요는 없다.

2. 위에서 말했듯이,[3] 그 밖에도 법은 척도라는 의미를 가진다. 그런데 『형이상학』 제10권[4]에서 말하듯이, 인간 이성은 사물들의 척도가 아니라 오히려 그 반대다. 그러므로 인간 이성으로부터는 어떠한 법도 나올 수 없다.

3. 그 밖에도 『형이상학』 제10권[5]에서 말하듯이, 척도는 가장 확실해야 한다. 그런데 인간 이성의 명령은 행하는 것과 관련해서는 확실하지 않다. 지혜서 9장 14절에서는 '죽어야 할 인간의 생각은 겁이 많고 저희의 마음은 변덕스럽습니다'라고 말한다. 그러므로 인간 이성으로부터는 어떠한 법도 나올 수 없다.

[재반론] 그러나 반대로 아우구스티누스는 『자유의지론』 제1권[6]에서

---

4. c.1, 1053a31–b3; S. Thomas, lect.2, nn.1956–1959.
5. Ibid.
6. cc.6 & 15: PL 32, 1229, 1238.

humanam.

RESPONDEO dicendum quod, sicut supra[7] dictum est, lex est quoddam dictamen practicae rationis. Similis autem processus esse invenitur rationis practicae et speculativae: utraque enim ex quibusdam principiis ad quasdam conclusiones procedit, ut superius[8] habitum est. Secundum hoc ergo dicendum est quod, sicut in ratione speculativa ex principiis indemonstrabilibus naturaliter cognitis producuntur conclusiones diversarum scientiarum, quarum cognitio non est nobis naturaliter indita, sed per industriam rationis inventa; ita etiam ex praeceptis legis naturalis, quasi ex quibusdam principiis communibus et indemonstrabilibus, necesse est quod ratio humana procedat ad aliqua magis particulariter disponenda. Et istae particulares dispositiones adinventae secundum rationem humanam, dicuntur leges humanae, servatis aliis conditionibus quae pertinent ad rationem legis, ut supra[9] dictum est. Unde et Tullius dicit, in sua *Rhetor.*,[10] quod *initium iuris est a natura profectum; deinde quaedam in consuetudinem ex utilitate rationis venerunt; postea res et a natura profectas et a consuetudine probatas legum metus et religio sanxit.*

AD PRIMUM ergo dicendum quod ratio humana non potest participare ad plenum dictamen rationis divinae, sed suo modo

---

7. q.90, a.1, ad2.

두 가지 법을 제시했는데, 그중 하나는 영원법이고 다른 하나는 인간에 관련된 것이라고 부르는 현세법이다.

[답변] 위에서 말했듯이,[7] 법이란 실천이성의 어떤 명령이다. 실천이성과 사변이성에 있어서 비슷한 과정이 있는 것이 발견된다. 왜냐하면 위에서 말했듯이,[8] 둘 다 어떤 원리에서 어떤 결론으로 진행되기 때문이다. 따라서 이에 따라 다음과 같이 말해야 한다. 사변이성에 있어서는 본성적으로 알려지는 논증 불가능한 원리들에서 다양한 학문의 결론이 도출되는데, 그것은 우리에게 본성적으로 심겨있지 않고 이성의 노력에 의해 발견되는 것이다. 마찬가지로 일반적이고 논증 불가능한 원리로서의 자연법의 계명으로부터 인간 이성이 어떤 더 특수한 질서를 만들어 가는 것은 필연적이다. 그런데 위에서 말했듯이,[9] 법의 본성에 속하는 다른 조건들이 충족된다면, 인간 이성에서 나온 이런 특수한 질서 지음은 인정법이라고 불린다. 따라서 키케로는 자신의 『수사학』[10]에서 "법의 시작은 자연에서 왔다. 그다음에 어떤 것들은 합리성이라는 이익 때문에 관습이 되었다. 그 후로 자연에서 만들어지고 관습이 승인한 그것들을 법에 대한 두려움과 존중이 재가하였다"라고 말한다.

[해답] 1. 인간 이성은 신의 이성의 명령을 완전히 분유할 수는 없고 자신의 방식으로 또한 불완전하게 분유한다. 따라서 사변이성의 측면

---

8. Ibid.
9. Ibid., aa.2 sqq.
10. II, c.53: ed. Müller, Lipsiae, 1908, p.230, ll.14-17.

et imperfecte. Et ideo sicut ex parte rationis speculativae, per naturalem participationem divinae sapientiae, inest nobis cognitio quorundam communium principiorum, non autem cuiuslibet veritatis propria cognitio, sicut in divina sapientia continetur; ita etiam ex parte rationis practicae naturaliter homo participat legem aeternam secundum quaedam communia principia,[11] non autem secundum particulares directiones singulorum, quae tamen in aeterna lege continentur. Et ideo necesse est ulterius quod ratio humana procedat ad particulares quasdam legum sanctiones.

AD SECUNDUM dicendum quod ratio humana secundum se non est regula rerum:[12] sed principia ei naturaliter indita, sunt quaedam regulae generales et mensurae omnium eorum quae sunt per hominem agenda, quorum ratio naturalis est regula et mensura, licet non sit mensura eorum quae sunt a natura.

AD TERTIUM dicendum quod ratio practica est circa opera-bilia, quae sunt singularia et contingentia: non autem circa necessaria, sicut ratio speculativa. Et ideo leges humanae non possunt illam infallibilitatem habere quam habent conclusiones demonstrativae scientiarum. Nec oportet quod omnis mensura sit omni modo infallibilis et certa, sed secundum quod est possibile in genere suo.

에서 신적 지혜를 본성적으로 분유함을 통해 우리에게는 어떤 일반적 원리에 대한 인식이 있는 것이다. 그렇지만 신적 지혜에 포함되어 있는 것과 같이 모든 진리에 대해 적합하게 인식하는 것은 아니다. 또한 실천이성의 측면에서 인간은 어떤 일반적 원리에 따라 본성적으로 영원법을 분유한다.[11] 그렇지만 영원법에 포함되어 있는 것과 같이 개별적인 것들을 특정하게 인도하는 것은 아니다. 따라서 인간 이성은 어떤 특정한 법의 재가에까지 이를 필요가 있는 것이다.

2. 인간 이성은 그 자체로 사물들의 규칙이 아니다.[12] 그러나 본성적으로 거기에 새겨진 원리들이, 인간이 행해야 하는 모든 것에 대하여 어떤 일반적 규칙과 척도가 된다. 따라서 자연적 이성은 본성에서 나온 것의 척도는 아니지만 규칙과 척도는 되는 것이다.

3. 실천이성은 실천적인 것에 관련되는데 그것들은 개별적이고 우유적이다. 그것은 사변이성과 같이 필연적인 것에 관련하는 것이 아니다. 그런데 인정법들은 논증적 학문의 결론이 가지는 무오류성을 가질 수 없다. 모든 척도가 모든 방식으로 무오류적이고 확실해야 하는 것이 아니라, 자신의 류(類) 안에서 가능한 한에 있어서만 그러하다고 해야 한다.

---

11. Cf. q.93, a.2; q.94, a.4.
12. Cf. q.19, a.4.

q.91, a.4

Articulus 4

Utrum fuerit necessarium esse aliquam legem divinam[1]

Ad quartum sic proceditur. Videtur quod non fuerit necessarium esse aliquam legem divinam.

1. Quia, ut dictum est,[2] lex naturalis est quaedam participatio legis aeternae in nobis. Sed lex aeterna est lex divina, ut dictum est.[3] Ergo non oportet quod praeter legem naturalem, et leges humanas ab ea derivatas, sit aliqua alia lex divina.

2. Praeterea, *Eccli.* 15,[14] dicitur quod *Deus dimisit hominem in manu consilii sui*.[4] Consilium autem est actus rationis, ut supra[5] habitum est. Ergo homo dimissus est gubernationi suae rationis. Sed dictamen rationis humanae est lex humana, ut dictum est.[6] Ergo non oportet quod homo alia lege divina gubernetur.

3. Praeterea, natura humana est sufficientior irrationalibus creaturis. Sed irrationales creaturae non habent aliquam legem divinam praeter inclinationem naturalem eis inditam. Ergo multo minus creatura rationalis debet habere aliquam legem divinam praeter naturalem legem.

---

1. 신법의 존재에 대해 과거형으로 묻는 이유는 신법이 이미 주어졌기 때문이다. 십계명, 율법 등 옛 법은 구약에, 그리스도가 옛 법을 완성하기 위해 제시한 사랑의 새 법은 신약에 이미 신적 계시를 통해 주어졌기 때문에 과거형으로 묻는 것이다.
2. a.2.

제4절: 신법(神法)은 존재할 필요가 있었는가?[1]

Parall.: I, q.1, a.1; II–II, q.22, a.1, ad1; III, q.60, a.5, ad3; *In Sent.*, III, d.37, a.1; *In Psalm.*, 18; *ad Galat.*, c.3, lect.7.

[반론] 넷째에 대해서는 다음과 같이 진행된다. 신법은 존재할 필요가 없었던 것으로 생각된다.

1. 위에서 말했듯이,[2] 자연법은 영원법이 우리에게 분여한 것이다. 그런데 위에서 말했듯이,[3] 영원법은 신법이다. 따라서 자연법과 거기에서 나온 인정법 외에 다른 어떤 신법이 있을 필요는 없다.

2. 그 밖에도 집회서 15장 14절은 '하느님은 인간을 제 의사(意思)의 손에 내맡기셨다'[4]고 말한다. 그런데 위에서 말했듯이,[5] 의사는 이성의 작용이다. 따라서 인간은 자신의 이성이 지배하도록 놓였다. 그런데 위에서 말했듯이,[6] 인간 이성의 명령은 인정법이다. 따라서 인간은 다른 신법에 의해 다스려질 필요가 없다.

3. 그 밖에도 인간 본성은 비이성적 피조물보다 더 자족적이다. 그런데 비이성적 피조물은 제 본성에 심어진 경향성 외에 어떤 신법을 가지지 않는다. 따라서 이성적 피조물은 자연법 외에 다른 신법을 가질 이유가 더욱 없다.

---

3. a.1.
4. 불가타 역본에는 '태초에 하느님은 인간을 만들고 그를 자신의 의지의 손에 남겨두었다'(Deus ab initio constituit hominem et reliquit illum in manu consilii sui)로 되어있음.
5. q.14, a.1.
6. 앞 절.

q.91, a.4

SED CONTRA est quod David expetit legem a Deo sibi poni, dicens [Ps. 118,33]:[7] *Legem pone mihi, Domine, in via iustificationum tuarum.*

RESPONDEO dicendum quod praeter legem naturalem et legem humanam, necessarium fuit ad directionem humanae vitae habere legem divinam. Et hoc propter quatuor rationes. Primo quidem, quia per legem dirigitur homo ad actus proprios in ordine ad ultimum finem. Et si quidem homo ordinaretur tantum ad finem qui non excederet proportionem naturalis facultatis hominis, non oporteret quod homo haberet aliquid directivum ex parte rationis, supra legem naturalem et legem humanitus positam, quae ab ea derivatur. Sed quia homo ordinatur ad finem beatitudinis aeternae, quae excedit proportionem naturalis facultatis humanae, ut supra[8] habitum est; ideo necessarium fuit ut supra legem naturalem et humanam, dirigeretur etiam ad suum finem lege divinitus data.[9]

Secundo, quia propter incertitudinem humani iudicii, praecipue de rebus contingentibus et particularibus, contingit de actibus humanis diversorum esse diversa iudicia, ex quibus etiam diversae et contrariae leges procedunt.[10] Ut ergo homo absque omni dubitatione scire possit quid ei sit agendum et quid vitandum,

---

7. 마리에티판 신학대전은 라틴어 성경의 장절을 따르지만, 우리말 『성경』의 경우 히브리어 성경의 장절을 따르기 때문에 장절 번호가 다를 수 있음. 이 경우 우리말 『성경』에서는 119편.

[재반론] 그러나 반대로 다윗은 시편 118편[7] 33절에서 '주님, 당신의 의로움의 길에서 제게 법을 주소서'라고 말하면서 하느님이 자신에게 법을 내려주시기를 간청한다.

[답변] 자연법과 인정법 외에도 인간의 삶을 인도하기 위해 신법을 가지는 것이 필요했다. 이는 네 가지 이유 때문에 그렇다. 첫째, 인간은 법을 통해 최종 목적으로 가는 합당한 행동으로 인도된다. 그리고 인간이 인간의 본성적 능력에 비례하는 것을 넘어서지 않는 목적에만 맞춰져 있다면, 이성의 측면에서 볼 때 자연법과 거기에서 나오는 인정법을 넘어서는 어떤 지시를 받을 필요가 없다. 그런데 위에서 말했듯이,[8] 인간은 인간의 본성적 능력에 비례하는 것을 넘어서는 영원한 지복이라는 목적으로 질서 지어져 있기 때문에, 자연법과 인정법 외에 신이 주신 법에 의해 자신의 목적으로 또한 인도되어야 한다.[9]

둘째, 특히 우유적이고 특수한 것에 대해서는 인간 판단의 불확실성 때문에 인간적 행위에 대해 다양한 사람이 다양한 판단을 하게 되는 경우가 생긴다. 이로부터 다양하고 상반되는 법이 나오게 되는 것이다.[10] 따라서 인간은 모든 의심 없이 무엇을 해야 하고 무엇을 피해야 하는지 알 수 있기 위해서, 절대 틀릴 수 없는 신이 주신 법을 통해

---

8. q.5, a.5. Cf. etiam q.62, a.1.
9. 이와 비슷한 방식으로 성 토마스는 이성을 초월하는 것에는 더욱 신이 인간에게 믿을 만한 것을 주어야 한다고 논증한다. ScG, I, c.5.
10. 앞 절 제3답 참조.
11. 이와 비슷한 방식으로 성 토마스는, 이성의 탐구가 다다를 수 있는 가지적인 신에 대한 진리가 유일하게 이성의 탐구에만 적합하게 달려있지는 않다는 것을 논증한다. 왜냐하면 (이성의 탐구에만 달려있게 된다면) 진리의 발견에 이르게 될 사람들이라 할지라도 '오랜 시간 후에 겨우 다다를 수 있을 것'이기 때문이다. ScG, I, c.4, § *Secundum inconveniens*.

necessarium fuit ut in actibus propriis dirigeretur per legem divinitus datam, de qua constat quod non potest errare.[11]

Tertio, quia de his potest homo legem ferre, de quibus potest iudicare. Iudicium autem hominis esse non potest de interioribus motibus, qui latent, sed solum de exterioribus actibus, qui apparent. Et tamen ad perfectionem virtutis requiritur quod in utrisque actibus homo rectus existat. Et ideo lex humana non potuit cohibere et ordinare sufficienter interiores actus, sed necessarium fuit quod ad hoc superveniret lex divina.[12]

Quarto quia, sicut Augustinus dicit, in I *de Lib. Arb.*,[13] lex humana non potest omnia quae male fiunt, punire vel prohibere: quia dum auferre vellet omnia mala, sequeretur quod etiam multa bona tollerentur, et impediretur utilitas boni communis,[14] quod est necessarium ad conversationem humanam. Ut ergo nullum malum improhibitum et impunitum remaneat, necessarium fuit supervenire legem divinam, per quam omnia peccata prohibentur.[15]

Et istae quatuor causae tanguntur in Psalmo 18,[8],[16] ubi dicitur: *Lex Domini immaculata*, idest nullam peccati turpitudinem permittens; *convertens animas*, quia non solum exteriores actus, sed etiam interiores dirigit; *testimonium Domini fidele*, propter certitudinem veritatis et rectitudinis; *sapientiam praestans parvulis*, inquantum ordinat hominem ad supernaturalem finem et divinum.

12. 이와 비슷한 방식으로 성 토마스는 이성의 탐구가 다다를 수 있는, 신에게 가지 적인 것들의 진실성이 탐구되어야 하는 것들에 의해 오직 이성에게만 남겨진다 면, 하느님에 대한 인식은 사람들에게 거의 있지 않을 것이라는 것을 주시했다. *ScG*, I, c.4, § *Tertium inconveniens*.

마땅한 행동으로 인도될 수 있도록 할 필요가 있다.[11]

셋째, 인간은 판단할 수 있는 것에 대해 법을 만들 수 있기 때문이다. 그런데 인간은 숨어있는 내적 운동에 대해서는 판단할 수 없고, 오직 드러난 외적 행위에 대해서만 판단할 수 있다. 그렇지만 덕의 완성을 위해서 두 가지 행위 모두에서 올바른 인간이 되어야 한다. 따라서 인정법은 내적 행위를 충분히 통제하고 질서 지을 수 없었고, 신법이 여기에 추가되어야 했다.[12]

넷째, 『자유의지론』 제1권[13]에서 아우구스티누스는 다음과 같이 말한다. 인정법은 나쁘게 행해진 모든 것을 처벌하고 금할 수 없다. 왜냐하면 나쁜 모든 것을 없애려고 하는 사이에 많은 좋은 것도 또한 없애고 인간의 사회적 관계에 요구되는 공동선의 유익함을 막는 결과가 초래되기 때문이다.[14] 따라서 금지와 처벌이 되지 않은 어떤 악도 남아있지 않게 하기 위해서는 모든 죄를 막는 신법이 추가되어야 한다.[15]

그리고 이러한 네 가지 이유들은 시편 18편[16] 8절에 언급된다. 즉 여기서 '주님의 법은 흠이 없다'는 말은 죄의 어떤 더러움도 용인하지 않는다는 말이고, 외적 행위뿐 아니라 내적 행위도 인도하기 때문에 '영혼들을 개심시키는'이라고 말하며, 진리와 올바름의 확실성 때문에 '주님의 증언은 신실하며'라고 말하고, 인간을 초자연적이고 신적인 목적으로 질서 짓는 한에 있어 '어수룩한 이들에게 지혜를 주며'라고 말하는 것이다.

---

13. c.5: PL 32, 1228.
14. Cf. q.96, a.2.
15. 이와 비슷한 방식으로 성 토마스는, 인간 이성의 탐구에 대부분 오류가 섞여있다는 점에서, 신앙의 길을 통해 인간들에게 신적인 것들에 대한 불변의 확실성과 순전한 진리를 보여줄 필요가 있다는 것을 확인시킨다. *ScG*, I, c.4, § *Tertium inconveniens*.

AD PRIMUM ergo dicendum quod per naturalem legem participatur lex aeterna secundum proportionem capacitatis humanae naturae. Sed oportet ut altiori modo dirigatur homo in ultimum finem supernaturalem. Et ideo superadditur lex divinitus data, per quam lex aeterna participatur altiori modo.

AD SECUNDUM dicendum quod consilium est inquisitio quaedam:[17] unde oportet quod procedat ex aliquibus principiis. Nec sufficit quod procedat ex principiis naturaliter inditis, quae sunt praecepta legis naturae, propter praedicta:[18] sed oportet quod superaddantur quaedam alia principia, scilicet praecepta legis divinae.

AD TERTIUM dicendum quod creaturae irrationales non ordinantur ad altiorem finem quam sit finis qui est proportionatus naturali virtuti ipsarum. Et ideo non est similis ratio.

ARTICULUS 5

Utrum lex divina sit una tantum

Ad quintum sic proceditur. Videtur quod lex divina sit una tantum.

1. Unius enim regis in uno regno est una lex. Sed totum humanum genus comparatur ad Deum sicut ad unum regem; secundum illud Psalmi 46,[1][8]: *Rex omnis terrae Deus*. Ergo est

[해답] 1. 자연법은 인간 본성의 능력에 비례해서 영원법을 분유한다. 그런데 인간은 초자연적인 최종 목적을 향해 더욱 고차적인 방법으로 인도되어야 한다. 따라서 영원법이 더욱 고차적인 방법으로 분여하게 되는, 신이 주신 법이 추가된다.

2. 의사는 일종의 탐구다.[17] 따라서 어떤 원리로부터 나와야 한다. 위에서 말했듯이,[18] 자연의 법의 계명인 본성적으로 새겨진 원리로부터 나오는 것은 충분치 않다. 어떤 다른 원리들, 즉 신법의 계명들이 추가되어야 한다.

3. 비이성적 피조물은 자신의 본성적 능력에 비례하는 목적보다 더 고차적인 목적으로 질서 지어져 있지 않다. 따라서 그러한 논리는 성립하지 않는다.

제5절: 신법은 오직 하나인가?

Parall.: Infra, q.107, a.1; *ad Galat.*, c.1, lect.2.

[반론] 다섯째에 대해서는 다음과 같이 진행된다. 신법은 오직 하나인 것으로 생각된다.

1. 왕국의 한 왕에게는 하나의 법이 존재하기 때문이다. 그런데 시편 46편[1] 8절에서 '하느님께서 온 누리의 임금이시니'라고 말한 바와 같이, 인간이라는 류(類) 전체는 한 왕과 같이 하느님에게 대응된다.

---

16. 우리말 『성경』에서는 19편.
17. Cf. q.14, a.1.
18. 앞의 답변.

una tantum lex divina.

2. Praeterea, omnis lex ordinatur ad finem quem legislator intendit in eis quibus legem fert. Sed unum et idem est quod Deus intendit in omnibus hominibus; secundum illud I *ad Tim.* 2,[4]: *Vult omnes homines salvos fieri, et ad agnitionem veritatis venire.*[2] Ergo una tantum est lex divina.

3. Praeterea, lex divina propinquior esse videtur legi aeternae, quae est una, quam lex naturalis, quanto altior est revelatio gratiae quam cognitio naturae. Sed lex naturalis est una omnium hominum. Ergo multo magis lex divina.

SED CONTRA est quod Apostolus dicit, *ad Heb.* 7,[12]: *Translato sacerdotio, necesse est ut legis translatio fiat.*[3] Sed sacerdotium est duplex, ut ibidem [v.11 sqq.] dicitur: scilicet sacerdotium Leviticum, et sacerdotium Christi. Ergo etiam duplex est lex divina: scilicet lex vetus, et lex nova.

RESPONDEO dicendum quod, sicut in Primo[4] dictum est, distinctio est causa numeri. Dupliciter autem inveniuntur aliqua distingui. Uno modo, sicut ea quae sunt omnino specie diversa: ut equus et bos. Alio modo, sicut perfectum et imperfectum in

---

1. 우리말 『성경』에서는 47편.
2. 불가타 역본에는 '그분께서는 모든 사람이 구원을 받고 진리를 깨닫게 되기를 원하십니다'(Omnes homines vult salvos fieri et ad agnitionem veritatis venire)로 되어

따라서 신법은 오직 하나다.

2. 그 밖에도 모든 법은 그 입법자가 법을 적용시킬 사람들에 있어 의도하는 목적으로 질서 지어진다. 그런데 하느님이 모든 인간에게 의도하시는 것은 하나이며 같다. 티모테오 1서 2장 4절은 '[하느님께서는] 모든 사람이 구원을 받고 진리를 깨닫게 되기를 원하십니다'[2]라고 말한다. 따라서 신법은 오직 하나다.

3. 그 밖에도 은총의 계시가 자연의 인식보다 더 높은 것처럼, 신법은 자연법보다 단 하나인 영원법에 더 가까운 것으로 보인다. 그런데 자연법은 모든 인간에게 있어 하나다. 그러므로 신법은 더욱더 하나다.

[재반론] 그러나 반대로 사도 바오로는 히브리서 7장 12절에서 '사제직이 변하면 율법에도 반드시 변화가 생기기 마련입니다'[3]라고 말한다. 그런데 같은 곳에서(11절 이하) 말했듯이, 사제직은 레위의 사제직과 그리스도의 사제직 둘로 나뉜다. 따라서 신법도 옛 법과 새 법 둘로 나뉜다.

[답변] 제1부에서[4] 말했듯이, 구별은 수의 원인이다. 그런데 어떤 것들은 두 가지 방식으로 구분된다. 첫째, 말과 소의 경우처럼 완전히 종적으로 다른 것에서와 같이, 둘째, 아이와 어른의 경우처럼 같은 종 안에서 완전한 것과 불완전한 것에서와 같이. 그리고 이와 같은 방식으로 신법은 옛 법과 새 법으로 구분된다. 따라서 갈라티아서 3장

있음.
3. 불가타 역본에는 '사제직이 변하면 율법에도 반드시 변화가 생기기 마련입니다' (Translato enim sacerdotio, necesse est ut et legis translatio fiat)로 되어있음.
4. q.30, a.3.

eadem specie: sicut puer et vir. Et hoc modo lex divina distinguitur in legem veterem et legem novam. Unde Apostolus, *ad Gal.* 3, [24–25], comparat statum veteris legis statui puerili existenti sub paedagogo: statum autem novae legis comparat statui viri perfecti, qui iam non est sub paedagogo.

Attenditur autem perfectio et imperfectio utriusque[5] legis secundum tria quae ad legem pertinent, ut supra dictum est. Primo enim ad legem pertinet ut ordinetur ad bonum commune sicut ad finem, ut supra[6] dictum est. Quod quidem potest esse duplex. Scilicet bonum sensibile et terrenum: et ad tale bonum ordinabat directe lex vetus; unde statim, *Exodi* 3,[8–17], in principio legis, invitatur populus ad regnum terrenum Chananaeorum. Et iterum bonum intelligibile et caeleste: et ad hoc ordinat lex nova. Unde statim Christus ad regnum caelorum in suae praedicationis principio invitavit, dicens: *Poenitentiam agite: appropinquavit enim regnum caelorum,* Matth. 4,[17]. Et ideo Augustinus dicit, in IV *contra Faustum,*[7] quod *temporalium rerum promissiones Testamento veteri continentur, et ideo vetus appellatur: sed aeternae vitae promissio ad novum pertinet Testamentum.*

Secundo ad legem pertinet dirigere humanos actus secundum ordinem iustitiae.[8] In quo etiam superabundat lex nova legi veteri, interiores actus animi ordinando; secundum illud Matth. 5,[20]: *Nisi abundaverit iustitia vestra plus quam Scribarum et*

---

5. 비오판에는 'utriusque'(두)가 없음.

24-25절에서 사도 바오로는 옛 법의 상태를 선생님 아래 있는 아이의 상태에 비유했다. 반면 새 법의 상태는, 이제는 선생님 아래 있지 않은 완전한 어른의 상태에 비유했다.

반면에 위에서 말했듯이, 두[5] 법의 완전성과 불완전성은 법과 관련되는 세 가지에 따라 따져볼 수 있다. 첫째, 위에서 말했듯이,[6] 목적으로서 공동선으로 질서 지어지는 것은 법에 속한다. 그 선에는 두 종류가 있다. 즉 감각적이고 현세적인 선이 있는데, 옛 법은 이러한 선으로 (인간을) 질서 지었다. 따라서 탈출기 3장 8-17절, 법의 시작에서 당장 사람들은 가나안인들의 지상 왕국으로 초대되었다. 둘째로 지성적이고 천상적인 선이 있는데, 새 법은 이것으로 질서 짓는다. 따라서 그리스도는 마태오복음서 4장 17절에서 '회개하여라. 하늘나라가 가까이 왔다'라고 말하면서, 자신의 설교 시작 부분에서 당장 하늘의 왕국으로 초대했다. 따라서 아우구스티누스는 『마니교도 파우스투스 반박』 제4권[7]에서 "현세적인 것에 대한 약속은 구약에 담겨있고 이 때문에 오래된 것이라고 불린다. 그렇지만 영원한 삶에 대한 약속은 신약에 속한다"라고 말한다.

둘째, 정의의 질서에 따라 인간적 행위를 인도하는 것은 법에 속한다.[8] 또한 그 점에서 영혼의 내적 행위를 질서 짓기 때문에 새 법이 옛 법을 초월하는 것이다. 마태오복음서 5장 20절에 따르면, '너희의 의로움이 율법학자들과 바리사이들의 의로움을 능가하지 않으면, 결코 하늘나라에 들어가지 못할 것이다.' 따라서 '옛 법은 손을 통제하지만

---

6. q.90, a.2.
7. c.2: PL 42, 217-218.
8. 앞 절.

q.91, a.5

Pharisaeorum, non intrabitis in regnum caelorum. Et ideo dicitur quod *lex vetus cohibet manum, lex nova animum.*[9]

Tertio ad legem pertinet inducere homines ad observantias mandatorum.[10] Et hoc quidem lex vetus faciebat timore poenarum: lex autem nova facit hoc per amorem, qui in cordi-bus nostris infunditur per gratiam Christi, quae in lege nova confertur, sed in lege veteri figurabatur. Et ideo dicit Augustinus, *Contra Adimantum Manichaei Discipulum,*[11] quod *brevis differentia est Legis et Evangelii, timor et amor.*[12]

AD PRIMUM ergo dicendum quod, sicut paterfamilias in domo alia mandata proponit pueris et adultis, ita etiam unus rex Deus, in uno suo regno, aliam legem dedit hominibus adhuc imperfectis existentibus; et aliam perfectiorem iam manuductis per priorem legem ad maiorem capacitatem divinorum.

AD SECUNDUM dicendum quod salus hominum non poterat esse nisi per Christum; secundum illud *Act.* 4,[12]: *Non est aliud nomen datum hominibus, in quo oporteat nos salvos fieri.*[13] Et ideo lex perfecte ad salutem omnes inducens, dari non potuit nisi post Christi adventum. Antea vero dari oportuit populo ex quo Christus erat nasciturus, legem praeparatoriam ad Christi suscep-

---

10. q.90, a.3, ad2.
11. c.17, n.2: PL 42, 159.
12. 율법(옛 법)과 복음(새 법)의 차이는 전자가 세세하게 인간사를 명령하고 금하는 데 반해, 후자는 신과 이웃을 사랑하라는 단순한 내용으로 되어있다는 데

새 법은 영혼을 통제한다"[9]고 말해진다.

셋째, 사람들로 하여금 명령 등을 지키도록 인도하는 것은 법에 속하는 것이다.[10] 사실 옛 법은 처벌을 두려워하는 것에 의해 이를 실현하였다. 그러나 새 법은 그리스도의 은총을 통해 우리의 마음속에 주어진 사랑을 통해 이를 실현한다. 이는 새 법에서는 주어졌지만 옛 법에서는 예표되었다. 따라서 아우구스티누스는 『마니 제자 아디만투스 반박』[11]에서 "율법과 복음, 즉 공포와 사랑 사이에는 약간의 차이만 있다"고 말한다.[12]

[해답] 1. 한 집안에서 가장이 아이들과 어른들에게 다른 명령들을 내리는 것처럼, 자신의 한 왕국에서 한 왕인 하느님도 아직 불완전하게 존재하는 사람들에게는 어떤 법을 주시지만, 그전의 법을 통해 신적인 것들에 있어 더 많은 능력으로 이끌린 사람들에게는 다른 더 완전한 법을 주신다.

2. 인간은 그리스도를 통하지 않고는 구원받을 수 없다. 사도행전 4장 12절에 따르면 '사실 사람들에게 주어진 이름 가운데에서 우리가 구원받는 데에 필요한 이름은 하늘 아래 이 이름밖에 없다.'[13] 그리스도가 오신 후가 아닌 한, 모든 사람을 온전하게 구원으로 이끄는 법은 주어질 수 없었다. 그래서 (그리스도가 오시기 전에) 그들 가운데 그가

있다. 전자는 위반에 대한 공포 때문에 지키는 반면, 후자는 신에 대한 사랑으로 따르는 경향이 있다. 그런데 전자를 대변하는 공포(timor)와 후자를 나타내는 사랑(amor)은 그 라틴어 단어의 뒷부분이 같다. 이처럼 내용에 있어서도 결국 같다는 말을 하고 있다.
13. 불가타 역본에는 '다른 누구에게도 구원이 없습니다. 왜냐하면 하늘 아래에서 인간들에게는 우리가 구원받는 데 필요한 다른 이름이 주어지지 않았기 때문입

tionem, in qua quaedam rudimenta salutaris iustitiae continerentur.

AD TERTIUM dicendum quod lex naturalis dirigit hominem secundum quaedam praecepta communia, in quibus conveniunt tam perfecti quam imperfecti: et ideo est una omnium. Sed lex divina dirigit hominem etiam in quibusdam particularibus, ad quae non similiter se habent perfecti et imperfecti. Et ideo oportuit legem divinam esse duplicem, sicut iam[14] dictum est.

ARTICULUS 6
Utrum sit aliqua lex fomitis[1]

Ad sextum sic proceditur. Videtur quod non sit aliqua lex fomitis.[2]

1. Dicit enim Isidorus, in V *Etymol.*,[3] quod *lex ratione consistit*. Fomes autem non consistit ratione, sed magis a ratione deviat. Ergo fomes non habet rationem legis.

2. Praeterea, omnis lex obligatoria est, ita quod qui ipsam non servant, transgressores dicuntur. Sed fomes non constituit aliquem transgressorem ex hoc quod ipsum non sequitur, sed

---

니다'(Non est in alio qliquo salus, nec enim aliud nomen est sub caelo datum hominibus, in quo oporteat nos salvos fieri)로 되어있음.
14. 앞의 답변.

1. 성 토마스에 따르면 정욕의 법(lex fomitis)은 '자극제, 도화선, 불씨, 불쏘시개'라

태어날 사람들이 그를 받아들이기 위해, 구원하는 정의에 있어 어떤 기본적인 것들을 포함하는 법을 줄 필요가 있었다.

3. 자연법은 완전한 사람이나 불완전한 사람이나 모두 잘 맞는 어떤 일반 계명에 따라 인간을 인도한다. 그리고 이는 모두에게 같고 하나다. 그런데 신법은 어떤 특수한 것들에 있어 인간을 인도하고, 완전한 사람이나 불완전한 사람이나 같은 방법으로 대하지 않는다. 따라서 이미[14] 말했듯이, 신법은 둘로 나뉘어야 한다.

제6절: 정욕의 법[1]은 존재하는가?

Parall.: Infra, q.93, a.3; *ad Rom.*, c.7, lect.4.

[반론] 여섯째에 대해서는 다음과 같이 진행된다. 정욕의 법은 존재하지 않는 것으로 생각된다.[2]

1. 이시도루스가 『어원』 제5권[3]에서 "법은 이성에 근거한다"라고 말하기 때문이다. 그런데 정욕은 이성에 근거하지 않고 오히려 이성에서 벗어나 있다. 따라서 정욕은 법의 본성을 가지지 않는다.

2. 그 밖에도 모든 법은 구속력이 있다. 따라서 그 법을 지키지 않는 사람은 범법자라고 불리게 된다. 그러나 정욕은 그것을 따르지 않기 때문에 어떤 사람을 범법자로 규정하는 것이 아니라 그것을 따르기

는 의미도 가지는 정욕(fomes)에 따르는 법으로, 본질적으로는 법이 아니지만 분유적으로는 법이라고 말한다.
2. Cf. Magistum, *In Sent.*, II, d.30.
3. c.3: PL 82, 199 A. Cf. II, c.10: PL 82, 130 C.

magis transgressor redditur si quis ipsum sequatur. Ergo fomes non habet rationem legis.

3. Praeterea, lex ordinatur ad bonum commune, ut supra[4] habitum est. Sed fomes non inclinat ad bonum commune, sed magis ad bonum privatum. Ergo fomes non habet rationem legis.

Sed contra est quod Apostolus dicit, *Rom.* 7,[23]: *Video aliam legem in membris meis, repugnantem legi mentis meae.*

Respondeo dicendum quod, sicut supra[5] dictum est, lex essentialiter invenitur in regulante et mensurante, participative autem in eo quod mensuratur et regulatur; ita quod omnis inclinatio vel ordinatio quae invenitur in his quae subiecta sunt legi, participative dicitur lex, ut ex supradictis[6] patet. Potest autem in his quae subduntur legi, aliqua inclinatio inveniri dupliciter a legislatore. Uno modo, inquantum directe inclinat suos subditos ad aliquid; et diversos[7] interdum ad diversos actus; secundum quem modum potest dici quod alia est lex militum, et alia est lex mercatorum. Alio modo, indirecte, inquantum scilicet per hoc quod legislator destituit aliquem sibi subditum aliqua dignitate, sequitur quod transeat in alium ordinem et quasi in aliam legem: puta si miles ex militia destituatur, transibit in legem rusticorum vel mercatorum.

---

4. q.90, a.2.
5. a.2; q.90, a.1, ad1.

때문에 범법자가 되는 것이다. 따라서 정욕은 법의 본성을 가지지 않는다.

3. 그 밖에도 위에서 말했듯이,[4] 법은 공동선으로 질서 지어져 있다. 그런데 정욕은 공동선이 아니라 개인적 선으로 향해있다. 따라서 정욕은 법의 본성을 가지지 않는다.

[재반론] 그러나 반대로 사도 바오로는 로마서 7장 23절에서 '그러나 내 지체 안에는 다른 법이 있어 내 이성의 법과 대결하고 있음을 나는 봅니다'라고 말한다.

[답변] 위에서 말했듯이,[5] 법은 본질적으로는 다스리는 자와 재는 자 안에 있지만, 분유적으로는 다스려지는 것과 재어지는 것 안에 있다. 따라서 위에서 말했듯이,[6] 법의 지배하에 있는 것에서 발견되는 모든 성향과 질서는 분유적으로 법이라고 불리는 것이다. 그런데 법의 지배하에 있는 것에 있어 어떤 경향은 입법자로부터 두 가지 방식으로 올 수 있다. 첫째 방식은 자신의 지배를 받는 것을 어떤 것으로 직접 지도하고, 때로는 상이한 것들을[7] 상이한 행위로 인도하는 한에 있어서 그렇다. 이런 방식에 따라 어떤 것은 군법(軍法)으로, 어떤 것은 상법(商法)으로 불릴 수 있다. 둘째 방식은 간접적인 것으로, 그렇게 입법자가 자기 아래 있는 어떤 사람에게서 어떤 자격을 박탈하고, 결국 다른 질서와 다른 법으로 넘어가게 되는 한에 있어서 그렇다. 가령 한 군인이 제대하면 농법이나 상법으로 넘겨지는 것과 같다.

---

6. Ibid.
7. 비오판에는 'diversos'(상이한 것들을)가 없음.

Sic igitur sub Deo legislatore diversae creaturae diversas habent naturales inclinationes, ita ut quod uni est quodammodo lex, alteri sit contra legem: ut si dicam quod furibundum esse est quodammodo lex canis, est autem contra legem ovis vel alterius mansueti animalis. Est ergo hominis lex, quam sortitur ex ordinatione divina secundum propriam conditionem, ut secundum rationem operetur. Quae quidem lex fuit tam valida in primo statu, ut nihil vel praeter rationem vel contra rationem posset subrepere homini. Sed dum homo a Deo recessit, incurrit in hoc quod feratur secundum impetum sensualitatis:[8] et unicuique etiam particulariter hoc contingit, quanto magis a ratione recesserit: ut sic quodammodo bestiis assimiletur, quae sensualitatis impetu feruntur; secundum illud Psalmi 48,[21]:[9] *Homo, cum in honore esset, non intellexit: comparatus est iumentis insipientibus, et similis factus est illis.*

Sic igitur ipsa sensualitatis inclinatio, quae fomes dicitur, in aliis quidem animalibus simpliciter habet rationem legis, illo tamen modo quo in talibus lex dici potest, secundum directam inclinationem. In hominibus autem secundum hoc non habet rationem legis, sed magis est deviatio a lege rationis.[10] Sed inquantum per divinam iustitiam homo destituitur originali iustitia et vigore rationis, ipse impetus sensualitatis qui eum ducit, habet rationem legis, inquantum est poenalis et ex lege divina

---

8. Cf. q.74, a.3; q.82, a.3.

따라서 이와 같이 하느님이라는 입법자 밑에 다양한 피조물이 다양한 본성적 성향을 가지지만, 어떤 피조물에게는 어떤 의미에서 법인 것이 다른 피조물에게는 법에 반(反)하는 것이 된다. 사나움이 개에게는 어떤 의미에서 법이지만, 양이나 다른 순한 동물들에게는 법에 반하는 것이 된다고 말하는 것과 같다. 따라서 인정법은 합당한 조건에 따라 신적 명령에 의해 할당되었기 때문에 이성에 따라 행해져야 한다. 이 법은 원초적 상태에서 이와 같이 강했기 때문에 어떤 것도 이성을 벗어나서, 또는 이성에 반하여 인간에게 몰래 들어올 수 없었다. 그러나 인간이 신으로부터 멀어지는 사이에 관능의 충동에 사로잡히는 상태로 타락하게 되었다.[8] 이런 일은 각자에게 개별적으로 일어나서, 이성에서 멀어질수록 어떤 점에서는 짐승과 비슷해져 관능의 충동에 사로잡히게 되었다. 시편 48편[9] 21절에 따르면, '영화를 누리고 있으면서도 지각이 없는 사람은 어리석은 짐승에 비유되고 그것들과 비슷하게 된다.'

　따라서 이와 같이 정욕이라고 불리는 관능의 성향은 다른 어떤 동물들에 있어서는, 비록 그러한 것에 있어 법이라고 불릴 수 있다는 방식에 한하지만, 직접적 성향에 따라 단적으로 법의 본성을 가진다. 그러나 인간에 있어서는 이러한 식으로 법의 본성을 가지지 않고 오히려 법의 본성으로부터 벗어나게 된다.[10] 그러나 신적 정의에 의해 인간은 본래의 의로움과 이성의 힘을 잃어버리게 되었기 때문에, 신법에 의해 인간에게서 고유한 자격을 빼앗는[11] 처벌이 되는 한에서, 인간을

---

9. 우리말 『성경』에서는 49편.
10. 따라서 정욕이란 이성의 질서에서 나온 감각적 부분의 성향을 의미한다. 카예타누스의 본문 주해 참조.

consequens, hominem destituente[11] propria dignitate.[12]

AD PRIMUM ergo dicendum quod ratio illa procedit de fomite secundum se considerato, prout inclinat ad malum. Sic enim non habet rationem legis, ut dictum est,[13] sed secundum quod sequitur ex divinae legis iustitia: tanquam si diceretur lex esse quod aliquis nobilis, propter suam culpam, ad servilia opera induci permitteretur.

AD SECUNDUM dicendum quod obiectio illa procedit de eo quod est lex quasi regula et mensura: sic enim deviantes a lege transgressores constituuntur. Sic autem fomes non est lex, sed per quandam participationem, ut supra[14] dictum est.

AD TERTIUM dicendum quod ratio illa procedit de fomite quantum ad inclinationem propriam, non autem quantum ad suam originem.[15] Et tamen si consideretur inclinatio sensualitatis prout est in aliis animalibus, sic ordinatur ad bonum commune, idest ad conservationem naturae in specie vel in individuo. Et hoc est etiam in homine, prout sensualitas subditur rationi. Sed fomes dicitur secundum quod exit rationis ordinem.[16]

---

11. 비오판에는 'destitutum'(빼앗기는)으로 되어있음.
12. 여기에서 본성이 타락한 상태의 인간은 치유되기 위하여 하느님의 은총이 필요하다는 것을 이해할 수 있다.(q.109, a.2)
13. 앞의 답변.
14. Ibid.

이끄는 관능의 충동이 법의 본성을 가지게 되었다.[12]

[해답] 1. 이 논거는 그 자체로 고려한 정욕, 곧 악으로 기울게 하는 것인 정욕으로부터 나온다. 위에서 말했듯이 그러한 의미에서는 그것은 법의 본성을 지니지 않지만,[13] 신법의 정의(正義)에서 나오는 한에서는 [법의 본성을 지닌다]. 마치 어떤 귀족이 자신의 과실 때문에 육체노동을 하도록 허용되는 것이 법이라고 말하는 것처럼.

2. 그 반론은 법을 규칙과 척도로 보고 있다는 점에서 나온다. 왜냐하면 그렇게 본다면 법에서 벗어난 사람이 범법자가 되기 때문이다. 따라서 위에서 말했듯이,[14] 정욕은 이런 식으로 법이 되는 것이 아니라 어떤 분유를 통해 법이 된다.

3. 그 논증은 정욕을 그 자체의 기원으로가 아니라 고유한 성향으로 보는 데서 나온 것이다.[15] 그러나 관능이라는 성향이 다른 동물들에 있는 것처럼 여겨진다면, 공동선, 즉 종 또는 개체에 있어서의 본성의 보존을 향해 질서 지어진다. 그리고 관능이 이성에 복종하는 한에 있어서 이는 인간에게도 그렇다. 그러나 이성의 질서를 벗어나는 한에 있어서 그것은 정욕이라고 불린다.[16]

---

15. 즉 자신의 최초의 기원, 타락 이전의 처음 인간 안에 있다는 한에 있어서, 단적으로 관능이라는 점에서.
16. 본성이 타락한 상태의 인간이 '본성을 치유하는' 은총의 도움을 필요로 하는 이유가 바로 이것이다. 왜냐하면 은총을 통해 치유되지 않으면, 의지는 본성의 타락 때문에 (박탈당한) 개인적 선을 따르기 때문이다. Vide q.109, a.3.

QUAESTIO XCII
DE EFFECTIBUS LEGIS
in duos articulos divisa

Deinde considerandum est de effectibus legis.¹

Et circa hoc quaeruntur duo.

Primo: utrum effectus legis sit homines facere bonos.

Secundo: utrum effectus legis sint imperare, vetare, permittere et punire, sicut Legisperitus² dicit.

Articulus 1
Utrum effectus legis sit facere homines bonos

Ad primum sic proceditur. Videtur quod legis non sit facere homines bonos.

1. Homines enim sunt boni per virtutem: *virtus enim est quae bonum facit habentem*, ut dicitur in II *Ethic.*.¹ Sed virtus est homini a solo Deo: ipse enim *eam facit in nobis sine nobis*, ut

---

1. Cf. q.90, Introd.
2. *Dig.*, I, tit.3: De leg., senat. consultis, leg.7.
   여기서 법학자(Legisperitus)는 『학설휘찬』을 편집한 사람이다.

제92문
법의 효력에 대하여
(전2절)

다음으로 법의 효력에 대해 고찰해야 한다.[1]
이 [주제]에 관해서는 두 가지 문제가 제기된다.
1. 법의 효력은 인간을 선하게 만드는가?
2. 법학자[2]가 말한 바와 같이 법의 효력은 명령하고 금지하고 허가하고 처벌하는 것인가?

제1절: 법의 효력은 인간을 선하게 만드는가?

Parall.: *ScG*, III, c.116; *In Ethic.*, X, lect.14.

[반론] 첫째에 대해서는 다음과 같이 진행된다. 인간을 선하게 만드는 것은 법에 해당되지 않는 것으로 생각된다.
1. 『니코마코스 윤리학』 제2권[1]에서 말한 바와 같이, "덕은 그것을 가지는 사람을 선하게 만드는 것이기에" 인간은 덕을 통해 선하게 되기 때문이다. 그런데 덕은 오직 하느님에 의해서만 인간에게 존재하는 것이다. 왜냐하면 덕에 대한 정의에 있어 위에서 말한 바와 같이,[2] '우

supra² dictum est in definitione virtutis. Ergo legis non est facere homines bonos.

2. Praeterea, lex non prodest homini nisi legi obediat. Sed hoc ipsum quod homo obedit legi, est ex bonitate. Ergo bonitas praeexigitur in homine ad legem. Non igitur lex facit homines bonos.

3. Praeterea, lex ordinatur ad bonum commune, ut supra³ dictum est. Sed quidam bene se habent in his quae ad commune pertinent, qui tamen in propriis non bene se habent. Non ergo ad legem pertinet quod faciat homines bonos.

4. Praeterea, quaedam leges sunt tyrannicae, ut Philosophus dicit, in sua *Politica*.⁴ Sed tyrannus non intendit ad bonitatem subditorum, sed solum ad propriam utilitatem. Non ergo legis est facere homines bonos.

SED CONTRA est quod Philosophus dicit, in II *Ethic.*,⁵ quod *voluntas cuiuslibet legislatoris haec est, ut faciat cives bonos*.

RESPONDEO dicendum quod, sicut supra⁶ dictum est, lex nihil aliud est quam dictamen rationis in praesidente, quo subditi gubernantur. Cuiuslibet autem subditi virtus est ut bene subdatur

---

1. c.5, 1106a15–24; S. Thomas, lect.6, nn.307–308.
2. q.55, a.4.
3. q.90, a.2.

리 없이 우리 안에 그것을 만드신' 이가 바로 하느님 자신이기 때문이다. 그러므로 인간을 선하게 만드는 것은 법에 해당되지 않는 것이다.

2. 그 밖에도 법은 인간이 그 법에 복종하지 않으면 인간을 유익하게 하지 않는다. 그런데 인간이 법에 복종한다는 바로 그 사실 자체가 선성(善性)에서 나오는 것이다. 따라서 인간에게 있어 선성은 법보다 앞서 존재하는 것이다. 그러므로 법은 인간을 선하게 만들지 않는다.

3. 그 밖에도 위에서 말했듯이,³ 법은 공동선을 위해 질서 지어져 있다. 그런데 공동체에 속하는 것은 잘하지만 자기 자신에 속하는 것은 잘하지 못하는 사람이 있다. 따라서 인간을 선하게 만드는 것은 법에 속하는 것이 아니다.

4. 그 밖에도 철학자가 자신의 『정치학』⁴에서 말하듯이, 어떤 법은 전제적이다. 그런데 전제군주는 백성의 선성을 바라지 않고 자기 자신의 유익만을 바란다. 그러므로 인간을 선하게 만드는 것은 법에 해당되지 않는다.

[재반론] 그러나 반대로 철학자는 『니코마코스 윤리학』 제2권⁵에서 "모든 입법자의 의지는 시민을 선하게 만드는 것이다"라고 말한다.

[답변] 위에서 말했듯이,⁶ 법은 지배를 받는 사람들을 다스리는 통치자 안에 있는 이성의 명령 이외의 다른 어떤 것이 아니다. 모든 피지배자의 덕은 통치하는 자에게 잘 복종하는 것이다. 이는 마치 분노적 능

---

4. III, c.11, 1282b12; S. Thomas, lect.9.
5. c.1, 1103b3-6; S. Thoms, lect.1, n.251. Cf. I, c.13, 1102a7-13; S. Thomas, lect.19, n.225.
6. q.90, a.1, ad2; aa.3-4.

ei a quo gubernatur: sicut videmus quod virtus irascibilis et concupiscibilis in hoc consistit quod sint bene obedientes rationi.[7] Et per hunc modum *virtus cuiuslibet subiecti est ut bene subiiciatur principanti*, ut Philosophus dicit, in I *Polit.*.[8] Ad hoc autem ordinatur unaquaeque lex, ut obediatur ei a subditis.[9] Unde manifestum est quod hoc sit proprium legis, inducere subiectos ad propriam ipsorum virtutem. Cum igitur virtus sit *quae bonum facit habentem*,[10] sequitur quod proprius effectus legis sit bonos facere eos quibus datur, vel simpliciter vel secundum quid. Si enim intentio ferentis legem tendat in verum bonum, quod est bonum commune secundum iustitiam divinam regulatum, sequitur quod per legem homines fiant boni simpliciter.[11] Si vero intentio legislatoris feratur ad id quod non est bonum simpliciter, sed utile vel delectabile sibi, vel repugnans iustitiae divinae; tunc lex non facit homines bonos simpliciter, sed secundum quid, scilicet in ordine ad tale regimen. Sic autem bonum invenitur etiam in per se malis: sicut aliquis dicitur bonus latro, quia operatur accommode ad finem.

AD PRIMUM ergo dicendum quod duplex est virtus, ut ex supradictis[12] patet: scilicet acquisita, et infusa.[13] Ad utramque autem

---

7. Cf. q.17, a.7; q.74, a.3; I, q.82, a.3.
8. c.13, 1260a20–24; S. Thomas, lect.10. Cf. III, c.2, 1276a3–6; S. Thomas, lect.3.
9. Cf. II–II, q.104, a.2.

력과 욕정적 능력의 덕이 이성에 잘 복종하는 데에 있다고 보는 것과 같다.[7] 철학자가 『정치학』 제1권[8]에서 말하듯이, 이런 방식으로 "모든 피지배자의 덕은 지도자에게 잘 복종하는 것이다." 그런데 모든 법은 피지배자들이 지배자에게 복종하는 것으로 질서 지어져 있다.[9] 따라서 피지배자들을 그들에게 합당한 덕으로 인도하는 것이 법의 고유함이라는 점이 확실하다. 그러므로 덕이란 '그 덕을 가지는 사람을 선하게 만드는 것'이기 때문에,[10] 단적으로나 한정된 의미에 있어서나, 법의 고유한 효력은 그 법이 주어진 사람들을 선하게 만드는 것이라는 결론이 나온다. 왜냐하면 만일 법을 만드는 자들의 의도가 신적 정의에 따라 규제되는 공동선, 즉 진정한 선으로 향한다면, 법을 통해 인간은 단적으로 선하게 된다는 것이 귀결되기 때문이다.[11] 그러나 입법자의 의도가 단적으로 선한 것에 이끌리지 않고 자기 자신에게 이롭거나 즐거운 것 또는 신적 정의에 반하는 것에 이끌린다면, 법은 인간을 단적으로 선하게 만들지 않고 한정된 의미에 있어서, 즉 그러한 통치자를 위해 선하게 만드는 것이 된다. 따라서 이렇게 그 자체에 있어 악한 것에 있어서도 선이 발견된다. 마치 목적에 맞게 행동했기 때문에 어떤 자를 좋은 강도라고 부르는 것처럼.

[해답] 1. 위에서 말한 바로부터[12] 밝혀지듯이, 덕에는 두 가지, 즉 습득덕(習得德)과 천부덕(天賦德)이 있다.[13] 어떤 행위에 익숙해지는 것은

---

10. Cf. obj.1.
11. "인간은 자신 안에 어떠한 선이 있든지 그것을 행동으로 옮기게 되는 그 선한 의지를 가지고 있다는 사실 때문에 (단적으로) 선하다고 불린다." *ScG*, III, c.116.
12. q.63, a.2.

aliquid operatur operum assuetudo, sed diversimode: nam virtutem quidem acquisitam causat; ad virtutem autem infusam disponit, et eam iam habitam conservat et promovet. Et quia lex ad hoc datur ut dirigat actus humanos, inquantum actus humani operantur ad virtutem, intantum lex facit homines bonos. Unde et Philosophus dicit, II *Polit.*,[14] quod *legislatores assuefacientes faciunt bonos.*

AD SECUNDUM dicendum quod non semper aliquis obedit legi ex bonitate perfecta virtutis: sed quandoque quidem ex timore poenae; quandoque autem ex solo dictamine rationis, quod est quoddam principium virtutis, ut supra[15] habitum est.

AD TERTIUM dicendum quod bonitas cuiuslibet partis consideratur in proportione ad suum totum: unde et Augustinus dicit, in III *Confess.*,[16] quod *turpis omnis pars est quae suo toti non congruit.* Cum igitur quilibet homo sit pars civitatis, impossibile est quod aliquis homo sit bonus, nisi sit bene proportionatus bono communi:[17] nec totum potest bene consistere[18] nisi ex partibus sibi proportionatis. Unde impossibile est quod bonum commune civitatis bene se habeat, nisi cives sint virtuosi, ad minus illi quibus convenit principari. Sufficit autem, quantum ad bonum communitatis, quod alii intantum sint virtuosi quod principum mandatis obediant. Et ideo Philosophus dicit, in III *Polit.*,[19] quod

---

13. 덕을 습득덕(習得德, virtus aquisita)과 천부덕(天賦德, virtus infusa)으로 나눈 것은 아리스토텔레스에게서는 볼 수 없다.

이 두 가지 덕 모두에 일어나지만 서로 다른 방식으로 일어난다. 왜냐하면 행위에 익숙해지는 것은 습득덕을 만들어 내는 반면, 천부덕은 준비시켜서 이미 가지고 있는 것을 보존하고 증가시키기 때문이다. 그리고 법은 인간적 행위를 지도하기 위해 주어졌기 때문에 인간적 행위가 덕을 위해 행해지는 한 법은 인간을 선하게 만드는 것이다. 따라서 철학자는 『정치학』 제2권[14]에서 "입법자들은 습관이 되게 함으로써 선하게 만든다"라고 말한다.

2. 사람이 항상 덕의 완전한 선성 때문에 법을 따르는 것은 아니다. 위에서 말했듯이,[15] 때로는 처벌에 대한 두려움 때문에, 때로는 덕의 근원인 이성의 명령에 의해서만 법을 따르기도 한다.

3. 각 부분의 선성은 전체와 비례해서 고려해야 한다. 그래서 아우구스티누스는 『고백록』 제3권[16]에서 "제 전체에 맞지 않는 부분이란 모두 보기 흉한 것이다"라고 말한다. 따라서 모든 인간은 국가의 부분이기 때문에 공동선과 잘 비례하지 않고는 어떤 사람도 선할 수 없다.[17] 전체도 자신과 잘 어울리는 부분으로 만들어지지 않으면 잘 이루어질[18] 수 없다. 시민들, 적어도 지도적 위치에 어울리는 사람이 유덕(有德)하지 않고는 국가의 공동선이 있을 수 없다. 그러나 공동체의 선과 관련해서는, 다른 시민들이 통치자의 명령에 복종할 정도로 유덕하면 충분하다. 따라서 철학자는 『정치학』 제3권[19]에서 "통치자의 덕은 선한 자의

---

14. *In Ethic.* II, c.1, 1103b3-6; S. Thomas, lect.1, n.251.
15. q.63, a.1.
16. c.8: PL 32, 689.
17. Cf. q.90, a.2.
18. 비오판에는 'existere'(존재할)로 되어있음.
19. c.4, 1277a20-23; S. Thomas, lect.3.

eadem est virtus principis et boni viri; non autem eadem est virtus cuiuscumque civis et boni viri.

AD QUARTUM dicendum quod lex tyrannica, cum non sit secundum rationem, non est simpliciter lex, sed magis est quaedam perversitas legis.[20] Et tamen inquantum habet aliquid de ratione legis, intendit ad hoc quod cives sint boni. Non enim habet de ratione legis nisi secundum hoc quod est dictamen alicuius praesidentis in subditis, et ad hoc tendit ut subditi legi sint bene obedientes; quod est eos esse bonos, non simpliciter, sed in ordine ad tale regimen.

ARTICULUS 2

Utrum legis actus convenienter assignentur

Ad secundum sic proceditur. Videtur quod legis actus non sint convenienter assignati in hoc quod dicitur quod legis actus est *imperare, vetare, permittere* et *punire.*[1]

1. *Lex* enim *omnis praeceptum commune est,* ut Legisconsultus[2] dicit. Sed idem est imperare quod praecipere. Ergo alia tria superfluunt.

2. Praeterea, effectus legis est ut inducat subditos ad bonum, sicut supra[3] dictum est. Sed consilium est de meliori bono quam

---

20. 법의 왜곡(perversitas)이라는 말은 법의 본성인 이성에서 벗어나 뒤틀려 있다는

덕과 같지만, 모든 시민의 덕이 선한 사람의 덕과 같은 것은 아니다"라고 말한다.

4. 전제적인 법은 이성을 따르지 않기 때문에, 단적으로 법이 아니라 오히려 법의 왜곡이다.[20] 그러나 법의 본성에서 나온 무언가를 가지는 한에 있어서 시민들이 선하게 되기를 의도하는 것이다. 왜냐하면 그 법은 피통치자에게 주어진 어떤 통치자의 명령이며, 피통치자들이 법을 잘 지키도록 하기 위한 것이라는 점에서만 법의 본성을 지니기 때문이다. 피통치자들이 법을 잘 지키게 한다는 것은 그들을 선하게 하는 것이지만, 단적인 의미에서가 아니라 그 통치에 대해서만 그러하다.

제2절: 법의 행위는 적합하게 지정되는가?

[반론] 둘째에 대해서는 다음과 같이 진행된다. 법의 행위가 '명령하고 금지하고 허가하고 처벌하는 것'이라고[1] 말해진다는 점에서, 법의 행위는 적합하게 지정되지 않는 것으로 생각된다.

1. 법학자[2]가 말한 바와 같이 "모든 법은 일반적 계명이다." 그런데 명령하는 것과 계명을 내리는 것은 같다. 따라서 다른 셋은 없어도 되는 것이다.

2. 그 밖에도 위에서 말했듯이,[3] 법의 효력은 그 법의 지배를 받는 사람들을 선으로 이끄는 것이다. 그런데 조언이 명령보다 더 좋은 선

뜻으로 이미 법이 아니라는 의미다.

1. Cf. Introd. huius q.
2. *Dig.*, I, tit.3: De legibus, senat. consultis, leg.1.

praeceptum. Ergo magis pertinet ad legem consulere quam praecipere.

3. Praeterea, sicut homo aliquis incitatur ad bonum per poenas, ita etiam et per praemia. Ergo sicut punire ponitur effectus legis, ita etiam et praemiare.

4. Praeterea, intentio legislatoris est ut homines faciat bonos, sicut supra[4] dictum est. Sed ille qui solo metu poenarum obedit legi, non est bonus: nam *timore servili, qui est timor poenarum, etsi bonum aliquis faciat, non tamen bene aliquid fit,* ut Augustinus dicit.[5] Non ergo videtur esse proprium legis quod puniat.

S<small>ED CONTRA</small> est quod Isidorus dicit, in V *Etymol.*:[6] *Omnis lex aut permittit aliquid, ut: Vir fortis praemium petat. Aut vetat, ut: Sacrarum virginum nuptias nulli liceat petere. Aut punit, ut: Qui caedem fecerit, capite plectatur.*

R<small>ESPONDEO</small> dicendum quod, sicut enuntiatio[7] est rationis dictamen per modum enuntiandi, ita etiam lex per modum praecipiendi. Rationis autem proprium est ut ex aliquo ad aliquid inducat. Unde sicut in demonstrativis scientiis ratio inducit ut assentiatur conclusioni per quaedam principia, ita etiam inducit ut assentiatur legis praecepto per aliquid.

---

3. 앞 절.
4. Ibid.

에 관련된다. 따라서 명령하는 것보다 조언하는 것이 법에 더 잘 속하게 된다.

3. 그 밖에도 어떤 인간은 처벌을 통해 선으로 향하도록 자극받듯이, 보상을 통해서도 그렇게 된다. 따라서 처벌하는 것이 법의 효력으로 여겨지듯이, 보상하는 것도 마찬가지다.

4. 그 밖에도 위에서 말했듯이,[4] 입법자의 의도는 인간을 선하게 만드는 것이다. 그런데 오직 처벌이 두려워 법을 지키는 사람은 선하지 않다. 왜냐하면 아우구스티누스가 말하듯이,[5] "어떤 자가 처벌에 대한 두려움인 저급한 두려움 때문에 선한 일을 한다고 하더라도 그것은 잘한 것이 아니기" 때문이다. 따라서 처벌하는 것은 법의 고유한 것이라고 볼 수 없다.

[재반론] 그러나 반대로 이시도루스는 『어원』 제5권[6]에서 다음과 같이 말한다. "모든 법은 '용감한 사람은 보상을 요구할 수 있다'와 같이 어떤 것을 허가하든지, '어떤 자도 혼인에 있어 신에게 헌신한 처녀를 요구할 수 없다'와 같이 어떤 것을 금지하든지, '살인을 저지른 자는 사형에 처한다'와 같이 어떤 것을 처벌한다."

[답변] 언표[7]가 진술하는 방식을 통한 이성의 명령인 것처럼, 법은 규정하는 방식을 통한 이성의 명령이다. 그런데 어떤 것으로부터 어떤 것으로 이끄는 것은 이성에게 고유한 것이다. 따라서 논증적 학문에 있어 이성이 어떤 원리를 통해 결론에 동의하도록 이끌듯이, 이성은

---

5. *Contra duas epist. Pelagian.*, II, c.9, n.21: PL 44, 586.
6. c.19: PL 82, 202 B. Cf. II, c.10: PL 82, 131 A.

Praecepta autem legis sunt de actibus humanis, in quibus lex dirigit, ut supra[8] dictum est. Sunt autem tres differentiae humanorum actuum. Nam sicut supra[9] dictum est, quidam actus sunt boni ex genere, qui sunt actus virtutum: et respectu horum, ponitur legis actus praecipere vel imperare; *praecipit* enim *lex omnes actus virtutum*, ut dicitur in V *Ethic.*.[10] Quidam vero sunt actus mali ex genere, sicut actus vitiosi: et respectu horum, lex habet prohibere. Quidam vero ex genere suo sunt actus indifferentes: et respectu horum, lex habet permittere. Et possunt etiam indifferentes dici omnes illi actus qui sunt vel parum boni vel parum mali. — Id autem per quod inducit lex ad hoc quod sibi obediatur, est timor poenae: et quantum ad hoc, ponitur legis effectus punire.

AD PRIMUM ergo dicendum quod, sicut cessare a malo habet quandam rationem boni, ita etiam prohibitio habet quandam rationem praecepti. Et secundum hoc, large accipiendo praeceptum, universaliter lex praeceptum dicitur.

AD SECUNDUM dicendum quod consulere[11] non est proprius actus legis, sed potest pertinere etiam ad personam privatam, cuius non est condere legem. Unde etiam Apostolus, I *ad Cor.* 7,[12], cum consilium quoddam daret, dixit: *Ego dico, non Dominus.* Et ideo non ponitur inter effectus legis.

---

7. 언표란 지성의 복합과 분할을 의미한다. I, q.85, a.2, ad3.
8. q.90, aa.1–2; q.91, a.4.

어떤 것을 통해 법의 계명에 동의하도록 이끄는 것이다.

위에서 말했듯이,[8] 법의 계명은 법이 인도하는 인간적 행위에 관한 것이다. 그런데 인간적 행위에는 세 가지 종류가 있다. 위에서 말했듯이,[9] 덕의 행위인 어떤 행동은 류적(類的)으로 선한데, 이러한 행위에 관련해서 법의 행위는 규정하고 명령하는 것으로 여겨진다. 왜냐하면 『니코마코스 윤리학』 제5권[10]에서 말하듯이, 법은 덕의 모든 행위를 규정하기 때문이다. 악덕의 행위와 같은 어떤 행동은 류적으로 악한데, 이러한 행위에 대해서 법은 금지하는 것이다. 어떤 행동은 류적으로 차별이 없는데, 이러한 점에서 법은 허용하는 것이다. 선하다고 하기에도 부족하고 악하다고 하기에도 부족한 이 모든 행동은 이럴 수도 있고 저럴 수도 있다고 말할 수 있다. — 복종하도록 하기 위해 법이 쓰는 수단은 처벌에 대한 두려움인데, 이러한 점에서 처벌하는 것이 법의 효력으로 여겨지는 것이다.

[해답] 1. 악을 중지하는 것이 선의 어떤 본성을 가지듯이, 금지도 계명의 어떤 본성을 가진다. 그리고 이러한 점에서 계명을 넓게 이해하면, 법은 보편적으로 계명으로 불리게 된다.

2. 조언하는 것[11]은 법의 고유한 행동이 아니라 법을 만들 수 없는 사인(私人)에 속한 것일 수 있다. 따라서 사도 바오로는 코린토 1서 7장 12절에서 어떤 조언을 할 때 '주님이 아니라 내가 말합니다'라고 말한다. 그러므로 조언은 법의 효력들 가운데 있지 않다.

---

9. q.18, a.8.
10. c.3, 1129b19-25; S. Thomas, lect.2, nn.904-905.
11. 'consulere'는 '조언하다', '상담하다', '충고하다'라는 다양한 의미를 가진다.

AD TERTIUM dicendum quod etiam praemiare potest ad quemlibet pertinere: sed punire non pertinet nisi ad ministrum legis, cuius auctoritate poena infertur. Et ideo praemiare non ponitur actus legis, sed solum punire.

AD QUARTUM dicendum quod per hoc quod aliquis incipit assuefieri ad vitandum mala et ad implendum bona propter metum poenae, perducitur quandoque ad hoc quod delectabiliter et ex propria voluntate hoc faciat. Et secundum hoc, lex etiam puniendo perducit ad hoc quod homines sint boni.[12]

3. 보상한다는 것은 누구에게나 있을 수 있지만, 처벌한다는 것은 권한을 가지고 처벌을 부과하는 법의 집행자 외에는 누구에게도 있을 수 없다. 따라서 보상하는 것이 아니라 처벌하는 것만이 법의 행위에 속하는 것이다.

4. 어떤 사람은 처벌에 대한 두려움 때문에 악을 피하고 선을 수행하는 데 익숙해지기 시작한다는 점으로부터, 때로는 기꺼이 그리고 자신의 의지로 그것을 행하는 데로 이어진다. 따라서 이 때문에 법은 처벌을 통해서도 사람들이 선하게 되도록 이끌 수 있다.[12]

---

12. 처벌을 통해 사람을 선하게 만들 수 있다는 점에서 처벌은 선과 덕의 시작이 될 수 있다고 주장한다. 여기서 법치(法治)가 덕치(德治)를 위한 것이고, 법이 덕을 위한 것임을 알 수 있다.

QUAESTIO XCIII
DE LEGE AETERNA
in sex articulos divisa

Deinde considerandum est de singulis legibus.[1] Et primo, de lege aeterna; secundo, de lege naturali;[2] tertio, de lege humana;[3] quarto, de lege veteri;[4] quinto, de lege nova, quae est lex Evangelii.[5] De sexta autem lege, quae est lex fomitis, sufficiat[7] quod dictum est cum de peccato originali ageretur.[6]

Circa primum quaeruntur sex.

Primo: quid sit lex aeterna.

Secundo: utrum sit omnibus nota.

Tertio: utrum omnis lex ab ea derivetur.

Quarto: utrum necessaria subiiciantur legi aeternae.

Quinto: utrum contingentia naturalia subiiciantur legi aeternae.

Sexto: utrum omnes res humanae ei subiiciantur.

---

1. Cf. q.90, Introd.
2. q.94.
3. q.95.
4. q.98.

제93문
영원법에 대하여
(전6절)

다음으로 각각의 법[1]에 대해 고찰해야 한다. 첫째로 영원법에 대해서, 둘째로 자연법[2]에 대해서, 셋째로 인정법[3]에 대해서, 넷째로 옛 법[4]에 대해서, 다섯째로 복음의 법인 새 법[5]에 대해서. 정욕의 법인 여섯째 법에 대해서는 원죄에 대해 다룰 때[6] 말했던 것으로 충분하다.[7]

첫 번째 [주제]에 대해서는 여섯 가지 문제가 제기된다.

1. 영원법은 존재하는가?
2. 그것은 모두에게 알려지는가?
3. 모든 법은 그것에서 나왔는가?
4. 필연적인 것은 영원법 아래 있는가?
5. 본성적으로 우유적인 것은 영원법 아래 있는가?
6. 모든 인간사(人間事)는 그것 아래 있는가?

---

5. q.106.
6. q.81 sqq.
   (각주 6, 7에 해당하는 한글 번역 문장과 라틴어 문장의 어순이 다름)
7. 정욕의 법은 원죄의 결과이기 때문에 독립적으로 논하지 않고, 각각의 법으로서 영원법, 자연법, 인정법, 신법(옛 법과 새 법)을 차례로 논한다.

Articulus 1

Utrum lex aeterna sit summa ratio in Deo existens

Ad primum sic proceditur. Videtur quod lex aeterna non sit ratio summa in Deo existens.

1. Lex enim aeterna est una tantum. Sed rationes rerum in mente divina sunt plures: dicit enim Augustinus, in libro *Octoginta trium Quaest.*,[1] quod *Deus singula fecit propriis rationibus*. Ergo lex aeterna non videtur esse idem quod ratio in mente divina existens.

2. Praeterea, de ratione legis est quod verbo promulgetur, ut supra[2] dictum est. Sed Verbum in divinis dicitur personaliter, ut in Primo[3] habitum est: ratio autem dicitur essentialiter. Non igitur idem est lex aeterna quod ratio divina.

3. Praeterea, Augustinus dicit, in libro *de Vera Relig.*:[4] *Apparet supra mentem nostram legem esse, quae veritas dicitur*. Lex autem supra mentem nostram existens est lex aeterna. Ergo veritas est lex aeterna. Sed non est eadem ratio veritatis et rationis. Ergo lex aeterna non est idem quod ratio summa.

Sed contra est quod Augustinus dicit, in I *de Lib. Arb.*,[5] quod *lex aeterna est summa ratio, cui semper obtemperandum est.*

---

1. q.46, n.2: PL 40, 30.
2. Cf. q.90, a.4; q.91, a.1, ad2.
3. q.34, a.1.
4. c.30: PL 34, 147.

제1절: 영원법은 하느님 안에 있는 최고의 원형인가?

Parall.: Supra, q.91, a.1.

[반론] 첫째에 대해서는 다음과 같이 진행된다. 영원법은 하느님 안에 있는 최고의 원형이 아닌 것으로 생각된다.

1. 영원법은 오직 하나이기 때문이다. 그런데 신적 정신에는 사물의 다양한 원형이 있다. 왜냐하면 아우구스티누스가 『여든세 가지 다양한 질문』¹이라는 책에서 "하느님은 각각의 것들을 그 원형에 따라 만들었다"고 말하기 때문이다. 따라서 영원법은 신의 정신에 있는 원형과 같은 것이 아닌 것으로 보인다.

2. 그 밖에도 위에서 말했듯이,² 말로 공포되는 것은 법의 본성에 관한 것이다. 그런데 제1부에서³ 말했듯이, 신에게 말씀은 위격(位格)적으로 불린다. 반면 원형은 본질적으로 불린다. 따라서 영원법은 신적 원형과 같은 것이 아니다.

3. 그 밖에도 아우구스티누스는 『참된 종교』⁴라는 책에서 "우리의 정신 위에는 진리라고 불리는 법이 있다는 것이 명백하다"라고 말한다. 그런데 우리의 정신 위에 있는 법은 영원법이다. 따라서 진리는 영원법이다. 그런데 진리의 원형과 이성의 원형은 같지 않다. 따라서 영원법은 최고의 원형과 같은 것이 아니다.

[재반론] 그러나 반대로 아우구스티누스는 『자유의지론』 제1권⁵에서 "영원법은 항상 순종해야 하는 최고의 원형이다"라고 말한다.

---

5. c.6, n.15: PL 32, 1229.

q.93, a.1

RESPONDEO dicendum quod, sicut in quolibet artifice praeexistit ratio eorum quae constituuntur per artem, ita etiam in quolibet gubernante oportet quod praeexistat ratio ordinis eorum quae agenda sunt per eos qui gubernationi subduntur. Et sicut ratio rerum fiendarum per artem vocatur ars vel exemplar rerum artificiatarum, ita etiam ratio gubernantis actus subditorum, rationem legis obtinet, servatis aliis quae supra[6] esse diximus de legis ratione. Deus autem per suam sapientiam conditor est universarum rerum, ad quas comparatur sicut artifex ad artificiata, ut in Primo[7] habitum est. Est etiam gubernator omnium actuum et motionum quae inveniuntur in singulis creaturis, ut etiam in Primo[8] habitum est. Unde sicut ratio divinae sapientiae inquantum per eam cuncta sunt creata, rationem habet artis vel exemplaris vel ideae; ita ratio divinae sapientiae moventis omnia ad debitum finem, obtinet rationem legis.[9] Et secundum hoc, lex aeterna nihil aliud est quam ratio divinae sapientiae, secundum quod est directiva omnium actuum et motionum.

AD PRIMUM ergo dicendum quod Augustinus loquitur ibi de rationibus idealibus, quae respiciunt proprias naturas singularum rerum: et ideo in eis invenitur quaedam distinctio et pluralitas, secundum diversos respectus ad res, ut in Primo[10] habitum est. Sed

---

6. q.90.
7. q.14, a.8.
8. q.103, a.5. Cf. ibid., q.22, a2.

제93문 제1절

[답변] 모든 장인(匠人)에게는 그의 기술로 만들어지는 것의 원형이 먼저 존재하듯이, 모든 통치자에게는 그 통치의 지배를 받는 자들에 의해 행해져야 하는 것의 질서에 대한 원형이 먼저 존재해야 한다. 그리고 그 기술로 만들어져야 하는 것의 원형이 기술 또는 만들어진 것의 범형이라고 불리듯이, 피통치자들의 행위를 다스리는 자에 있어 원형도 법의 본성에 대해 우리가 위에서[6] 말한 다른 것을 지키는 한에서 법의 본성을 가지게 된다. 그런데 하느님은 자신의 지혜로 모든 것을 창조했는데, 제1부에서[7] 말했듯이, 이는 작품에 대한 장인의 관계와 같다. 제1부에서[8] 역시 말했듯이, 그는 각 피조물에서 발견되는 모든 행위와 운동의 지배자다. 그런데 신적 지혜의 원형은 그를 통해 모든 것이 창조되었다는 점에서, 기술, 범형, 또는 원형의 본성을 가지는 것과 같이, 마땅한 목적으로 모든 것을 움직이는 신적 지혜의 원형도 법의 본성[9]을 가지게 되는 것이다. 그리고 이로부터 모든 행위와 운동을 지도하기 때문에, 영원법은 신적 지혜의 원형일 수밖에 없다.

[해답] 1. 그 구절에서 아우구스티누스는 각 사물의 고유한 본성과 관련되는 이상적인 원형에 대해 말한다. 따라서 제1부에서[10] 말했듯이, 거기에 사물에 대한 상이한 관계에 따라 어떤 구별과 다양성이 생

---

9. (* 추가주) 따라서 사물들의 본질의 궁극적 이념이 신적 원형 안에서 발견되는 것처럼, 하느님을 향해 그리고 그들 서로 사이에 질서 지어진 사물들의 질서의 궁극적 이념은 영원법 안에서 발견된다. "영원한 이성은 보편적으로 신적 본질의 분여이고, 필연적으로 실천적인 것들(인간의 행위)을 결정하는 것이다. 영원한 이성은 사물의 본질에도 하느님의 의지에도 의존하지 않고 신의 지성에서 나온다.[Cf. *ScG*, I, c.84] 따라서 피조물은 하느님과 같은 방식으로, 그의 능력으로, 사용된 것들로, 하느님의 형상을 그 자체로 모방할 수 있고 모방해야 하는 방식으로 모방되어야 한다. 우리가 인식과 사랑을 통해 하느님과 닮아간다면, 우리는 우리 자체 안에서 하느님의 모상을 가지게 되는 것이다.[Cf. I, q.93, aa.

q.93, a.1

lex dicitur directiva actuum in ordine ad bonum commune, ut supra[11] dictum est. Ea autem quae sunt in seipsis diversa, considerantur ut unum, secundum quod ordinantur ad aliquod commune. Et ideo lex aeterna est una, quae est ratio huius ordinis.

AD SECUNDUM dicendum quod circa verbum quodcumque duo possunt considerari: scilicet ipsum verbum, et ea quae verbo exprimuntur. Verbum enim vocale est quiddam ab ore hominis prolatum; sed hoc verbo exprimuntur quae verbis humanis significantur. Et eadem ratio est de verbo hominis mentali, quod nihil est aliud quam quiddam mente conceptum, quo homo exprimit mentaliter ea de quibus cogitat. Sic igitur in divinis ipsum Verbum, quod est conceptio paterni intellectus, personaliter, dicitur: sed omnia quaecumque sunt in scientia Patris, sive essentialia sive personalia, sive etiam Dei opera exprimuntur hoc Verbo, ut patet per Augustinum, in XV *de Trin.*.[12] Et inter cetera quae hoc Verbo exprimuntur, etiam ipsa lex aeterna Verbo ipso exprimitur. Nec tamen propter hoc sequitur quod lex aeterna

---

4 & 8] 그로부터 하느님을 그렇게 소유하는 것은 목적이 된다. 도덕적 질서의 종착점은 지복직관 속에서와 같이 완전하게 소유되거나, 신앙과 사랑을 통한 길이나 자연적 인식과 사랑을 통한 길에서와 같이 불완전하게 소유된다. [Cf. I, q.93, a.4] 그러므로 성 토마스는 하느님으로 향하는 길을 도덕적인 길 또는 질서 지어진 길이라고 불렀다. 그러한 원리를 통해 하느님의 모상과 소유로 질서 지어진 것을 계속 인간적으로 사용하려고 해야 한다. 즉 이성적 피조물이 하느님에게로 움직여지는 것이다."(A. Horvath, *De Moralitate*, Romae, 1930, p.20) — "하느님의 모상은 행위를 통해 이차적 현실태로 우리 안에 있다.[Cf. I, q.93, a.7] 그런데 불변의 상태라는 방식을 통해 이차적 현실태 안에 있는 존재는, 그 자체로 잘 맞는 상위의 어떤 본성을 분유하지 않고서는 인간의 본성과 어울리지

기게 된다. 그런데 위에서 말했듯이,[11] 법은 공동선을 향한 질서로 행위들을 지도하는 것이라고 일컬어진다. 더욱이 그 자체에 있어 서로 다양한 것들은 어떤 공통적인 것으로 질서 지어져 있는 한에 있어서 하나라고 여겨진다. 따라서 이 질서의 이념인 영원법은 하나다.

2. 어떤 종류든 말과 관련해서는 두 가지가 고려될 수 있다. 첫째는 말 자체이고, 둘째는 그 말로 표현된 것들이다. 왜냐하면 음성화된 말은 인간의 입에서 나온 어떤 것이지만 그 말에 의해 인간의 언어로 의미하는 바를 표현하기 때문이다. 그리고 인간의 정신적 언어에 대해서도 같은 이치인데, 그것은 정신에 의해 생각된 어떤 것일 수밖에 없고, 그것에 의해 인간은 생각한 것을 정신적으로 표현하는 것이다. 따라서 아우구스티누스가 『삼위일체론』 제15권[12]을 통해 밝히듯이, 하느님에게 있어 성부의 지성이 생각하는 말씀 자체는 위격적으로 불리지만, 성부의 지식 안에 있는 모든 것은 본질적인 것이든 위격적인 것이든 하느님의 작품이든 이 말씀으로 표현되는 것이다. 그리고 이 말씀으로 표현되는 그 밖의 것들 가운데에서도 영원법 자체는 말씀 자체에 의해 표현된다. 그럼에도 이 때문에 신에게 있어 영원법이 위격적

않는다.[Cf. I-II, q.5, a.7] 오직 지복직관을 통해서만 하느님의 모상을 우리 안에 완전하게 소유할 수 있는데, 지복직관은 인간의 마지막 행위이고 하느님의 생명을 최고도로 분유하는 것이다. 그러므로 가능태적 모상은 우리가 신과 닮아질 수 있는 원리들만 지칭할 때에는 충분치 않고, 우리가 신으로부터 벗어날 수 있는 원리들을 지칭할 때에는 충분하다. 따라서 본성에 맞는 어떤 것에 의해 하느님이 행하는 방법과 맞는 것들을 쉽고 즐겁게 행하기 때문에, 습성적 모상은, 처음에는 현실태에 있어 즉시 인간적 활동의 원리를 준비하는 그런 원리를 얻는 길 안에서만 가능하다."(ID., ibid., nota (2). Cf. ID., *La sintesi scientifica di San Tommaso d'Aquino*, vol. I, Torino, 1932, pp.231, 483 & 484)

10. q.15, a.2.
11. q.90, a.2.
12. c.14: PL 42, 1076. Cf. VI, a.10: PL 42, 931.

personaliter in divinis dicatur. Appropriatur[13] tamen filio, propter convenientiam quam habet ratio ad verbum.

AD TERTIUM dicendum quod ratio intellectus divini aliter se habet ad res quam ratio intellectus humani. Intellectus enim humanus est mensuratus a rebus, ut scilicet conceptus hominis non sit verus propter seipsum, sed dicitur verus ex hoc quod consonat rebus: *ex hoc* enim *quod res est vel non est, opinio vera vel falsa est.*[14] Intellectus vero divinus est mensura rerum: quia unaquaeque res intantum habet de veritate, inquantum imitatur intellectum divinum, ut in Primo[15] dictum est. Et ideo intellectus divinus est verus secundum se. Unde ratio eius est ipsa veritas.[16]

ARTICULUS 2
Utrum lex aeterna sit omnibus nota

Ad secundum sic proceditur. Videtur quod lex aeterna non sit omnibus nota.

1. Quia ut dicit Apostolus, I *ad Cor.* [2,11], *quae sunt Dei, nemo novit nisi Spiritus Dei.*[1] Sed lex aeterna est quaedam ratio in mente divina existens. Ergo omnibus est ignota nisi soli Deo.

---

13. Cf. I, q.39, a.7.
14. Aristoteles, *Categ.*, c.4, 2a7–8.

으로 불리는 것은 아니다. 원형이 말에 대해 가지는 일치 때문에 성자에게 귀속되는 것이다.[13]

3. 신적 지성의 원형은 사물에 대해 인간 지성의 원형과는 다른 관계를 가진다. 인간에게 있어 개념이 그 자체로 참이 아니라 사물과 일치하기 때문에 참이라고 불리는 것처럼, 인간 지성은 사물에 의해 재어지기 때문이다. 왜냐하면 "견해는 사실이냐 아니냐에 따라 참이거나 거짓이 되기 때문이다."[14] 그런데 신적 지성은 사물의 척도다. 제1부에서[15] 말한 것과 같이, 각 사물은 신적 지성을 닮은 만큼만 참이기 때문이다. 그런데 신적 지성은 그 자체에 있어 참이다. 그러므로 신의 원형은 진리 자체다.[16]

제2절: 영원법은 모두에게 알려지는가?

Parall.: Supra, q.19, a.4, ad3; *In Iob*, c.11, lect.1.

[반론] 둘째에 대해서는 다음과 같이 진행된다. 영원법은 모두에게 알려지지는 않는 것으로 생각된다.

1. 사도 바오로는 코린토 1서 2장 11절에서 '하느님의 영이 아니고서는 아무도 하느님의 생각을 깨닫지 못합니다'[1]라고 말하기 때문이다. 그런데 영원법은 신적 정신 안에 있는 어떤 원형이다. 따라서 오직 하느님을 빼놓고는 누구도 알지 못한다.

---

15. q.16, a.1.
16. 성 토마스는 신적 지성은 척도이므로 그 자체로 참이지만, 인간 지성은 재어지는 것이기 때문에 사물과 일치해야 참이라고 말한다.

2. Praeterea, sicut Augustinus dicit, in libro *de Lib. Arb.*,² *lex aeterna est qua iustum est ut omnia sint ordinatissima*. Sed non omnes cognoscunt qualiter omnia sint ordinatissima. Non ergo omnes cognoscunt legem aeternam.

3. Praeterea, Augustinus dicit, in libro *de Vera Relig.*,³ quod *lex aeterna est de qua homines iudicare non possunt*. Sed sicut in I *Ethic.*⁴ dicitur, *unusquisque bene iudicat quae cognoscit*. Ergo lex aeterna non est nobis nota.

SED CONTRA est quod Augustinus dicit, in libro *de Lib. Arb.*,⁵ quod *aeternae legis notio nobis impressa est.*

RESPONDEO dicendum quod dupliciter aliquid cognosci potest: uno modo, in seipso; alio modo, in suo effectu, in quo aliqua similitudo eius invenitur; sicut aliquis non videns solem in sua substantia, cognoscit ipsum in sua irradiatione. Sic igitur dicendum est quod legem aeternam nullus potest cognoscere secundum quod in seipsa est, nisi solum beati, qui Deum per essentiam vident.⁶ Sed omnis creatura rationalis ipsam cognoscit secundum aliquam eius irradiationem, vel maiorem vel minorem.⁷ Omnis enim cognitio veritatis est quaedam irradiatioet participatio legis aeternae, quae est veritas incommutabilis, ut Aug-

---

1. 불가타 역본에는 '하느님의 영이 아니고서는 아무도 하느님의 생각을 알지 못합니다'(Quae Dei sunt nemo cognovit, nisi Spiritus Dei)로 되어있음.

2. 그 밖에도 아우구스티누스는 『자유의지론』²이라는 책에서 "영원법은 그것에 의해 모든 것이 가장 잘 질서 지어지는 것이 마땅한 그런 것이다"라고 말한다. 그런데 어떻게 모든 것이 가장 잘 질서 지어지는지를 모두가 아는 것은 아니다. 따라서 모두가 영원법을 아는 것은 아니다.

3. 그 밖에도 아우구스티누스는 『참된 종교』³라는 책에서 "영원법은 인간이 판단할 수 없는 것이다"라고 말한다. 그런데 『니코마코스 윤리학』 제1권⁴에서는 "누구든 자기가 알고 있는 것들은 잘 판단할 수 있다"라고 말하고 있다. 따라서 영원법은 우리에게 알려지지 않는다.

[재반론] 그러나 반대로 아우구스티누스는 『자유의지론』⁵이라는 책에서 "영원법이라는 개념은 우리에게 각인되어 있다"고 말한다.

[답변] 어떤 것은 두 가지 방식으로 알 수 있다. 첫째는 그 자체로, 둘째는 그 결과로 [알 수 있다]. 둘째 방식에 있어 그 실체에 있어서는 태양을 보지 못하는 어떤 자가 그 빛에 있어서는 그것을 보는 것과 같이, 그것의 어떤 유사성이 발견되는 것이다. 따라서 본질을 통해 하느님을 보는 (천국의) 성인을 빼고는 누구도 그 자체라는 방식으로 영원법을 알 수 없다고 말해야 한다.⁶ 그러나 모든 이성적 피조물은 크든지 작든지 그 조명을 통해 그것을 알 수 있다.⁷ 왜냐하면 아우구스티누스

---

2. I, c.6, n.15: PL 32, 1229.
3. c.31: PL 34, 148.
4. c.1, 1094b27-1095a2; S. Thomas, lect.3, n.37.
5. 인용된 곳.
6. Cf. q.3, a.8.
7. "이성적 피조물은 스스로 섭리의 참여자가 되어 자신이나 다른 이들에게 주의 깊은 한에 있어서, 다른 것들보다 신의 섭리에 어떤 더 뛰어난 방식으로 순종한다."

ustinus dicit, in libro *de Vera Relig.*.[8] Veritatem autem omnes aliqualiter cognoscunt, ad minus quantum ad principia communia legis naturalis. In aliis vero quidam plus et quidam minus participant de cognitione veritatis; et secundum hoc etiam plus vel minus cognoscunt legem aeternam.

AD PRIMUM ergo dicendum quod ea quae sunt Dei, in seipsis quidem cognosci a nobis non possunt: sed tamen in effectibus suis nobis manifestantur, secundum illud *Rom.* 1,[20]: *Invisibilia Dei per ea quae facta sunt, intellecta, conspiciuntur.*[9]

AD SECUNDUM dicendum quod legem aeternam etsi unusquisque cognoscat pro sua capacitate, secundum modum praedictum,[10] nullus tamen eam comprehendere potest: non enim totaliter manifestari potest per suos effectus. Et ideo non oportet quod quicumque cognoscit legem aeternam secundum modum praedictum, cognoscat totum ordinem rerum, quo omnia sunt ordinatissima.

AD TERTIUM dicendum quod iudicare de aliquo potest intelligi dupliciter. Uno modo, sicut vis cognitiva diiudicat de proprio obiecto;[11] secundum illud *Iob* 12,[11]: *Nonne auris verba diiudicat, et fauces comedentis saporem?* Et secundum istum modum iudicii, Philosophus dicit quod *unusquisque bene iudicat quae cognoscit*, iudicando scilicet an sit verum quod proponitur.

그러므로 (이성적 피조물은) 영원한 이성 자체를 분유하게 된다." Cf. q.91, a.2.

가 『참된 종교』[8]라는 책에서 말하듯이, 진리에 대한 모든 인식은 변하지 않는 진리인 영원법의 어떤 조명과 분여이기 때문이다. 그런데 모든 사람은 적어도 자연법의 일반원리까지는 어느 정도 진리를 인식한다. 사실 다른 것에 있어서는 진리의 인식에 있어 어떤 자는 더, 어떤 자는 덜 분유한다. 이런 식으로 영원법을 더 또는 덜 인식하는 것이다.

[해답] 1. 우리는 하느님께 속한 것들을 그 자체로 인식할 수 없다. 그러나 그 결과로 우리에게 알려진다. 로마서 1장 20절에 따르면 '하느님의 비가시성은 그분에 의해 창조된 것들을 통해 이해되고 알려졌습니다'[9]라고 한다.

2. 위에서 말한[10] 방식에 따라 각자는 자신의 능력에 비례해서 영원법을 인식하기는 하지만 그것을 완전히 해득하지는 못한다. 왜냐하면 그 결과를 통해 완전히 뚜렷하게 나타날 수는 없기 때문이다. 따라서 위에서 말한 방식에 따라 영원법을 인식하는 사람은 누구나, 모든 것이 가장 잘 질서 지어지는 사물의 모든 질서를 안다고 할 수는 없다.

3. 어떤 것에 대해 판단하는 것은 두 가지로 이해될 수 있다. 첫째, 욥기 12장 11절의 '입이 음식 맛을 보듯 귀가 말을 식별하지 않는가?'에 따라, 인식능력이 그 고유한 대상에 대해 구별하는 것과 같다.[11] 이러한 방식에 따라 철학자는 누구든 자기가 알고 있는 것들은 잘 판단한다고 말한다. 자신 앞에 놓인 것이 참인지를 판단한다는 것이다. 둘

---

8. c.31: PL 34, 147.
9. Cf. I, q.12, a.12.
10. 앞의 답변.
11. Cf. I, q.17, a.3.

q.93, a.3

Alio modo, secundum quod superior iudicat de inferiori quodam practico iudicio, an scilicet ita debeat esse vel non ita. Et sic nullus potest iudicare de lege aeterna.

Articulus 3
Utrum omnis lex a lege aeterna derivetur[1]

Ad tertium sic proceditur. Videtur quod non omnis lex a lege aeterna derivetur.

1. Est enim quaedam lex fomitis, ut supra[2] dictum est. Ipsa autem non derivatur a lege divina, quae est lex aeterna: ad ipsam enim pertinet prudentia carnis, de qua Apostolus dicit, *ad Rom.* 8,[7], quod *legi Dei non potest esse subiecta*.[3] Ergo non omnis lex procedit a lege aeterna.

2. Praeterea, a lege aeterna nihil iniquum procedere potest: quia sicut dictum est,[4] *lex aeterna est secundum quam iustum est ut omnia sint ordinatissima*. Sed quaedam leges sunt iniquae; secundum illud Isaiae 10,[1]: *Vae qui condunt leges iniquas*. Ergo non omnis lex procedit a lege aeterna.

---

1. 1864년 『오류 목록』(*Syllabus*)에서 교황 비오 9세에 의해 단죄된 명제 56: "도덕법은 신적 재가를 전혀 필요로 하지 않으며, 인정법이 자연법에 상응하여 형성되거나 구속력을 신으로부터 받을 필요도 전혀 없다(26′)."[DS 1756(→ DH 2956)] 명제 57: "철학과 윤리 학문, 그리고 마찬가지로 시민법들은 신권(神權)과 교권(教權)으로부터 벗어날 수 있고 또한 벗어나야 한다(26′)."[DS 1756 이하(→ DH

째, 어떤 실천적 판단으로 높은 자가 낮은 자에 대해 확실히 이러해야 하고 또는 그렇게 해서는 안 된다고 판단하는 것이다. 이러한 방식으로는 누구도 영원법에 대해 판단할 수 없다.

제3절: 모든 법은 영원법에서 나오는가?[1]

[반론] 셋째에 대해서는 다음과 같이 진행된다. 모든 법이 영원법에서 나오지는 않는 것으로 생각된다.

1. 위에서 말했듯이,[2] 정욕의 법이란 것이 있기 때문이다. 더욱이 그것은 그 자체로 영원법인 신법으로부터 나온 것이 아니기 때문이다. 왜냐하면 사도 바오로가 로마서 8장 7절에서 '하느님의 법에 복종할 수 없는 것'[3]이라고 말한, 육신의 실천적 지혜가 거기에 속하기 때문이다. 따라서 모든 법이 영원법에서 나오는 것은 아니다.

2. 그 밖에도 어떤 부당한 것도 영원법에서 나올 수는 없다. 왜냐하면 "영원법은 그것에 의해 모든 것이 가장 잘 질서 지어지는 것이 마땅한 그런 것이다"[4]라고 말했기 때문이다. 그런데 어떤 법은 부당하다. 이사야서 10장 1절에 따르면 '부당한 법을 만든 자들은 화를 입을지어다'라고 되어있다. 따라서 모든 법이 영원법에서 나오는 것은 아니다.

2957)]
2. q.91, a.6.
3. 불가타 역본에는 '왜냐하면 그것은 하느님의 법에 복종하지도 않고 복종할 수도 없습니다'(legi enim Dei non est subiecta, nec enim potest)로 되어있음.
4. a.2, obj.2.

3. Praeterea, Augustinus dicit, in I *de Lib. Arbit.*,[5] quod *lex quae populo regendo scribitur, recte multa permittit quae per divinam providentiam vindicantur.* Sed ratio divinae providentiae est lex aeterna, ut dictum est.[6] Ergo nec etiam omnis lex recta procedit a lege aeterna.

SED CONTRA est quod, *Prov.* 8,[15], divina sapientia dicit: *Per me reges regnant, et legum conditores iusta decernunt.* Ratio autem divinae sapientiae est lex aeterna, ut supra[7] dictum est. Ergo omnes leges a lege aeterna procedunt.

RESPONDEO dicendum quod, sicut supra[8] dictum est, lex importat rationem quandam directivam actuum ad finem. In omnibus autem moventibus ordinatis oportet quod virtus secundi moventis derivetur a virtute moventis primi: quia movens secundum non movet nisi inquantum movetur a primo.[9] Unde et in omnibus gubernantibus idem videmus, quod ratio gubernationis a primo gubernante ad secundos derivatur: sicut ratio eorum quae sunt agenda in civitate, derivatur a rege per praeceptum in inferiores administratores. Et in artificialibus etiam ratio artificialium actuum derivatur ab architectore ad inferiores artifices, qui manu operantur. Cum ergo lex aeterna sit ratio gubernationis in supremo gubernante, necesse est quod

---

5. c.5, n.13: PL 32, 1228.

3. 그 밖에도 아우구스티누스는 『자유의지론』 제1권[5]에서 "인민들을 다스리기 위해 쓰인 법은 신적 섭리를 통해서 처벌되는 많은 것을 정당하게 허용한다"라고 말한다. 그런데 위에서 말했듯이,[6] 신적 섭리의 원형은 영원법이다. 따라서 모든 바른 법이 영원법에서 나온 것은 아니다.

[재반론] 그러나 반대로 잠언 8장 15절에서 신의 지혜는 '나를 통해 임금들이 통치하고 군주들이 의로운 명령을 내린다'라고 말한다. 그런데 위에서 말했듯이,[7] 신의 지혜의 원형은 영원법이다. 따라서 모든 법은 영원법에서 나오는 것이다.

[답변] 위에서 말했듯이,[8] 법은 목적으로 행위를 지도하는 어떤 원리를 의미한다. 그런데 동자(動子)들의 질서에 있어 제2동자의 힘은 제1동자의 힘에서 나와야 한다. 왜냐하면 제2동자는 제1동자에 의해 움직여지지 않는 한 움직이지 않기 때문이다.[9] 그러므로 우리는 모든 통치자들에게서 같은 것을 보게 된다. 제1통치자로부터 제2통치자로 전해지는 것이다. 즉 국가에서 해야 하는 것의 원리가 명령을 통해 왕으로부터 하급관리자들에게로 전해지는 것과 같다. 그리고 기술적인 것에 있어서도 기술적 작업의 원리가 최고 장인으로부터 손으로 작업을 하는 하급 숙련공에게로 전해진다. 그러므로 영원법은 최고 통치자 안에 있는 통치의 원리이기 때문에, 더 낮은 통치자에 있어서 통치의 모

---

6. a.1.
7. a.1.
8. q.90, aa.1-2.
9. Cf. q.1, a.4; et I, q.2, a.3 et *Prima via*.

omnes rationes gubernationis quae sunt in inferioribus gubernantibus, a lege aeterna deriventur. Huiusmodi autem rationes inferiorum gubernantium sunt quaecumque aliae leges praeter legem aeternam. Unde omnes leges, inquantum participant de ratione recta, intantum derivantur a lege aeterna. Et propter hoc Augustinus dicit, in I *de Lib. Arb.*,[10] quod *in temporali lege nihil est iustum ac legitimum, quod non ex lege aeterna homines sibi derivaverunt.*[11]

AD PRIMUM ergo dicendum quod fomes habet rationem legis in homine, inquantum est poena consequens divinam iustitiam: et secundum hoc manifestum est quod derivatur a lege aeterna. Inquantum vero inclinat ad peccatum, sic contrariatur legi Dei, et non habet rationem legis, ut ex supradictis[12] patet.

AD SECUNDUM dicendum quod lex humana intantum habet rationem legis, inquantum est secundum rationem rectam: et secundum hoc manifestum est quod a lege aeterna derivatur. Inquantum vero a ratione recedit, sic dicitur lex iniqua:[13] et sic non habet rationem legis, sed magis violentiae cuiusdam. — Et tamen in ipsa lege iniqua inquantum servatur aliquid de similitudine legis propter ordinem potestatis eius qui legem fert, secundum hoc etiam derivatur a lege aeterna: *omnis* enim *potestas a Domino Deo est, ut dicitur Rom.* 13, [1].[14]

---

10. c.6. n.15: PL 32, 1229.

든 원리는 영원법으로부터 나와야 한다. 그런데 더 낮은 통치자의 이러이러한 방식의 원리는 영원법 외의 다른 모든 법이다. 따라서 모든 법은 바른 이성을 분유하는 한에 있어서 영원법으로부터 나온 것이다. 그러므로 이 때문에 아우구스티누스는 『자유의지론』 제1권[10]에서 "인간이 스스로 영원법에서 도출하지 않은 것은 어떤 것도 현세법(現世法)에서 정의롭지도 합법적이지도 않다"고 말한다.[11]

[해답] 1. 신적 정의에서 나온 처벌이라는 점에서 정욕은 인간에게 있어 법의 본성을 가진다. 그리고 이에 따라 그것이 영원법에서 나왔음이 명확해진다. 그러나 위에서[12] 말한 바로부터 명백해졌듯이, 죄로 이끌린다는 점에서 그것은 하느님의 법에 반하는 것이고 법의 본성을 가지지 않는다.

2. 바른 이성을 따르는 한에 있어 인정법은 법의 본성을 가진다. 그리고 이에 따라 그것이 영원법에서 나온다는 점이 명확해진다. 인정법은 이성에서 벗어나는 한에 있어 부정한 법이라고 불리고, 따라서 법의 본성이 아니라 폭력의 본성을 가지게 된다.[13] 그러나 법과 유사한 어떤 것을 가지고 있는 한, 법을 만드는 자의 권력의 질서 때문에 부정한 법 자체도 영원법에서 나온 것이 있다. 로마서 13장 1절에서 '모든

---

11. "영원법과 다른 법은 이 점이 다르다. 영원법은 하느님 안에 있고 또한 이를 통해 하느님 자신도 존재한다. 그러나 다른 법은 하느님 안에 있지 않고 그 효력이 이 성적 피조물 안에 있다. 이로부터 영원법이 원인이 되고 다른 법은 이것을 분유하는 것이 된다. 영원법은 영원하고 나머지는 시간적이다." 카예타누스의 본문 주해.
12. q.91, a.6.
13. 부정한 법(lex iniqua)은 법의 본성을 가지지 않고 폭력의 본성을 가지기 때문에 단적인 의미에서 이미 법이 아니고, 따라서 지킬 필요가 없다는 의미로 볼 수 있다.

AD TERTIUM dicendum quod lex humana dicitur aliqua permittere,[15] non quasi ea approbans, sed quasi ea dirigere non potens. Multa autem diriguntur lege divina quae dirigi non possunt lege humana: plura enim subduntur causae superiori quam inferiori. Unde hoc ipsum quod lex humana non se intromittat de his quae dirigere non potest, ex ordine legis aeternae provenit. Secus autem esset si approbaret ea quae lex aeterna reprobat. Unde ex hoc non habetur quod lex humana non derivetur a lege aeterna, sed quod non perfecte eam assequi possit.

ARTICULUS 4
Utrum necessaria et aeterna subiiciantur legi aeternae

Ad quartum sic proceditur. Videtur quod necessaria et aeterna subiiciantur legi aeternae.

1. Omne enim quod rationabile est, rationi subditur. Sed voluntas divina est rationabilis: cum sit iusta. Ergo rationi subditur. Sed lex aeterna est ratio divina. Ergo voluntas Dei subditur legi aeternae. Voluntas autem Dei est aliquod aeternum. Ergo etiam aeterna et necessaria legi aeternae subduntur.

2. Praeterea, quidquid subiicitur regi, subiicitur legi regis. Filius autem, ut dicitur I *ad Cor.* 15,[vv.24,28], *subiectus erit Deo et Patri, cum tradiderit ei regnum.* Ergo Filius, qui est aeternus,

권력은 주 하느님으로부터 나왔습니다'[14]라고 말하기 때문이다.

   3. 인정법은 그것이 어떤 것을 승인한다는 의미가 아니라[15] 지도할 수 없다는 의미에서 '허용한다'고 일컬어진다. 인정법에 의해 지도될 수 없는 많은 것이 신법에 의해 지도된다. 왜냐하면 낮은 원인보다는 높은 원인에 더 많은 것이 복종하기 때문이다. 따라서 인정법이 자신이 지도할 수 없는 것에 대해서는 관여할 수 없다는 점은 영원법의 질서에서 나온 것이다. 만약 영원법이 인정하지 않은 것을 인정법이 승인한다면 사정이 다르게 되었을 것이다. 따라서 이로부터 인정법이 영원법에서 나오지 않았다고 결론지을 수 없고, 영원법과 완전히 같아질 수는 없다고 말한다.

제4절: 필연적인 것과 영원한 것은 영원법 아래 있는가?

[반론] 넷째에 대해서는 다음과 같이 진행된다. 필연적인 것과 영원한 것은 영원법 아래 있는 것으로 생각된다.

   1. 이성적인 것은 모두 이성 아래 있기 때문이다. 그런데 신적 의지는 정의롭기 때문에 이성적이다. 그런데 영원법은 신적 이성이다. 따라서 하느님의 의지는 영원법 아래 있다. 그런데 하느님의 의지는 어떤 영원한 것이다. 따라서 영원한 것과 필연적인 것은 영원법 아래 있다.

   2. 그 밖에도 왕 아래 있는 것은 무엇이든지 왕의 법 아래 있다. 그

---

14. 불가타 역본에는 '왜냐하면 하느님으로부터 나오지 않은 권력은 없기 때문입니다'(non est enim potestas nisi a Deo)로 되어있음.
15. Cf. q.92, a.2.

subiicitur legi aeternae.

3. Praeterea, lex aeterna est ratio divinae providentiae. Sed multa necessaria subduntur divinae providentiae: sicut permanentia substantiarum incorporalium et corporum caelestium. Ergo legi aeternae subduntur etiam necessaria.

SED CONTRA, ea quae sunt necessaria, impossibile est aliter se habere: unde cohibitione non indigent. Sed imponitur hominibus lex ut cohibeantur a malis, ut ex supradictis[1] patet. Ergo ea quae sunt necessaria, legi non subduntur.

RESPONDEO dicendum quod, sicut supra[2] dictum est, lex aeterna est ratio divinae gubernationis. Quaecumque ergo divinae gubernationi subduntur, subiiciuntur etiam legi aeternae: quae vero gubernationi aeternae non subduntur, neque legi aeternae subduntur. Horum autem distinctio attendi potest ex his quae circa nos sunt. Humanae enim gubernationi subduntur ea quae per homines fieri possunt: quae vero ad naturam hominis pertinent, non subduntur gubernationi humanae, scilicet quod homo habeat animam, vel manus aut pedes. Sic igitur legi aeternae subduntur omnia quae sunt in rebus a Deo creatis, sive sint contingentia sive sint necessaria: ea vero quae pertinent ad naturam vel essentiam divinam, legi aeternae non subduntur, sed sunt realiter ipsa lex aeterna.

런데 코린토 1서 15장 24절과 28절에서 말하듯이, 성자는 '그가 그의 왕국을 넘겨드릴 때에 성부 하느님 아래 있게 될 것이다.' 따라서 영원하신 성자(聖子)는 영원법 아래 있다.

  3. 그 밖에도 영원법은 신의 섭리의 원형이다. 그런데 비물체적 실체와 천상적 물체의 영원성과 같이 많은 필연적인 것은 신의 섭리 아래 있다. 따라서 필연적인 것도 영원법 아래 있다.

[재반론] 그러나 반대로 필연적인 것은 다르게 될 수 없기 때문에 금지가 필요 없다. 그런데 위에서[1] 말한 것으로 분명해지듯이, 악에서 멀어지기 위해 법이 인간에게 주어진 것이다. 따라서 필연적인 것은 법 아래 있지 않다.

[답변] 위에서 말했듯이,[2] 영원법은 신적 통치의 원리다. 따라서 신적 통치 아래 있는 것은 무엇이든 영원법 아래에도 있게 된다. 실로 영원한 통치 아래 있지 않은 것은 영원법 아래에도 있지 않게 되는 것이다. 이러한 것의 구분은 우리 주위에 있는 것으로부터 알 수 있다. 왜냐하면 인간에 의해 이루어질 수 있는 것은 인간의 통치 아래 있기 때문이다. 그러나 인간은 영혼과 손과 발을 가져야 한다는 것과 같은, 인간의 본성에 속하는 것은 인간의 통치 아래 있지 않다. 따라서 우유적인 것이든 필연적인 것이든 하느님에 의해 창조된 것 안에 있는 모든 것은 영원법 아래 있다. 신의 본성과 본질에 속하는 것은 영원법 아래 있지 않고 실재적으로 영원법 자체다.

---

1. q.92, a.2.
2. a.1.

AD PRIMUM ergo dicendum quod de voluntate Dei dupliciter possumus loqui. Uno modo, quantum ad ipsam voluntatem: et sic, cum voluntas Dei sit ipsa eius essentia,[3] non subditur gubernationi divinae neque legi aeternae, sed est idem quod lex aeterna. Alio modo possumus loqui de voluntate divina quantum ad ipsa quae Deus vult circa creaturas: quae quidem subiecta sunt legi aeternae, inquantum horum ratio est in divina sapientia. Et ratione horum, voluntas Dei dicitur rationabilis. Alioquin, ratione sui ipsius, magis est dicenda ipsa ratio.

AD SECUNDUM dicendum quod Filius Dei non est a Deo factus, sed naturaliter ab ipso genitus.[4] Et ideo non subditur divinae providentiae aut legi aeternae: sed magis ipse est lex aeterna per quandam appropriationem,[6] ut patet per Augustinum, in libro *de Vera Relig.*.[5] Dicitur autem esse subiectus Patri ratione humanae naturae, secundum quam etiam Pater dicitur[8] esse maior eo.[7]

TERTIUM concedimus: quia procedit de necessariis creatis.

AD QUARTUM[9] dicendum quod, sicut Philosophus dicit, in V *Metaphys.*,[10] quaedam necessaria habent causam suae necessitatis:[11] et sic hoc ipsum quod impossibile est ea aliter esse, habent ab alio. Et hoc ipsum est cohibitio quaedam efficacissima:

---

3. Cf. I, q.19, a.1.
4. Cf. I, q.27, a.2.
5. Cf. a.1, ad2.
 (각주 5, 6에 해당하는 한글 번역 문장과 라틴어 문장의 어순이 다름)
6. c.31: PL 34, 147.
7. Cf. III, q.20, a.1.

[해답] 1. 하느님의 의지에 대해서는 두 가지로 말할 수 있다. 첫째로 의지 자체로서, 이러한 방식으로 하느님의 의지는 그의 본질[3] 자체다. 그것은 신적 통치나 영원법 아래 있지 않고 영원법과 같은 것이다. 둘째, 하느님이 피조물에 대해 바라시는 것 자체에 관한 것으로서, 우리는 신의 의지에 대해 말할 수 있다. 그것의 원리가 신의 지혜 안에 있는 한 그것은 영원법 아래 있다. 이런 관점에서 하느님의 의지는 이성적이라고 불리지만, 반면에 자기 자신의 관점에서는 원형 자체라고 말해야 한다.

2. 성자 하느님은 신에 의해 만들어진 것이 아니라 자신으로부터 본성적으로 태어난 것이다.[4] 그러므로 아우구스티누스의 『참된 종교』[5]에서 명백해졌듯이, 그는 신적 섭리나 영원법 아래 있지 않고 오히려 어떤 귀속(歸屬)[6]을 통해 영원법 자체가 되는 것이다. 그러나 그는 인간 본성이라는 관점에 있어서는 성부 아래 있는 것으로 말해진다. 그리고 이러한 관점에서는 성부도 그보다 더 크다[7]고 말해진다.[8]

3. 우리는 반론3은 받아들인다. 왜냐하면 창조된 필연적인 것에 대해 다루기 때문이다.

4.[9] 철학자가 『형이상학』 제5권[10]에서 말하듯이, 어떤 필연적인 것은 그 필연성의 원인이 있어서,[11] 달리 있을 수 없다는 사실을 다른 것으로부터 도출한다. 그리고 이것은 그 자체로 가장 효과적인 금지가 된다. 왜냐하면[12] 금지되는 것은 무엇이든 허용되는 것과 달리 만들어질

(각주 7, 8에 해당하는 한글 번역 문장과 라틴어 문장의 어순이 다름)
8. 요한 14,28.
9. 재반론 참조.
10. c.5, 1015b10-15; S. Thomas, lect.6, nn.839-841.
11. Cf. I, q.2, a.3: *Tertia via*.
12. 비오판에는 'in communi'(일반적으로)가 첨가되어 있음.

namquaecumque cohibentur,[12] intantum cohiberi dicuntur, inquantum non possunt aliter facere quam de eis disponatur.

Articulus 5
Utrum naturalia contingentia[1] subsint legi aeternae[2]

Ad quintum sic proceditur. Videtur quod naturalia contingentia non subsint legi aeternae.

1. Promulgatio enim est de ratione legis, ut supra[3] dictum est. Sed promulgatio non potest fieri nisi ad creaturas rationales, quibus potest aliquid denuntiari. Ergo solae creaturae rationales subsunt legi aeternae. Non ergo naturalia contingentia.

2. Praeterea, *ea quae obediunt rationi, participant aliqualiter ratione*, ut dicitur in I *Ethic.*.[4] Lex autem aeterna est ratio summa, ut supra[5] dictum est. Cum igitur naturalia contingentia non participent aliqualiter ratione, sed penitus sint irrationabilia, videtur quod non subsint legi aeternae.

3. Praeterea, lex aeterna est efficacissima. Sed in naturalibus contingentibus accidit defectus. Non ergo subsunt legi aeternae.

---

1. 여기서 본성적으로 우유적인 것(naturalia contingentia)은 비이성적 피조물을 가리킨다.
2. 1864년 『오류 목록』(*Syllabus*)에서 교황 비오 9세에 의해 단죄된 명제 2: "인간과 세상 안에서 하느님의 모든 활동은 부정되어야 한다(26')."[DS 1702 이하(→DH 2902)] 명제 58: "물질에 정초한 힘이 아니면 다른 힘들은 인정될 수 없으며, 전체 윤리 질서와 영예는 어떤 방법으로든 부를 축적하고 증식시키며, 쾌락을 만

수 없는 한에 있어서 금지된다고 말해지기 때문이다.

제5절: 본성적으로 우유적인 것¹은 영원법 아래 있는가?²

[반론] 다섯째에 대해서는 다음과 같이 진행된다. 본성적으로 우유적인 것은 영원법 아래 있지 않은 것으로 생각된다.

1. 위에서 말했듯이,³ 공포는 법의 본성에 관한 것이기 때문이다. 그런데 공포는 어떤 것이 통지되는 것이 가능한 이성적 피조물 말고는 다른 것에 이루어질 수 없다. 따라서 오직 이성적 피조물만이 영원법 아래 있다. 그러므로 본성적으로 우유적인 것은 그렇지 않다.

2. 그 밖에도 『니코마코스 윤리학』 제1권⁴에서 말하듯이, "이성을 따르는 것은 어떤 면에서는 이성을 분유한다." 더욱이 위에서 말했듯이,⁵ 영원법은 최고의 원형이다. 따라서 본성적으로 우유적인 것은 어떤 면에서 이성을 분유하는 것이 아니라, 전적으로 비이성적이기 때문에 영원법 아래 있지 않은 것으로 보인다.

3. 그 밖에도 영원법은 가장 효력이 있는 것이다. 그런데 본성적으로 우유적인 것에는 결함이 생겨난다. 따라서 그것은 영원법 아래 있지 않다.

끽하는 데에도 설정되어야 한다(26′28′)."[DS 1758(→DH 2958)] 제1차 바티칸 공의회 제3회기 제3장: "진정 하느님께서는 '세상 끝에서 끝까지 힘차게 퍼져가며 만물을 훌륭히 통솔하시면서'[지혜 8,1], 당신의 섭리로, 창조하신 모든 것을 보호하시고 다스리신다."[DS 1784(→DH 3003)]

3. q.90, a.4.
4. c.13, 1102b25-28; 13-14; S. Thomas, lect.20, nn.239 & 236.
5. a.1.

SED CONTRA est quod dicitur *Prov.* 8,[29]: *Quando circumdabat mari terminum suum, et legem ponebat aquis ne transirent fines suos.*

RESPONDEO dicendum quod aliter dicendum est de lege hominis, et aliter de lege aeterna, quae est lex Dei. Lex enim hominis non se extendit nisi ad creaturas rationales quae homini subiiciuntur. Cuius ratio est quia lex est directiva actuum qui conveniunt subiectis gubernationi alicuius: unde nullus, proprie loquendo, suis actibus legem imponit. Quaecumque autem aguntur circa usum rerum irrationalium homini subditarum, aguntur per actum ipsius hominis moventis huiusmodi res: nam huiusmodi irrationales creaturae non agunt seipsas, sed ab aliis aguntur, ut supra[6] habitum est. Et ideo rebus irrationalibus homo legem imponere non potest, quantumcumque ei subiiciantur. Rebus autem rationalibus sibi subiectis potest imponere legem, inquantum suo praecepto, vel denuntiatione quacumque, imprimit menti earum quandam regulam quae est principium agendi.

Sicut autem homo imprimit, denuntiando, quoddam interius principium actuum homini sibi subiecto, ita etiam Deus imprimit toti naturae principia propriorum actuum. Et ideo per hunc modum dicitur Deus praecipere toti naturae; secundum illud Psalmi 148,[6]: *Praeceptum posuit, et non praeteribit.* Et per hanc etiam rationem omnes motus et actiones totius naturae legi aeternae subduntur. Unde alio modo creaturae irrationales sub-

[재반론] 그러나 반대로 잠언 8장 29절은 '자신의 한계를 어기지 않도록 바다에 자신의 경계를 두시고 물들에게 법을 주실 때'라고 말한다.

[답변] 인간의 법에 대해 말하는 것과 하느님의 법인 영원법에 대해 말하는 것은 서로 달라야 한다. 왜냐하면 인간의 법은 인간 아래에 있는 이성적 피조물을 벗어날 수 없기 때문이다. 그 이유는 법이 어떤 자의 통치 밑에 오는 자의 행위를 지도하기 때문이다. 따라서 본래적으로 말해서 누구도 자신의 행위에 법을 부여할 수는 없다. 더욱이 인간 아래 있는 비이성적인 것의 사용과 관련해서 행해지는 것은 무엇이든지, 이러한 것을 움직이는 인간 자신의 행동을 통해 이루어진다. 왜냐하면 위에서 말한 바와 같이,[6] 이러한 비이성적 피조물은 스스로 움직이는 것이 아니라 다른 것에 의해 움직여지기 때문이다. 따라서 비이성적인 것이 아무리 많이 인간 아래 있다고 하더라도, 인간은 그것에 법을 부여할 수 없다. 그러나 자신의 명령이나 공포(公布)로 행동의 원리가 되는 어떤 규칙을 그들의 마음에 각인시키는 한에 있어서, 자신 아래 있는 이성적인 것들에게는 법을 부여할 수 있다.

더욱이 통지하는 것에 의해 인간이 자신 아래 있는 인간에게 행위의 내적 원리를 각인시키는 것처럼, 하느님도 마땅한 행위의 원리를 모든 본성에 각인시킨다. 따라서 시편 148편 6절에서 '계명을 주셨고 그것은 없어지지 않을 것이다'라고 한 것처럼, 이러한 방식으로 하느님은 모든 자연(본성)에 명령을 내린다고 말하는 것이다. 그리고 이러한 이유로 자연 전체에 있는 모든 운동과 활동은 영원법 아래 있는 것이다. 따라서 이성적 피조물이 하느님의 계명을 이해하는 것과는 달리,

---

6. q.1, a.2.

duntur legi aeternae, inquantum moventur a divina providentia, non autem per intellectum divini praecepti, sicut creaturae rationales.

AD PRIMUM ergo dicendum quod hoc modo se habet impressio activi principii intrinseci, quantum ad res naturales, sicut se habet promulgatio legis quantum ad homines: quia per legis promulgationem imprimitur hominibus quoddam directivum principium humanorum actuum, ut dictum est.[7]

AD SECUNDUM dicendum quod creaturae irrationales non partici-pant ratione humana, nec ei obediunt: participant tamen, per modum obedientiae, ratione divina. Ad plura enim se extendit virtus rationis divinae quam virtus rationis humanae. Et sicut membra corporis humani moventur ad imperium rationis, non tamen participant ratione, quia non habent aliquam apprehensionem ordinatam ad rationem; ita etiam creaturae irrationales moventur a Deo, nec tamen propter hoc sunt rationales.

AD TERTIUM dicendum quod defectus qui accidunt in rebus naturalibus, quamvis sint praeter ordinem causarum particularium, non tamen sunt praeter ordinem causarum universalium; et praecipue causae primae, quae Deus est, cuius providentiam nihil subterfugere potest, ut in Primo[8] dictum est. Et quia lex aeterna est ratio divinae providentiae, ut dictum est,[9] ideo defectus rerum naturalium legi aeternae subduntur.

하느님의 섭리에 의해 움직여지는 한에 있어서 비이성적 피조물은 다른 방식으로 영원법 아래 있다.

[해답] 1. 자연적인 것에 있어서는 이러한 방식으로 행위의 내적 원리가 각인되지만, 인간에 있어서는 법의 공포가 이루어지는 것이다. 왜냐하면 위에서 말했듯이,[7] 법의 공포를 통해 인간에게 인간적 행위의 어떤 지도원리가 각인되기 때문이다.

2. 비이성적 피조물은 인간 이성을 분유하지도, 그것에 복종하지도 않는다. 그렇지만 그것은 복종이라는 방식으로 신적 이성을 분유한다. 왜냐하면 신적 이성의 힘은 인간 이성의 힘을 능가하기 때문이다. 인간 신체의 부분들은 이성으로 질서 지어진 것을 이해하지 못하기 때문에 이성의 명령에 따라 움직이면서도 이성을 분유하지 않는 것처럼, 비이성적 피조물도 신에 의해 움직여지지만 이 점 때문에 이성적인 것이 아니다.

3. 제1부에서[8] 말했듯이, 자연적인 것에 있어 생기는 결함은 개별적 원인의 질서에서는 벗어나지만 보편적 원인의 질서에서 벗어나는 것은 아니며, 특히 어떤 것도 그 섭리에서 도망칠 수 없는 하느님, 즉 제일원인에서는 벗어날 수 없다. 그리고 위에서 말했듯이,[9] 영원법은 신적 섭리의 원형이기 때문에 자연적인 것에 있어 결함은 영원법 아래 있다.

---

7. 앞의 답변.
8. q.22, a.2.
9. a.1.

Articulus 6
Utrum omnes res humanae[1] subiiciantur legi aeternae

Ad sextum sic proceditur. Videtur quod non omnes res humanae subiiciantur legi aeternae.

1. Dicit enim Apostolus, *ad Gal.* 5,[18]: *Si spiritu ducimini, non estis sub lege.* Sed viri iusti, qui sunt filii Dei per adoptionem, Spiritu Dei aguntur; secundum illud *Rom.* 8,[14]: *Qui spiritu Dei aguntur, hi filii Dei sunt.*[2] Ergo non omnes homines sunt sub lege aeterna.

2. Praeterea, Apostolus dicit, *ad Rom.* 8,[7]: *Prudentia carnis inimica est Deo: legi enim Dei subiecta non est.*[3] Sed multi homines sunt in quibus prudentia carnis dominatur. Ergo legi aeternae, quae est lex Dei, non subiiciuntur omnes homines.

3. Praeterea, Augustinus dicit, in I *de Lib. Arb.*,[4] quod *lex aeterna est qua mali miseriam, boni vitam beatam merentur.* Sed homines iam beati, vel iam damnati, non sunt in statu merendi. Ergo non subsunt legi aeternae.

---

1. 여기서 언급된 '모든 인간사'(人間事)라는 말은 인간과 관련되는 모든 것이라는 의미다.
2. 불가타 역본에는 '하느님의 영으로 인도된 사람은 누구나 하느님의 자녀이기 때문입니다'(Quicumque enim Spiritu Dei aguntur, ii sunt filii Dei)로 되어있음.

제6절: 모든 인간사(人間事)¹는 영원법 아래 있는가?

[반론] 여섯째에 대해서는 다음과 같이 진행된다. 모든 인간사가 영원법 아래 있지는 않은 것으로 생각된다.

1. 사도 바오로는 갈라티아서 5장 18절에서 '여러분이 성령의 인도를 받으면 율법 아래 있는 것이 아닙니다'라고 말하기 때문이다. 그런데 로마서 8장 14절에서 '하느님의 영의 인도를 받는 이들은 하느님의 자녀입니다'²라고 한 것처럼, 입양으로 하느님의 아들이 된 의로운 사람들은 하느님의 영(靈)에 의해 인도된다. 따라서 모든 인간이 영원법 아래 있는 것은 아니다.

2. 그 밖에도 사도 바오로는 로마서 8장 7절에서 '육신의 실천적 지혜는 하느님을 적대하는 것입니다. 왜냐하면 그것은 하느님의 법에 복종하지 않기 때문입니다'³라고 말한다. 그런데 육신의 실천적 지혜가 지배하는 수많은 사람이 있다. 따라서 모든 사람이 하느님의 법인 영원법 아래에 있는 것은 아니다.

3. 그 밖에도 아우구스티누스는 『자유의지론』 제1권⁴에서 "영원법은 그에 의해 악인이 비참을 당하고 선인들이 복된 삶으로 보상받는 것이다"라고 말한다. 그런데 이미 축복받거나 이미 저주받은 사람들은 공적에 따른 보상을 받을 위치에 있지 않다. 따라서 그들은 영원법 아래 있지 않다.

---

3. 불가타 역본에는 '육신의 지혜는 하느님에게 적대적입니다. 왜냐하면 그것은 하느님의 법 아래 있지 않기 때문입니다'(Sapientia carnis inimica est Deo, legi enim Dei non est subiecta)로 되어있음.
4. c.6, n.15: PL 32, 1229.

SED CONTRA est quod Augustinus dicit, XIX *de Civ. Dei*:[5] *Nullo modo aliquid legibus summi Creatoris Ordinatorisque*[6] *subtrahitur, a quo pax universitatis administratur.*

RESPONDEO dicendum quod duplex est modus quo aliquid subditur legi aeternae, ut ex supradictis[7] patet: uno modo, inquantum participatur lex aeterna per modum cognitionis; alio modo, per modum actionis et passionis, inquantum participatur per modum principii motivi. Et hoc secundo modo subduntur legi aeternae irrationales creaturae, ut dictum est.[8] Sed quia rationalis natura, cum eo quod est commune omnibus creaturis, habet aliquid sibi proprium inquantum est rationalis, ideo secundum utrumque modum legi aeternae subditur: quia et notionem legis aeternae aliquo modo habet, ut supra[9] dictum est; et iterum unicuique rationali creaturae inest naturalis inclinatio ad id quod est consonum legi aeternae; *sumus* enim *innati ad habendum virtutes*,[11] ut dicitur in II *Ethic.*.[10]

Uterque tamen modus imperfectus quidem est, et quodammodo corruptus, in malis; in quibus et inclinatio naturalis ad virtutem

---

5. c.12: PL 41, 640.
6. 비오판에는 'ordinationique'(질서의)로 되어있음.
7. 앞 절.
8. Ibid.
9. a.2.
10. c.1, 1103a25-26; S. Thomas, lect.1, n.249.
    (각주 10, 11에 해당하는 한글 번역 문장과 라틴어 문장의 어순이 다름)
11. (* 추가주) 아리스토텔레스를 인용한 곳에서 성 토마스가 어떻게 설명하는지 보라! "도덕적 덕은 파악된 선에 의해 움직이는 것에 따라 작동하는 욕구에 속

[재반론] 그러나 반대로 아우구스티누스는 『신국론』 제19권[5]에서 "어떤 방식으로도 어떤 것을 우주의 평화를 관장하시는 지고의 창조주이자 질서부여자의[6] 법으로부터 벗어나게 할 수는 없다"고 말한다.

[답변] 위에서 말한 바에 의해[7] 명확해졌듯이, 어떤 것이 영원법 아래 있는 것은 두 가지 방식에 의해서다. 첫째는 인식의 방법에 의해 영원법을 분유하는 한에서, 둘째는 운동원리라는 방식에 의해 분유하는 한에서 능동과 수동의 방식으로. 그리고 위에서 말했듯이,[8] 둘째 방식으로 비이성적 피조물은 영원법 아래 있게 된다. 그런데 이성적 본성은 모든 피조물에 공통적인 것을 가지고도 이성적인 한에 있어서는 자신에게만 고유한 어떤 것을 가지기 때문에, 두 가지 방식으로 모두 영원법 아래 있게 된다. 왜냐하면 위에서 말했듯이,[9] 각 이성적 피조물은 어떤 방식으로 영원법이라는 개념을 가지면서도 영원법과 일치하는 것으로의 본성적 성향을 가지고 태어나기 때문이다. 왜냐하면 『니코마코스 윤리학』 제2권[10]에서 말하듯이, "우리는 태어나면서 덕을 갖는 성향을 가지기" 때문이다.[11]

그러나 악인들에 있어서는 (영원법 아래에 있는) 두 방식 모두 불완전하고 어느 정도는 타락한다. 그들에 있어 덕을 향한 본성적 성향은

한다. 그러므로 종종 고유한 대상에 의해 움직이는 것은 종종 이와 함께 동시에 작동되어야 한다. 그리고 이로부터, 떨어지는 물방울도 돌을 파내는 것처럼, 본성의 방식으로 끌리는 어떤 성향이 귀결된다. 따라서 도덕적 덕은 본성에 의해 우리 안에 있는 것도 아니고, 우리에 있어 본성에 반하는 것도 아니라는 것이 명백하다. 그러나 확실히 우리 안에 자연적으로 만들어진 욕구적 능력이 이성을 섬기는 것이라는 한에 있어서 우리 안에는 그것들을 받아들여야 하는 본성적 적성이 있다. 하지만 확실히 우리가 종종 이성에 따라 하는 것들로부터 이성의 능력에 의해 욕구적 능력 안에 형상이 각인되는 한에 있어서 습관을 통해 우리 안에 만들어지는 것이다. 그 각인은 분명 도덕적 덕일 수밖에 없다."

depravatur per habitum vitiosum; et iterum ipsa naturalis cognitio boni in eis obtenebratur per passiones et habitus peccatorum. In bonis autem uterque modus invenitur perfectior: quia et supra cognitionem naturalem boni, superadditur eis cognitio fidei et sapientiae; et supra naturalem inclinationem ad bonum, superadditur eis interius motivum gratiae et virtutis.

Sic igitur boni perfecte subsunt legi aeternae, tanquam semper secundum eam agentes. Mali autem subsunt quidem legi aeternae, imperfecte quidem quantum ad actiones ipsorum, prout imperfecte cognoscunt et imperfecte inclinantur ad bonum: sed quantum deficit ex parte actionis, suppletur ex parte passionis, prout scilicet intantum patiuntur quod lex aeterna dictat de eis, inquantum deficiunt facere quod legi aeternae convenit. Unde Augustinus dicit, in I *de Lib. Arb.*:[12] *Iustos sub aeterna lege agere existimo.* Et in libro *de Catechizandis Rudibus*,[13] dicit quod *Deus ex iusta miseria animarum se deserentium, convenientissimis legibus inferiores partes creaturae suae novit ornare.*[14]

AD PRIMUM ergo dicendum quod illud verbum Apostoli potest intelligi dupliciter. Uno modo, ut esse sub lege intelligatur ille qui nolens obligationi legis subditur, quasi cuidam ponderi. Unde Glossa[15] ibidem dicit quod *sub lege est qui timore supplicii*

---

12. c.15, n.31: PL 32, 1238.
13. c.18: PL 40, 333.

나쁜 습성으로 인해 비뚤어지고 또한 그들 안에 있는 선에 대한 본성적 인식이 정념과 죄의 습성에 의해 어두워진다. 그러나 선인들에 있어서는 (영원법 아래에 있는) 두 가지 방식 모두 더 완전하게 발견된다. 왜냐하면 그들에게는 선에 대한 본성적 인식 위에 신앙과 지혜에 대한 인식이 더해지고, 또한 선을 향한 본성적 성향 위에 은총과 덕의 내적 동인(動因)이 더해지기 때문이다.

따라서 선인들은 항상 영원법에 따라 행동하는 한에 있어서 완전하게 영원법 아래 있다. 반면에 악인은 선을 불완전하게 인식하고 선으로 불완전하게 이끌리기 때문에, 자신의 활동에 있어서 불완전하게 영원법 아래 있다. 그러나 영원법에 맞는 것을 행하기에 부족한 만큼 영원법이 그들에 대해 명령한 바를 감당하는 한에 있어, 능동의 측면에서 부족한 것만큼 수동의 측면에서 채워진다. 따라서 아우구스티누스는 『자유의지론』 제1권[12]에서 "나는 의로운 사람들이 영원법에 따라 행동하는 것을 높이 평가한다"고 말한다. 그리고 『입문자 교리교육』[13]이라는 책에서 "하느님은 자신을 떠날 영혼들에게 합당한 비참함 때문에, 당신이 창조한 것 중 가장 낮은 부분에게 가장 적합한 법을 주실 줄[14]을 아셨다"고 말한다.

[해답] 1. 사도 바오로의 말은 두 가지로 이해될 수 있다. 첫째, 마치 어떤 것이 무게에 눌리듯이, 법의 의무에 복종하고 싶지 않은 자가 법 아래 있는 것으로 이해되는 방식이다. 따라서 '주석'[15]의 같은 구절에서는 "정의를 사랑해서가 아니라 법이 강요하는 처벌이 두려워 악을

---

14. 비오판에는 'ordinare'(질서 짓는 것)로 되어있음.
15. Ordin.: PL 114, 584 D; Lombardus: PL 192, 158 D-159 A.

quod lex minatur, non amore iustitiae, a malo opere abstinet. Et hoc modo spirituales viri non sunt sub lege: quia per caritatem, quam Spiritus Sanctus cordibus eorum infundit, voluntarie id quod legis est, implent.[16] — Alio modo potest etiam intelligi inquantum hominis opera qui Spiritu Sancto agitur, magis dicuntur esse opera Spiritus Sancti quam ipsius hominis. Unde cum Spiritus Sanctus non sit sub lege, sicut nec Filius, ut supra[17] dictum est; sequitur quod huiusmodi opera, inquantum sunt Spiritus Sancti, non sint sub lege. Et huic attestatur quod Apostolus dicit, II *ad Cor.* 3,[17]: *Ubi Spiritus Domini, ibi libertas.*[18]

AD SECUNDUM dicendum quod prudentia carnis non potest subiici legi Dei ex parte actionis: quia inclinat ad actiones contrarias legi Dei. Subiicitur tamen legi Dei ex parte passionis: quia meretur pati poenam secundum legem divinae iustitiae. — Nihilominus tamen in nullo homine ita prudentia carnis dominatur, quod totum bonum naturae corrumpatur. Et ideo remanet in homine inclinatio ad agendum ea quae sunt legis aeternae. Habitum est

---

16. (* 추가주) "갈라티아서 5장 18절에서 '여러분이 성령의 인도를 받으면 법 아래 있는 것이 아닙니다'라고 말한 것은 의례법이든 도덕법이든 법의 계명에 관한 것이라는 점을 알아야 한다. 만약 의례법에 관한 것이라면…. 그런데 만약 도덕법에 관련된 것이라면, 법 아래 있는 것은 두 가지로 이해될 수 있다. 1) 의무에 관한 한, 신앙이 깊은 모든 자는 법 아래 있다. 왜냐하면 그것은 모두에게 주어지기 때문이다. … 2) 강제에 관한 한, 정의로운 자는 법 아래 있지 않다. 왜냐하면 우리 안에 있는 성령의 움직임과 자극이 그 자극에 고유하기 때문이다. 왜냐하면 사랑은 법이 명하는 것과 같은 것으로 끌리기 때문이다. 따라서 정의로운 자는 내적인 법을 가지고 있기 때문에 법이 명한 것을 자발적으로 행하고 법 자체에 의해 강제되지 않는다. 나쁜 일을 하는 의지를 가진 자들은 법이 (주는) 수

행하는 것을 피한 사람은 법 아래 있다"고 말한다. 그리고 이 방식으로 영적인 사람들은 법 아래 있지 않다. 왜냐하면 성령이 그들의 마음에 부어넣은 사랑을 통해 법에 관한 것을 기꺼이 수행하기 때문이다.[16] ― 둘째, 성령에 의해 행동한 사람의 행위는 인간 자신의 행위라기보다는 성령의 행위라고 말해진다고 이해될 수 있다. 따라서 위에서 말했듯이,[17] 성자가 법 아래에 있지 않듯이 성령도 법 아래 있지 않다. 그리고 그러한 행위는 성령의 행위인 한, 법 아래 있지 않다는 결론이 나온다. 그리고 코린토 2서 3장 17절에서 사도 바오로는 이를 증거하여 '주님의 영이 계신 곳에는 자유가 있습니다'라고 말한다.[18]

2. 육신의 실천적 지혜는 하느님의 법에 반대되는 행동으로 끌리기 때문에, 능동의 측면에 있어 하느님의 법 아래 있을 수 없다. 그러나 신적 정의의 법에 따라 처벌을 감당하는 것이 마땅하기 때문에, 수동의 측면에 있어서는 하느님의 법 아래 있다. ― 그렇지만 어떤 인간에 있어서도 본성의 모든 선이 타락할 만큼 육신의 실천적 지혜가 지배하지는 않는다. 따라서 영원법에 맞는 것을 행하는 것으로의 성향은

치심과 공포에 의해 억제되어 의로운 일을 억지로 하게 되는 것이다. 그리고 정의로운 자들은 구속력 있는 법 아래만 있고, 불의한 자들만이 그 아래 있는 법으로 강제되지 않는다." *In Gal.*, c.5, lect.5.
17. a.4, ad2.
18. (* 추가주) "자신에게 원인이 되는 자는 자유롭다. 그런데 주인에게 원인이 되는 사람은 종이다. 따라서 스스로에 의해 행동하는 자는 누구든지 자유롭게 행동하는 것이고, 다른 운동에 의해 행동하는 자는 자유롭지 않게 행동하는 것이다. 따라서 (그것이) 악하기 때문이 아니라 주님의 명령이기 때문에 악을 피하는 자는 자유롭다. 신법이 명하면 사랑에 의해 (이것을) 힘쓰기 위해, 선한 습성을 통해 내적 정신을 완성하는 성령이 이것을 한다. 그러므로 신법 아래 있기 때문이 아니라 선한 습성에 의해 신법이 명한 바를 행하는 쪽으로 이끌리는 자는 자유롭다고 말해진다." *In Ep. II ad Cor.*, c.3, lect.3.

enim supra[19] quod peccatum non tollit totum bonum naturae.[20]

AD TERTIUM dicendum quod idem est per quod aliquid conservatur in fine, et per quod movetur ad finem: sicut corpus grave gravitate quiescit in loco inferiori, per quam etiam ad locum ipsum movetur. Et sic dicendum est quod, sicut secundum legem aeternam aliqui merentur beatitudinem vel miseriam, ita per eandem legem in beatitudine vel miseria conservantur. Et secundum hoc, et beati et damnati subsunt legi aeternae.

---

19. q.85, a.2.

인간에게 남아있다. 왜냐하면 위에서[19] 말한 바와 같이 죄는 본성의 모든 선을 파괴하지 않기 때문이다.[20]

3. 어떤 것을 끝까지 보존하는 것과 끝까지 움직이게 하는 것은 같은 원인에 의해서이다. 중력에 의해 무거운 물체가 낮은 곳에 가만히 있는 것처럼 중력을 통해 같은 장소로 움직여지기도 하는 것이다. 그러므로 영원법에 따라 어떤 자는 지복을, 어떤 자는 비참함을 받을 만한 것처럼, 같은 법에 따라 지복 또는 비참함에 계속 있는 것이라고 말해야 한다. 그리고 이에 따라 축복받은 자와 저주받은 자는 영원법 아래 있는 것이다.

---

20. Vide II-II, q.55, a.2, ad2.

QUAESTIO XCIV
DE LEGE NATURALI
in sex articulos divisa

Deinde considerandum est de lege naturali.¹
Et circa hoc quaeruntur sex.
Primo: quid sit lex naturalis.
Secundo: quae sint praecepta legis naturalis.
Tertio: utrum omnes actus virtutum sint de lege naturali.
Quarto: utrum lex naturalis sit una apud omnes.
Quinto: utrum sit mutabilis.
Sexto: utrum possit a mente hominis deleri.

Articulus 1
Utrum lex naturalis sit habitus¹

Ad primum sic proceditur. Videtur quod lex naturalis sit habitus.

1. Quia ut Philosophus dicit, in II *Ethic.*,² *tria sunt in anima:*

---

1. Cf. q.93, Introd.

제94문
자연법에 대하여
(전6절)

다음으로 자연법에 대해 고찰해야 한다.[1]
이 [주제]에 대해서는 여섯 가지 문제가 제기된다.
1. 자연법은 무엇인가?
2. 자연법의 계명은 무엇인가?
3. 덕의 모든 행위는 자연법에서 나오는 것인가?
4. 모두에게 자연법은 하나인가?
5. 자연법은 개정될 수 있는가?
6. 자연법은 인간의 마음에서 지워질 수 있는가?

제1절: 자연법은 습성[1]인가?

[반론] 첫째에 대해서는 다음과 같이 진행된다. 자연법은 습성인 것으로 생각된다.

1. 철학자가 『니코마코스 윤리학』 제2권[2]에서 "영혼에는 능력, 습성,

---

1. 습성(習性)은 능력태(能力態)라고도 번역된다. 이는 아리스토텔레스의 품성상태(hexis)에 해당하는 것으로 반복된 행동을 통해 습관화된 성향을 말한다.
2. c.4, 1105b20-21; S. Thomas, lect.5, n.290.

potentia, habitus et passio. Sed naturalis lex non est aliqua potentiarum animae, nec aliqua passionum: ut patet enumerando per singula. Ergo lex naturalis est habitus.

2. Praeterea, Basilius[3] dicit quod conscientia,[4] sive synderesis, est *lex intellectus nostri*: quod non potest intelligi nisi de lege naturali. Sed synderesis est habitus quidam, ut in Primo[5] habitum est. Ergo lex naturalis est habitus.

3. Praeterea, lex naturalis semper in homine manet, ut infra[6] patebit. Sed non semper ratio hominis, ad quam lex pertinet, cogitat de lege naturali. Ergo lex naturalis non est actus, sed habitus.

SED CONTRA est quod Augustinus dicit, in libro *de Bono Coniugali*,[7] quod *habitus est quo aliquid agitur cum opus est*.[8] Sed naturalis lex non est huiusmodi: est enim in parvulis et damnatis, qui per eam agere non possunt. Ergo lex naturalis non est habitus.

RESPONDEO dicendum quod aliquid potest dici esse habitus dupliciter. Uno modo, proprie et essentialiter: et sic lex naturalis non est habitus. Dictum est enim supra[9] quod lex naturalis est

---

3. Cf. *In Hexcem.*, hom. VII, n.5: PG 29, 157 C; *In princ. Prov.*, hom. XII, n.9: PG 31, 405 C. — Vide Damascenum, *De fide orth.*, IV, c.22: PG 94, 1200 A.
4. 사변이성에 있어 본성적으로 자명하게 알려지는 기본명제들이 있는 것처럼, 실천이성에 있어서도 자명하게 알려지는 기본명제들이 있는데 그것이 양지(synderesis)라는 습성이다. 그 내용은 선을 추구하고 악을 피하라는 것이다. 이에 반해 양심(scientia)은 근원으로서의 능력태인 양지가 구체적으로 나타나는 행위

정념, 세 가지가 있다"고 말하기 때문이다. 그런데 하나씩 열거해 보면 밝혀지듯이, 자연법은 영혼의 능력 가운데 어떤 것도 아니고 정념 가운데 어떤 것도 아니다. 따라서 자연법은 습성이다.

2. 그 밖에도 바실리우스[3]는 양심 또는 양지(良知)[4]가 '우리 지성의 법'이라고 말하는데, 이는 자연법에 대한 것으로 이해할 수밖에 없다. 그런데 제1부[5]에서 말했듯이 양지는 어떤 습성이다. 따라서 자연법은 습성이다.

3. 그 밖에도 아래에서[6] 밝히듯이, 자연법은 항상 인간 안에 있다. 그런데 법이 속하는 인간 이성은 항상 자연법에 대해 생각하는 것은 아니다. 따라서 자연법은 작용이 아니라 습성이다.

[재반론] 그러나 반대로 아우구스티누스는 『혼인의 유익』[7]이라는 책에서 "습성이란 필요할 때에 어떤 것을 하게 하는 것"[8]이라고 말한다. 그런데 자연법은 이와 같지 않다. 왜냐하면 그것에 의해 행위할 수 없는 어린아이나 단죄(斷罪)된 자 안에도 있기 때문이다. 따라서 자연법은 습성이 아니다.

[답변] 어떤 것은 두 가지 방식으로 습성이라고 불린다. 첫째, 본래적으로 그리고 본질적으로. 이에 따르면 자연법은 습성이 아니다. 왜냐하면 위에서 말했듯이,[9] 명제가 이성의 어떤 작품이듯이 자연법은 이

(actus)다. 이에 대해서는 제1부 제79문 제12절, 제13절을 참조하라.
5. q.79, a.12.
6. a.6.
7. c.21: PL 40, 390.
8. Cf. q.49, a.3 *sed c.*
9. q.90, a.1, ad2.

aliquid per rationem constitutum: sicut etiam propositio est quoddam opus rationis. Non est autem idem quod quis agit, et quo quis agit: aliquis enim per habitum grammaticae agit orationem congruam. Cum igitur habitus sit quo quis agit, non potest esse quod lex aliqua sit habitus proprie et essentialiter.

Alio modo potest dici habitus id quod habitu tenetur: sicut dicitur fides id quod fide tenetur.[10] Et hoc modo, quia praecepta legis naturalis quandoque considerantur in actu a ratione, quandoque autem sunt in ea habitualiter tantum, secundum hunc modum potest dici quod lex naturalis sit habitus. Sicut etiam principia indemonstrabilia in speculativis non sunt ipse habitus[11] principiorum,[12] sed sunt principia quorum est habitus.[13]

AD PRIMUM ergo dicendum quod Philosophus intendit ibi investigare genus virtutis: et cum manifestum sit quod virtus sit quoddam principium actus, illa tantum ponit quae sunt principia humanorum actuum, scilicet potentias, habitus et passiones. Praeter haec autem tria sunt quaedam alia in anima: sicut quidam actus, ut velle est in volente; et etiam cognita sunt in cognoscente; et proprietates naturales animae insunt ei, ut immortalitas et alia huiusmodi.

AD SECUNDUM dicendum quod synderesis dicitur lex intellec-

---

10. Cf. q.55, a.1, ad1; II-II, q.4, a.6.
11. 비오판에는 'ipsi habitus'(습성 자체)로 되어있음.

성을 통해 구성된 어떤 것이다. 그러나 어떤 자가 한 것(결과)과 그것으로 어떤 자가 하는 것(방법)은 다르다. 왜냐하면 어떤 자는 문법이라는 습성에 의해 적절한 화법을 구사하기 때문이다. 습성은 그것으로 어떤 자가 하는 것(방법)이기 때문에, 어떤 법이 본래적이고 본질적으로 습성일 수는 없다.

둘째, 신앙으로 간직하는 것이 신앙이라고 불리듯이,[10] 습성적으로 간직하는 것은 습성이라고 불릴 수 있다. 그리고 이와 같은 방식으로 자연법의 계명은 때로는 이성에 의해 현실태에 있어서 고려되기도 하지만, 때로는 이성 안에 습성적으로만 있다. 그리고 후자의 방식으로 자연법은 습성이라고 불린다. 따라서 사변적인 것에 있어서 논증불가능한 원리는 그 자체가 원리의 습성(지성)[11]이 아니라[12] 습성을 갖게 하는 원리이다.[13]

[해답] 1. 거기서 철학자의 의도는 덕의 류(類)를 탐구하는 것이었다. 그리고 덕은 행위의 어떤 원리라는 것이 명백하기 때문에, 능력, 습성, 정념이라는 인간적 행위의 원리만이 있다고 제시했던 것이다. 그러나 영혼 안에는 이 셋 외에 다른 어떤 것이 있다. 원하는 자 안에 원하는 행위가 있는 것처럼 어떤 행위가 있고, 또한 인식하는 자 안에 인식되는 것이 있으며, 불멸성과 다른 이와 비슷한 것처럼 자연적 고유성이 영혼 안에 있다.

2. 습성이 인간적 행위의 제일원리인 자연법의 계명을 가지는 한에

---

12. Cf. q.57, aa.1-2.
13. 따라서 "본래적으로 말하자면 양지는 자연법의 습성이지 법 자체는 아니다." 카에타누스의 본문 주해.

tus nostri, inquantum est habitus continens praecepta legis naturalis, quae sunt prima principia operum humanorum.

AD TERTIUM dicendum quod ratio illa concludit quod lex naturalis habitualiter tenetur. Et hoc concedimus.

Ad id vero quod in contrarium obiicitur, dicendum quod eo quod habitualiter inest, quandoque aliquis uti non potest propter aliquod impedimentum: sicut homo non potest uti habitu scientiae propter somnum. Et similiter puer non potest uti habitu intellectus principiorum, vel etiam lege naturali, quae ei habitualiter inest, propter defectum aetatis.

ARTICULUS 2

Utrum lex naturalis contieat plua praecpta, vel unum tantum

Ad secundum sic proceditur. Videtur quod lex naturalis non contineat plura praecepta, sed unum tantum.

1. Lex enim continetur in genere praecepti, ut supra[1] habitum est. Si igitur essent multa praecepta legis naturalis, sequeretur quod etiam essent multae leges naturales.

2. Praeterea, lex naturalis consequitur hominis naturam. Sed humana natura est una secundum totum, licet sit multiplex secundum partes. Aut ergo est unum praeceptum tantum legis naturae, propter unitatem totius: aut sunt multa, secundum multi-

있어서 양지는 우리 지성의 법이라고 말한다.

3. 그 논증은 자연법이 습성적으로 유지된다고 결론짓는다. 그리고 우리는 이에 동의한다.

이에 대한 반론에 대해서는 다음과 같이 말하여야 한다. 인간이 잠 때문에 지식의 습성을 사용할 수 없는 것처럼, 어떤 사람은 때로는 어떤 장애 때문에 습성적으로 자신 안에 있는 것을 사용할 수 없다. 마찬가지로 아이는 나이가 어리기 때문에 원리를 이해하는 습성이나 습성적으로 그 안에 있는 자연법을 사용할 수 없다.

제2절: 자연법은 계명을 여러 개 가지는가, 하나만 가지는가?

Parall.: *In Sent.*, IV, d.33, q.1, a.1; *Suppl.*, q.65, a.1.

[반론] 둘째에 대해서는 다음과 같이 진행된다. 자연법은 여러 개의 계명이 아니라 단 하나의 계명을 가지는 것으로 생각된다.

1. 위에서 말했듯이,[1] 법은 계명이라는 류(類)에 포함되기 때문이다. 따라서 자연법에 많은 계명이 있다면 많은 자연법이 있어야 한다는 결론이 나온다.

2. 그 밖에도 자연법은 인간 본성에서 나오는 것이다. 그런데 인간 본성은 비록 그 부분에 관해서는 여러 개이지만 전체에 있어서는 하나다. 따라서 전체의 단일성 때문에 자연의 법에 단 하나의 계명만이 있든지, 아니면 인간 본성의 부분들의 다수성 때문에 여러 개가 있든

---

1. q.92, a.2.

tudinem partium humanae naturae. Et sic oportebit quod etiam ea quae sunt de inclinatione concupiscibilis, pertineant ad legem naturalem.

3. Praeterea, lex est aliquid ad rationem pertinens, ut supra² dictum est. Sed ratio in homine est una tantum. Ergo solum unum praeceptum est legis naturalis.

SED CONTRA est quia sic se habent praecepta legis naturalis in homine quantum ad operabilia, sicut se habent prima principia in demonstrativis. Sed prima principia indemonstrabilia sunt plura. Ergo etiam praecepta legis naturae sunt plura.

RESPONDEO dicendum quod, sicut supra³ dictum est, praecepta legis naturae hoc modo se habent ad rationem practicam, sicut principia prima demonstrationum se habent ad rationem speculativam: utraque enim sunt quaedam principia per se nota.⁴ Dicitur autem aliquid per se notum dupliciter: uno modo, secundum se; alio modo, quoad nos.⁵ Secundum se quidem quaelibet propositio dicitur per se nota, cuius praedicatum est de ratione subiecti: contingit tamen quod ignoranti definitionem subiecti, talis propositio non erit per se nota. Sicut ista propositio, *Homo est rationale*, est per se nota secundum sui naturam, quia qui dicit hominem, dicit rationale: et tamen ignoranti quid sit homo, haec propositio non est per se nota. Et inde est quod, sicut

지 둘 중 하나다. 그렇다면 욕정적인 성향에 관한 것도 자연법에 속한다고 해야 할 것이다.

3. 그 밖에도 위에서 말했듯이,[2] 법은 이성에 속하는 어떤 것이다. 그런데 인간에게 있어 이성은 오직 하나다. 따라서 자연법에는 오직 하나의 계명만이 있다.

[재반론] 그러나 반대로 인간에게 있어 자연법의 계명이 실천적인 것들과 갖는 관계는 제일원리가 논증적인 것들과 갖는 관계와 같다. 그런데 논증 불가능한 제일원리는 여럿이다. 따라서 자연의 법의 계명도 여럿이다.

[답변] 위에서 말했듯이,[3] 자연의 법의 계명이 실천이성에 대해 갖는 관계는 논증의 제일원리가 사변이성에 대해 갖는 관계와 같다. 왜냐하면 둘 다 어떤 자명한 원리이기 때문이다.[4] 그런데 어떤 것이 자명한 것은 두 가지 방식에 의해서다. 첫째는 그 자체로, 둘째는 우리와 관련해서.[5] 왜냐하면 무슨 명제든지 그 자체로 술어가 주어의 개념에 관한 것이면 자명하다고 말하기 때문이다. 그러나 주어의 정의를 모르는 자에게는 그러한 명제가 자명하지 않을 수 있다. 예를 들어 '인간은 이성적이다'와 같은 명제는 그 본성에 따라 자명하다. 왜냐하면 인간이라고 말하는 것은 이성적이라고 말하는 것이기 때문이다. 그러나 인간이 무엇인지 모르는 자에게는 이 명제가 자명하지 않다. 보에티우

---

2. q.90, a.1.
3. q.91, a.3.
4. Cf. q.10, a.1.
5. Cf. I, q.2. a.1.

dicit Boetius, in libro *de Hebdomad.*,⁶ quaedam sunt dignitates vel propositiones per se notae communiter omnibus: et huiusmodi sunt illae propositiones quarum termini sunt omnibus noti, ut, *Omne totum est maius sua parte,* et, *Quae uni et eidem sunt aequalia, sibi invicem sunt aequalia.* Quaedam vero propositiones sunt per se notae solis sapientibus, qui terminos propositionum intelligunt quid significent: sicut intelligenti quod angelus non est corpus, per se notum est quod non est circumscriptive in loco, quod non est manifestum rudibus, qui hoc non capiunt.

In his autem quae in apprehensione omnium cadunt, quidam ordo invenitur. Nam illud quod primo cadit in apprehensione, est ens, cuius intellectus includitur in omnibus quaecumque quis apprehendit. Et ideo primum principium indemonstrabile est quod *non est simul affirmare et negare,* quod fundatur supra rationem entis et non entis: et super hoc principio omnia alia fundantur, ut dicitur in IV *Metaphys..*⁷ Sicut autem ens est primum quod cadit in apprehensione simpliciter, ita bonum est primum quod cadit in apprehensione practicae rationis, quae ordinatur ad opus:⁸ omne enim agens agit propter finem, qui habet rationem boni.⁹ Et ideo primum principium in ratione practica est quod fundatur supra rationem boni, quae est, *Bonum est quod omnia appetunt.* Hoc est ergo primum praeceptum legis, quod bonum est faciendum et prosequendum, et malum vitandum. Et super hoc fundantur

---

6. Al. *An omne quod est, sit bonum*: PL 64, 1311 B; S. Thomas, prooem.

스가 『데 헵도마디부스』[6]라는 책에서 말하듯이, "그러므로 공리나 모두에게 공히 자명한 명제가 있다." 그리고 "모든 전체는 그 부분보다 크다"라든가 "동일하고 하나인 것과 같은 것들은 서로 같은 것들이다"와 같이, 그 용어가 모두에게 알려진 명제도 이와 같다. 그러나 어떤 명제는 그 명제의 용어가 무엇을 의미하는지 이해하는 현명한 자들에게만 자명하다. 마치 천사는 신체적이지 않다는 것을 이해하는 자들에게 천사가 제한된 의미로 어떤 장소에 있지 않다는 것이 자명한 것과 같다. 그러나 이를 파악하지 못하는 무식한 자들에게는 자명하지 않다.

반면 모든 사람이 이해하는 범위에서 어떤 질서가 발견된다. 왜냐하면 이해라는 것의 첫 대상이 되는 것은 존재자[有]와, 그것에 대한 이해는 어떤 자가 이해하는 모든 것에 포함되기 때문이다. 따라서 논증불가능한 제일원리는 '어떤 것을 동시에 긍정하고 부정하는 것은 불가능하다'인데 이것은 존재자[有]와 비존재자[非有]라는 개념에 기반하는 것이다. 그리고 『형이상학』 제4권[7]에서 말하듯이, 이 원리에 다른 모든 것이 기초하고 있다. 그런데 단적으로 지성에 최초로 포함되는 것이 존재자[有]인 것처럼, 실천이성에 최초로 포함되는 것이 선(善)인데, 그것은 행위로 질서 짓는 것이다.[8] 왜냐하면 목적 때문에 행동하는 모든 사람은 선이라는 개념을 가지고 있기 때문이다.[9] 따라서 실천이성에 있어 제일원리는 선이라는 개념 위에 기초 지어지는데, 그것은 "선은 모든 것이 추구하는 것이다"이다. 따라서 법의 이 일차적 계명은 "선은 행해야 하고 추구해야 하는 것이고, 악은 피해야 하는 것

---

7. c.3, 1005b29-34; S. Thomas, lect.6, nn.603-605. Cf. II-II, q.1, a.7.
8. Cf. q.10, a.1.
9. Cf. q.1, a.1.

omnia alia praecepta legis naturae: ut scilicet omnia illa facienda vel vitanda pertineant ad praecepta legis naturae, quae ratio practica naturaliter apprehendit esse bona humana.

Quia vero bonum habet rationem finis, malum autem rationem contrarii, inde est quod omnia illa ad quae homo habet naturalem inclinationem, ratio naturaliter apprehendit ut bona, et per consequens ut opere prosequenda, et contraria eorum ut mala et vitanda. Secundum igitur ordinem inclinationum naturalium, est ordo praeceptorum legis naturae. Inest enim primo inclinatio homini ad bonum secundum naturam in qua communicat cum omnibus substantiis: prout scilicet quaelibet substantia appetit conservationem sui esse secundum suam naturam. Et secundum hanc inclinationem, pertinent ad legem naturalem ea per quae vita hominis conservatur, et contrarium impeditur.[10] — Secundo inest homini inclinatio ad aliqua magis specialia, secundum naturam in qua communicat cum ceteris animalibus. Et secundum hoc, dicuntur ea esse de lege naturali *quae natura omnia animalia docuit*,[12] ut est coniunctio maris et feminae, et educatio liberorum, et similia.[11] — Tertio modo inest homini inclinatio ad bonum secundum naturam rationis, quae est sibi propria: sicut homo habet naturalem inclinationem ad hoc quod veritatem cognoscat de Deo,[13] et ad hoc quod in societate vivat.[14] Et secundum hoc, ad legem naturalem pertinent ea quae ad huiusmodi inclinationem spectant: utpote quod homo

이다"이다. 그리고 이것 위에 자연의 법의 다른 모든 계명이 기초 지어진다. 즉 행해야 하고 피해야 하는 모든 것은 자연의 법의 계명에 속하는데, 이것은 실천이성이 인간의 선이라고 본성적으로 이해한 것들이다.

그러나 선은 목적의 본성을 가지고 악은 그 반대의 본성을 가지기 때문에, 인간이 자연적 성향을 가지고 향하는 모든 것은 이성에 의해 본성적으로 선으로, 결과적으로 추구해야 하는 것으로, 그 반대는 악으로, 피해야 하는 것으로 파악된다. 따라서 자연적 성향의 질서에 따라 자연의 법의 계명의 질서가 있는 것이다. 왜냐하면 첫째, 인간에게는 모든 실체와 공유하는 본성에 따라 선을 향한 첫 번째 성향이 있다. 모든 실체가 자신의 본성에 따라 자신의 존재를 보존하기를 욕구한다는 점에서 그러하다. 그리고 이 성향에 따라 인간의 생명을 보존하고 그 반대되는 것을 막는 것은 자연법에 속하는 것이다.[10] — 둘째, 인간에게는 다른 동물과 공유하는 본성에 따라 더 특별한 어떤 것으로의 성향이 내재되어 있다. 그리고 이에 따라 암수의 결합, 자녀 교육 등과 같이[11] '자연이 모든 동물에게 가르친'[12] 바들이 자연법에 관한 것이라고 말해진다. — 셋째, 인간에게는 자신에게 고유한 이성의 본성에 따라 선으로 향하는 성향이 내재되어 있다. 즉 인간은 하느님에 대한 진리를 인식하려는 성향[13]과 사회 안에서 살려는 자연적 성향[14]을 가진다. 그리고 이에 따라 이러한 성향에 관한 것들은 자연법에 속하게 된다. 즉 인간이 무지를 피하는 것, 같이 더불어 살아야 하는 사

---

10. Cf. *ScG*, III, c.129, § *Amplius*.
11. Cf. *ScG*, III, c.129, § *Item*.
 (각주 11, 12에 해당하는 한글 번역 문장과 라틴어 문장의 어순이 다름)
12. *Dig.*, I, tit.,1 leg.1.
13. Cf. *ScG*, III, c.129, § *Praeterea. Unicuique*.
14. Cf. *ScG*, III, c.129, § *Adhuc*.

ignorantiam vitet, quod alios non offendat cum quibus debet conversari, et cetera huiusmodi quae ad hoc spectant.

AD PRIMUM ergo dicendum quod omnia ista praecepta legis naturae, inquantum referuntur ad unum primum praeceptum, habent rationem unius legis naturalis.

AD SECUNDUM dicendum quod omnes inclinationes quarumcumque partium humanae naturae, puta concupiscibilis et irascibilis, secundum quod regulantur ratione, pertinent ad legem naturalem, et reducuntur ad unum primum praeceptum, ut dictum est.[15] Et secundum hoc, sunt multa praecepta legis naturae in seipsis, quae tamen communicant in una radice.

AD TERTIUM dicendum quod ratio, etsi in se una sit, tamen est ordinativa omnium quae ad homines spectant. Et secundum hoc, sub lege rationis continentur omnia ea quae ratione regulari possunt.

ARTICULUS 3
Utrum omnes actus virtutum sint de lege naturae

Ad tertium sic proceditur. Videtur quod non omnes actus virtutum sint de lege naturae.

1. Quia, ut supra[1] dictum est, de ratione legis est ut ordinetur ad bonum commune. Sed quidam virtutum actus ordinantur ad

람의 마음을 상하게 하지 않는 것, 그리고 여기에 속하는 이와 같은 다른 성향을 말한다.

[해답] 1. 자연의 법의 이 모든 계명은, 하나의 일차적 계명에서 나오는 한에 있어, 한 자연법의 본성을 가진다.

2. 위에서 말했듯이,[15] 욕정적 부분이나 분노적 부분과 같은, 인간 본성의 어떤 부분에 있어서든 모든 성향은 이성에 의해 규제되는 한에 있어서, 자연법에 속하고 하나의 일차적 계명으로 환원된다. 그리고 이에 따라 자연의 법의 계명들은 그 자체에 있어서는 많지만, 하나의 근원으로 통한다.

3. 이성은 비록 그 자체에 있어서는 하나지만, 인간에 관계되는 모든 것에 있어 지도적 역할을 한다. 이에 따라 이성에 의해 규제될 수 있는 것은 모두 이성의 법 아래 포함된다.

제3절: 덕의 모든 행위는 자연법에서 나오는 것인가?

[반론] 셋째에 대해서는 다음과 같이 진행된다. 덕의 모든 행위가 자연법에서 나오는 것은 아닌 것으로 생각된다.

1. 위에서 말했듯이,[1] 공동선으로 질서 지어지는 것은 법의 본성에 속하는 것이기 때문이다. 그런데 무엇보다도 절제의 행위에 있어 밝혔듯이, 덕의 어떤 행위들은 어떤 자의 개인적 선을 향해 질서 지어진

---

15. 앞의 답변.

1. q.90, a.2.

bonum privatum alicuius: ut patet praecipue in actibus temperantiae. Non ergo omnes actus virtutum legi subduntur naturali.

2. Praeterea, omnia peccata aliquibus virtuosis actibus opponuntur. Si igitur omnes actus virtutum sint de lege naturae, videtur ex consequenti quod omnia peccata sint contra naturam. Quod tamen specialiter de quibusdam peccatis dicitur.

3. Praeterea, in his quae sunt secundum naturam, omnes conveniunt. Sed in actibus virtutum non omnes conveniunt: aliquid enim est virtuosum uni, quod est alteri vitiosum. Ergo non omnes actus virtutum sunt de lege naturae.

SED CONTRA est quod Damascenus dicit, in III libro,[2] quod *virtutes sunt naturales.*[3] Ergo et actus virtuosi subiacent legi naturae.

RESPONDEO dicendum quod de actibus virtuosis dupliciter loqui possumus: uno modo, inquantum sunt virtuosi; alio modo, inquantum sunt tales actus in propriis speciebus considerati. Si igitur loquamur de actibus virtutum inquantum sunt virtuosi, sic omnes actus virtuosi pertinent ad legem naturae. Dictum est enim[4] quod ad legem naturae pertinet omne illud ad quod homo inclinatur secundum suam naturam. Inclinatur autem unumquodque naturaliter ad operationem sibi convenientem secundum suam formam: sicut ignis ad calefaciendum. Unde cum

---

2. *De fide orth.*, III, c.14; PG 94, 1045 A.

다. 따라서 덕의 모든 행위가 자연법 아래 있는 것은 아니다.

2. 그 밖에도 모든 죄는 어떤 유덕한 행위에 대립된다. 따라서 만약 덕의 모든 행위가 자연의 법에서 나온다면 결과적으로 모든 죄는 본성에 반하는 것이 된다. 그러나 이것은 특별히 어떤 죄들에만 해당된다.

3. 그 밖에도 본성에 따르는 것들에 있어 모든 것은 공통적이다. 그러나 덕의 행위에 있어서는 모두가 공통적이지 않다. 왜냐하면 어떤 것이 어떤 한 사람에게 있어서는 유덕하지만 다른 사람에게 있어서는 악덕이 되기 때문이다. 따라서 덕의 모든 행위가 자연의 법에서 나오는 것은 아니다.

[재반론] 그러나 반대로 다마쉐누스는 『정통신앙론』 제3권[2]에서 "덕은 자연적이다"[3]라고 말한다. 따라서 유덕한 행위는 자연의 법 아래 있다.

[답변] 우리는 유덕한 행위에 대해 두 가지로 말할 수 있다. 첫째는 유덕한 한에 있어서, 둘째는 그러한 행위가 그 고유한 종에 있어 고려되는 한에 있어서다. 따라서 유덕한 한에 있어 덕의 행위에 대해 우리가 말하면, 유덕한 모든 행위는 자연의 법에 속한다. 왜냐하면 인간이 자신의 본성에 따라 이끌리는 모든 것은 자연의 법에 속한다고 말하기[4] 때문이다. 그런데 불이 가열하는 것으로 이끌리는 것처럼 모든 것은 자신의 형상에 따라 스스로에게 적합한 행위로 본성적으로 이끌린다. 따라서 이성적 영혼이 인간의 고유한 형상이기 때문에, 이성에 따

---

3. Cf. q.63, a.1.
4. 앞 절.

anima rationalis sit propria forma hominis, naturalis inclinatio inest cuilibet homini ad hoc quod agat secundum rationem.⁵ Et hoc est agere secundum virtutem. Unde secundum hoc, omnes actus virtutum sunt de lege naturali: dictat enim hoc naturaliter unicuique propria ratio, ut virtuose agat.⁶ — Sed si loquamur de actibus virtuosis secundum seipsos, prout scilicet in propriis speciebus considerantur, sic non omnes actus virtuosi sunt de lege naturae. Multa enim secundum virtutem fiunt, ad quae natura non primo inclinat;⁷ sed per rationis inquisitionem ea homines adinvenerunt,⁸ quasi utilia ad bene vivendum.

AD PRIMUM ergo dicendum quod temperantia est circa concupiscentias naturales cibi et potus et venereorum, quae quidem ordinantur ad bonum commune naturae, sicut et alia legalia ordinantur ad bonum commune morale.

AD SECUNDUM dicendum quod natura hominis potest dici vel illa quae est propria homini: et secundum hoc, omnia peccata, inquantum sunt contra rationem, sunt etiam contra naturam, ut patet per Damascenum, in II libro.⁹ Vel illa quae est communis homini et aliis animalibus: et secundum hoc, quaedam specialia peccata dicuntur esse contra naturam; sicut contra commixtionem maris et

---

5. Cf. q.18, a.5.
6. 사실 '자연적 이성은 각자에게 이성에 따라 행동하라고 명한다': II-II, q.47, a.7. '한편 이성에 따르는 유덕한 행위들은 인간 본성에 공통적이지만, 이성에 반

라 행동하려는 자연적인 성향이 모든 인간에게 내재하는 것이다.[5] 그리고 이것이 덕에 따라 행동하는 것이다. 따라서 이에 따라 덕의 모든 행위는 자연법에서 나오게 된다. 왜냐하면 각자에게 고유한 이성은 이것 즉 유덕하게 행동하라고 본성적으로 명하기 때문이다.[6] — 그러나 우리가 유덕한 행위를 그 자체로 말한다면, 즉 그 고유한 종에 있어 고려한다면, 모든 유덕한 행위가 자연의 법에서 나오는 것은 아니다. 왜냐하면 처음에는 본성이 이끌지 않은 많은 것[7]을 덕에 따라 하게 되기 때문이다. 그러나 이성의 탐구를 통해 인간은 그것이 잘 사는 것에 유익한 것임을 알게 되는 것이다.[8]

[해답] 1. 절제는 먹고 마시며 성교하는 본성적 욕망에 관한 것이다. 다른 법적인 것들이 도덕적 공동선으로 질서 지어져 있듯이, 그것은 자연의 공동선을 향해 질서 지어져 있다.

2. 인간 본성은 (두 가지로) 말할 수 있다. 첫째, 인간에게 고유한 것으로, 다마쉐누스가 『정통신앙론』 제2권[9]에서 밝혔듯이, 모든 죄는 이성에 반하는 한에 있어 본성에도 반한다. 둘째, 인간과 다른 동물들에 공통적인 것으로, 이에 따르면 어떤 특별한 죄가 본성에 반하는 것으로 말한다. 즉 남성끼리의 성교는 모든 동물에 있어 자연적인 암수의 결합에 반하는 것으로, 본성에 반하는 악덕이라고 특별히 말한다.[10]

하는 악덕의 행위들은 인간 본성과 맞지 않는다': I-II, q.54, a.3.
7. 원문을 직역하면 '처음에는 본성이 그것으로 이끌지 않은 많은 것'인데, '애초에는 본성에 따라 즉각적으로 끌리지 않았던 행동들'이라는 의미다.
8. Cf. II-II, q.57, a.3.
9. De fide orth., II, cc.4 & 30: PG 94, 876 A, 976 A. — Cf. IV, c.20: PG 94, 1196 B.
10. Cf. II-II, q.154, a.11.

feminae, quae est naturalis omnibus animalibus, estconcubitus masculorum, quod specialiter dicitur vitium contra naturam.[10]

AD TERTIUM dicendum quod ratio illa procedit de actibus secundum seipsos consideratis.[11] Sic enim, propter diversas hominum conditiones, contingit quod aliqui actus sunt aliquibus virtuosi, tanquam eis proportionati et convenientes, qui tamen sunt aliis vitiosi, tanquam eis non proportionati.

ARTICULUS 4
Utrum lex naturae sit una[1] apud omnes

Ad quartum sic proceditur. Videtur quod lex naturae non sit una apud omnes.

1. Dicitur enim in *Decretis*, dist. 1,[2] quod *ius naturale est quod in Lege et in Evangelio continetur*. Sed hoc non est commune omnibus: quia, ut dicitur *Rom.* 10,[16], *non omnes obediunt Evangelio*. Ergo lex naturalis non est una apud omnes.

2. Praeterea, *ea quae sunt secundum legem, iusta esse dicuntur*, ut dicitur in V *Ethic.*.[3] Sed in eodem libro[4] dicitur quod nihil est ita iustum apud omnes, quin apud aliquos diversificetur. Ergo lex

---

11. 본론에서 구분한 유덕한 행위의 두 종류 중 두 번째 것, 즉 행위를 그 자체에 있어서 특정한 종류의 행위라고 볼 때라는 의미다.

1. '같은 것'이라는 의미다. 즉 숫자로서의 하나가 아니라 본성적으로 같은 것이라

3. 이 논증은 행위를 그 자체로 고려한 데서 나온 것이다.[11] 왜냐하면 인간의 다양한 조건 때문에 어떤 행위는 어떤 사람들에게는 어울리고 적합하기에 유덕하지만 다른 사람들에게는 어울리지 않기에 악덕이 되기 때문이다.

제4절: 모두에게 자연의 법은 하나[1]인가?

Parall.: II-II, q.57, a.2, ad1; *In Sent.*, III, d.37, a.3; a.4, ad2; IV, d.33, q.1, a.2, ad1; *De malo*, q.2, a.4, ad13; *In Ethic.*, V, lect.12.

[반론] 넷째에 대해서는 다음과 같이 진행된다. 모두에게 자연의 법은 하나가 아닌 것으로 생각된다.
 1. 『법령집』 제1구분[2]에서 "자연법은 율법과 복음에 담겨있는 것이다"라고 말하기 때문이다. 그런데 이것은 모두에게 공통적인 것이 아니다. 왜냐하면 로마서 10장 16절은 '모든 사람이 복음에 순종한 것은 아닙니다'라고 말하기 때문이다. 따라서 자연법이 모두에게 하나인 것은 아니다.
 2. 그 밖에도 『니코마코스 윤리학』 제5권[3]에서 말하듯이, "법을 따르는 것들은 정의롭다고 말해진다." 그런데 같은 책[4]에서 어떤 자들 사이에서 달라지지 않는 것만큼 모두에게 정의로운 것은 없다고 말한

는 뜻이다. 이에 대해서는 아리스토텔레스의 『형이상학』 제5권 제6장과 제10권 제1장을 참조하라.
2. In praef. Gratiani.
3. c.3, 1129b12-14; S. Thomas, lect.2, nn.900-901.
4. c.10, 1134b32-33; S. Thomas, lect.12, n.1027.

etiam naturalis non est apud omnes eadem.

3. Praeterea, ad legem naturae pertinet id ad quod homo secundum naturam suam inclinatur, ut supra[5] dictum est. Sed diversi homines naturaliter ad diversa inclinantur: alii quidem ad concupiscentiam voluptatum, alii ad desideria honorum, alii ad alia. Ergo non est una lex naturalis apud omnes.

SED CONTRA est quod Isidorus dicit, in libro *Etymol.*:[6] *Ius naturale est commune omnium nationum.*

RESPONDEO dicendum quod, sicut supra[7] dictum est, ad legem naturae pertinent ea ad quae homo naturaliter inclinatur; inter quae homini proprium est ut inclinetur ad agendum secundum rationem. Ad rationem autem pertinet ex communibus ad propria procedere, ut patet ex I *Physic.*.[8] Aliter tamen circa hoc se habet ratio speculativa, et aliter ratio practica. Quiaenim ratio speculativa praecipue negotiatur circa necessaria, quae impossibile est aliter se habere, absque aliquo defectu invenitur veritas in conclusionibus propriis, sicut et in principiis communibus. Sed ratio practica negotiatur circa contingentia, in quibus sunt operationes humanae: et ideo, etsi in communibus sit aliqua necessitas, quanto magis ad propria descenditur, tanto magis invenitur defectus. Sic igitur in speculativis est eadem veritas apud omnes tam in principiis

---

5. aa.2–3.
6. V, c.4: PL 82, 199 B.

다. 따라서 자연법도 모두에게 같은 것이 아니다.

3. 그 밖에도 위에서 말했듯이,[5] 인간이 자신의 본성에 따라 이끌리는 것은 자연의 법에 속한다. 그런데 다양한 인간은 본성에 따라 다양한 것에 이끌린다. 어떤 자는 육체적 쾌락이라는 욕망에, 어떤 자는 명예에 대한 욕망에, 또 어떤 자는 다른 것에 이끌린다. 따라서 자연법은 모두에게 같은 것이 아니다.

[재반론] 그러나 반대로 이시도루스는 『어원』[6]이라는 책에서 "자연법은 모든 족속에 공통적이다"라고 말한다.

[답변] 위에서 말했듯이,[7] 인간이 본성적으로 이끌리는 것은 자연의 법에 속한다. 그중에서도 이성에 따라 행동하도록 끌리는 것은 인간에게 고유한 것이다. 그런데 『자연학』 제1권[8]에서 밝혔듯이, 공통적인 것에서 고유한 것으로 진행하는 것은 이성에 속한다. 그러나 이 점에 있어서 사변이성과 실천이성은 서로 다르다. 왜냐하면 사변이성은 달리 있을 수 없는 필연적인 것에 관해 일차적으로 다루고 그에 대한 결론에 있어서도 일반적 원리에서와 같이 어떤 오류 없이 진리가 발견되기 때문이다. 그러나 실천이성은 인간의 행위가 그 안에 있는 우유적인 것에 관해 다룬다. 따라서 일반적 (원리)에 있어서는 어떤 필연성이 있지만, 고유한 것으로 내려갈수록 결함이 더 많이 발견되는 것이다. 따라서 사변이성에 있어서는, 비록 진리가 결론들에서 모든 이들에게 알려지는 것이 아니라 '공통 관념들'이라고 불리는 원리들에 있어서만

---

7. aa.2-3.
8. c.1, 184a16-21; S. Thomas, lect.1, nn.6-8.

quam in conclusionibus: licet veritas non apud omnes cognoscatur in conclusionibus, sed solum in principiis, quae dicuntur *communes conceptiones*. In operativis autem non est eadem veritas vel rectitudo practica apud omnes quantum ad propria, sed solum quantum ad communia: et apud illos apud quos est eadem rectitudo in propriis, non est aequaliter omnibus nota.

Sic igitur patet quod, quantum ad communia principia rationis sive speculativae sive practicae, est eadem veritas seu rectitudo apud omnes, et aequaliter nota.[9] Quantum vero ad proprias conclusiones rationis speculativae, est eadem veritas apud omnes, non tamen aequaliter omnibus nota: apud omnes enim verum est quod triangulus habet tres angulos aequales duobus rectis, quamvis hoc non sit omnibus notum. Sed quantum ad proprias conclusiones rationis practicae, nec est eadem veritas seu rectitudo apud omnes; nec etiam apud quos est eadem, estaequaliter nota. Apud omnes enim hoc rectum est et verum, ut secundum rationem agatur. Ex hoc autem principio sequitur quasi conclusio propria, quod deposita sint reddenda. Et hoc quidem ut in pluribus verum est: sed potest in aliquo casu contingere quod sit damnosum, et per consequens irrationabile, si deposita reddantur; puta si aliquis petat ad impugnandampatriam. Et hoc tanto magis invenitur deficere, quanto magis ad particularia descenditur, puta si dicatur quod deposita sunt reddenda cum tali cautione, vel tali modo: quanto enim pluresconditiones particulares apponuntur, tanto

인식된다 하더라도, 원리에 있어서나 결론에 있어서나 진리는 모두에게 같다. 그러나 행위적인 것에 있어서는 진리나 실천적 올바름이 모든 사람에게 고유한 것에까지 같지 않고 공통적인 것까지만 같다. 그리고 고유한 것에 있어 같은 올바름이 있는 것들에 있어서는, 똑같이 모두에게 알려지는 것은 아니다.

따라서 사변이성이든 실천이성이든 일반적 원리에 있어서 진리 또는 올바름은 모든 사람에게 같고 똑같이 알려진다.[9] 사변이성의 고유한 결론에 있어서 진리는 모두에게 같지만 모두에게 똑같이 알려지는 것은 아니다. 예를 들어, 삼각형의 세 각의 합이 180도라는 것은 모두에게 진리이지만, 이것이 모두에게 알려져 있는 것은 아니다. 그런데 실천이성의 고유한 결론에 있어서는 진리나 올바름이 모두에게 같은 것도 아니고 똑같이 알려지는 것도 아니다. 이성에 따라 행동하라는 것은 모두에게 올바르고 진리이다. 그리고 이 원리로부터 맡겨진 것은 돌려주어야 한다는 것이 고유한 결론으로 나오게 된다. 그리고 이는 대부분의 경우에 있어 참이다. 그러나 어떤 경우에 있어서는 맡겨진 것을 돌려주는 것이 해롭고 그래서 이성에 부합하지 않는 것이 된다. 예컨대 어떤 자가 조국을 공격하기 위해 (맡겨놓은 것들을) 달라고 하는 경우다. 이 원리는 더 특수한 것으로 내려갈수록 더 많은 예외를 가지게 된다. 예컨대 맡겨진 것들을 그러그러한 담보로 또는 그러그러한 방식으로 돌려주어야 한다고 말하는 경우다. 왜냐하면 특정 조건들이 더 많이 추가될수록, 돌려주거나 돌려주지 않는 데 있어 올바르지 않을 더 많은 방식이 예외로 존재할 수 있게 되기 때문이다.

따라서 제일 일반원리로서의 자연의 법은 올바름에 있어서나 알려

---

9. Cf. a.2.

q.94, a.4

pluribus modis poterit deficere, ut non sit rectum vel in reddendo vel in non reddendo.

Sic igitur dicendum est quod lex naturae, quantum ad prima principia communia, est eadem apud omnes et secundum rectitudinem, et secundum notitiam. Sed quantum ad quaedam propria, quae sunt quasi conclusiones principiorum communium, est eadem apud omnes ut in pluribus et secundum rectitudinem et secundum notitiam: sed ut in paucioribus potest deficere et quantum ad rectitudinem, propter aliqua particularia impedimenta (sicut etiam naturae generabiles et corruptibiles deficiunt ut in paucioribus, propter impedimenta), et etiam quantum ad notitiam; et hoc propter hoc quod aliqui habent depravatam rationem ex passione, seu ex mala consuetudine, seu ex mala habitudine naturae; sicut apud Germanos olim latrocinium non, reputabatur iniquum, cum tamen sit expresse contra legem naturae, ut refert Iulius Caesar, in libro *de Bello Gallico*.[10][11]

AD PRIMUM ergo dicendum quod verbum illud non est sic intelligendum quasi omnia quae in Lege et in Evangelio continentur, sint de lege naturae, cum multa tradantur ibi supra

---

10. VI, c.23: ed. Du Pontet, Oxonii, 1900. VI, c.23, ll.1-4.
11. (* 추가주) Vide *In Sent.* IV, d.33, q.1, a.2, ad1(= Sup., q.65, a.2, ad1) — "우리 가운데 있는 다른 자연적인 것에서나 본성적으로 옳은 것에 있어서나 같은 결정이 일어나게 된다. 왜냐하면 우리 가운데 자연적인 것은 대부분의 경우 같은 방식으로 일어나지만 몇몇 경우에 있어서는 일어나지 않기 때문이다. 이는 마치 오른쪽 부분이 왼쪽보다 더 강한 것이 자연적이고 대부분의 경우에 참이지만, 몇

짐에 있어서나 모든 자에게 같다고 말해야 한다. 그러나 일반원리의 결론과 같은 고유한 어떤 것으로서 (자연의 법은) 올바름에 있어서나 알려짐에 있어서 대부분에게는 같지만, 소수에 있어서는 올바름에 있어서나 알려짐에 있어서 예외가 있을 수 있다. 올바름에 있어서는 어떤 특정한 장애 때문에 그러하다. (생성·소멸이 가능한 본성이 소수의 경우에는 장애 때문에 예외가 될 수 있다.) 그리고 알려짐에 있어서, 어떤 자들은 정념 또는 나쁜 습관 또는 날 때부터의 나쁜 습성 때문에 왜곡된 이성을 가지기 때문이다. 율리우스 카이사르가 『갈리아 원정기』[10]라는 책에서 언급하듯이, 강도짓이 비록 자연의 법에 명백히 반하는 것이지만, 전에 게르만족 사이에서는 불의한 것으로 여겨지지 않은 것과 같다.[11]

[해답] 1. 거기에는 본성을 넘어서는 많은 것이 전해지기 때문에 그 말을 율법과 복음에 담겨있는 모든 것이 자연의 법에서 나오는 것처럼 이해해서는 안 되고, 자연법에서 나오는 것들은 거기에 충분히 전해

몇 경우에 있어서 어떤 자들은 양손잡이가 되는데 그들은 오른손만큼 강한 왼손을 가지는 것과 같다. 그래서 맡겨놓은 것은 돌려주어야 한다는 것과 같은 자연적으로 옳은 것도 대부분의 경우에 있어서는 지켜져야 하지만 몇몇 경우에 있어서는 변하는 것이다. 그럼에도 가변적인 것의 개념은 변할 수 없기 때문에, 인간이 동물이라는 것과 같이 인간이라는 개념 자체에 속하는 것이 우리에게 자연적인 것이라면 무엇이든지 결코 변할 수 없다는 것을 명심해야 한다. 성향, 행위, 운동과 같이 본성을 따르는 것들은 몇몇 경우에 있어서 변한다. 그리고 이와 비슷하게도 불의를 행하는 것인 도둑질을 해서는 안 된다는 것과 같이 정의라는 개념 자체에 속하는 것은 어떤 방식으로도 변할 수 없다. 실로 (정의라는 개념에서) 나오는 것은 몇몇 경우에서는 변한다." *In Ethic.*, V, lect.12, nn.1028-1029. — 비록 완전성의 다양한 정도에 있어 그것을 다스리는 원리(영원한 이성들)는 다소간 완전하게 결정된다는 것에 따르게 되지만, 모든 상태와 조건에 있어 도덕적 질서는 자신의 형상적 이념에 따라온다.

naturam: sed quia ea quae sunt de lege naturae, plenarie ibi traduntur. Unde cum dixisset Gratianus quod *ius naturale est quod in Lege et in Evangelio continetur,* statim, exemplificando, subiunxit:[12] *quo quisque iubetur alii facere quod sibi vult fieri.*

AD SECUNDUM dicendum quod verbum philosophi est intelligendum de his quae sunt naturaliter iusta non sicut principia communia, sed sicut quaedam conclusiones ex his derivatae; quae ut in pluribus rectitudinem habent, et ut in paucioribus deficiunt.

AD TERTIUM dicendum quod, sicut ratio in homine dominatur et imperat aliis potentiis, ita oportet quod omnes inclinationes naturales ad alias potentias pertinentes ordinentur secundum rationem. Unde hoc est apud omnes communiter rectum, ut secundum rationem dirigantur omnes hominum inclinationes.

ARTICULUS 5
Utrum lex naturae mutari possit

만약 순수한 본성이 스스로 버려진다면(Cf. q.109, a.2), 영원한 이성은 최고로 비결정적이고 결정되기 어려운 채로 남게 될 것이다. 인간에게 있어 행위해야 하는 원리들(그의 다양한 능력들)은 어떤 공통적인 결정 요인(예컨대 하느님의 사랑, 사회의 사랑 등)에 의해 지도되지 않을 것이다.

만약 본성이 타락한다면 그때는 영원한 이성이 뒤틀려 결정할 위험이 도래한다. 왜냐하면 자신의 대상에 대해 완전하게 행동하지 못하도록 인간의 삶의 개별적 원리들이 본성의 타락이라는 개념에 의해 스스로 무기력한 상태로 빠지게 되는 한에 있어서, 이 상태에서는 선은 숨겨져 미리 길들여지고 '개념상의 존재'가 이것에 균형을 맞추게 될 것이기 때문이다. 영원한 이성의 완전한 결정을 가능하져 있다는 의미로 이해되어야 한다. 따라서 그라티아누스는 "자연법은 율법과 복음에 담겨진 것"이라고 말할 때, 바로 "그것에 의해 각자는 자기에게 행해지도록 바라는 바를 다른 사람에게 하라고 명령받는다"는 것을 설명하면서 덧붙였다.[12]

2. 본성적으로 정의로운 것에 관한 철학자의 말은, 일반적 원리로서가 아니라 거기서 나온 어떤 결론으로 이해되어야 한다. 그것은 많은 경우에는 맞지만 몇몇 경우에 있어서는 맞지 않는다.

3. 인간에게 있어서 이성은 지배적이고 다른 능력을 명령하듯이, 다른 능력에 속하는 모든 자연적 성향은 이성에 따라 질서 지어져야 한다. 따라서 인간의 모든 성향이 이성에 의해 인도되는 것은 모두에게 공통적으로 바른 것이다.

제5절: 자연의 법은 개정될 수 있는가?

Parall.: Infra, q.97, a.1, ad1; II-II, q.57, a.2, ad1; *In Sent.*, III, d.37, a.3; a.4, ad2; IV, d.33, q.1, a.2, ad1; *De malo*, q.2, a.4, ad13; *In Ethic.*, V, lect.12.

게 하기 위해, 거기로부터 추상작용에 의해 지성의 원리는 순수하고 완전하게 인식되는 것을 피하지 못하게 된다. 그러므로 비록 모든 것이 불가능한 것은 아니지만, 영원한 이성의 결정은 (순수한 자연의 조건에서와 같이) 소극적으로뿐 아니라 (본성의 타락이라는 반대되는 성향 때문에) 결여적으로 그것을 매우 어렵게 만들기 때문에, 인간의 도덕을 질서 지으려는 의도를 뛰어넘는 이성은 쉽게 오류에 빠진다.

오직 본성이 온전하다면, 영원한 이성은 (인간 본성에 비례하는 방식으로) 완전하게 인식하고, 도덕적 질서를 형상적으로뿐 아니라 완전하게 구성할 수 있을 것이다. A. Horvath, *De Moralitate*, Romae, 1930, pp.13-14.

12. Loc. cit. in obj.1.

q.94, a.5

Ad quintum sic proceditur. Videtur quod lex naturae mutari possit.

1. Quia super illud *Eccli.* 17,[9],[1] *Addidit eis disciplinam et legem vitae,* dicit Glossa:[2] *Legem litterae, quantum ad correctionem legis naturalis, scribi voluit.* Sed illud quod corrigitur, mutatur. Ergo lex naturalis potest mutari.

2. Praeterea, contra legem naturalem est occisio innocentis, et etiam adulterium et furtum. Sed ista inveniuntur esse mutata a Deo: puta cum Deus praecepit Abrahae quod occideret filium innocentem, ut habetur *Gen.* 22,[2]; et cum praecepit Iudaeis ut mutuata Aegyptiorum vasa subriperent, ut habetur *Exod.* 12,[35 sq.];[3] et cum praecepit Osee ut uxorem fornicariam acciperet, ut habetur Osee 1,[2]. Ergo lex naturalis potest mutari.

3. Praeterea, Isidorus dicit, in libro *Etymol.*,[4] quod *communis omnium possessio, et una libertas, est de iure naturali.* Sed haec videmus esse commutata per leges humanas. Ergo videtur quod lex naturalis sit mutabilis.

SED CONTRA est quod dicitur in *Decretis,* dist. 5:[5] *Naturale ius ab exordio rationalis creaturae. Nec variatur tempore, sed immutabile permanet.*

---

1. 집회서의 경우 현대 성경의 번역본에 따라 장절이 다른 경우가 있음. 우리말 「성경」은 11절.
2. Ordin.: PL 113, 1201 B; Rabanus M., *In Eccli.*, IV, c.5, super 17, 9: PL 109, 876 CD.

[반론] 다섯째에 대해서는 다음과 같이 진행된다. 자연의 법은 개정될 수 있는 것으로 생각된다.

1. 집회서 17장 9절[1]의 '그분께서는 그들에게 지식과 생명의 법을 주셨다'에 대하여 '주석'[2]은 "자연법의 수정을 위해 성문법이 쓰이기를 바라셨다"고 말하기 때문이다. 그런데 수정되는 것은 변한다. 따라서 자연법은 개정될 수 있다.

2. 그 밖에도 죄 없는 자를 죽이는 것과 간음과 도둑질은 자연법에 반하는 것이다. 그런데 이것들은 하느님에 의해 개정된다는 것이 밝혀졌다. 예컨대 창세기 22장 2절에서 말하듯이, 하느님은 아브라함에게 죄 없는 아들을 죽이라고 명령했다. 그리고 탈출기 12장 35절 이하[3]에서 말하듯이, 그는 유다인들에게 이집트 사람들에게서 빌린 물건들을 훔치라고 명령했다. 또한 호세아서 1장 2절에서 말하듯이, 그는 호세아에게 간음한 여인을 (아내로) 맞으라고 명령했다. 따라서 자연법은 개정될 수 있다.

3. 그 밖에도 이시도루스는 『어원』[4]이라는 책에서 "모든 것을 공통적으로 가지는 것과 보편적 자유는 자연법 아래에 있는 것이다"라고 말한다. 그런데 우리는 이것이 인정법에 의해 변화된 것을 본다. 따라서 자연법은 개정될 수 있는 것으로 보인다.

[재반론] 그러나 반대로 『법령집』 제5구분[5]에서는 "자연법은 이성적 피조물의 시작에서 비롯되었다. 그것은 시간에 따라 차이가 나지는 않고 변화 없이 지속된다"고 말한다.

---

3. 탈출 3,22; 11,2 참조.
4. V, c.4: PL 82, 199 B.
5. In praef.

q.94, a.5

RESPONDEO dicendum quod lex naturalis potest intelligi mutari dupliciter. Uno modo, per hoc quod aliquid ei addatur. Et sic nihil prohibet legem naturalem mutari: multa enim supra legem naturalem superaddita sunt, ad humanam vitam utilia, tam per legem divinam,[7] quam etiam per leges humanas.[6]

Alio modo intelligitur mutatio legis naturalis per modum subtractionis, ut scilicet aliquid desinat esse de lege naturali, quod prius fuit secundum legem naturalem. Et sic quantum ad prima principia legis naturae, lex naturae est omnino immutabilis. Quantum autem ad secunda praecepta, quae diximus[8] esse quasi quasdam proprias conclusiones propinquas primis principiis, sic lex naturalis non immutatur quin ut in pluribus rectum sit semper quod lex naturalis habet. Potest tamen immutari in aliquo particulari, et in paucioribus, propter aliquas speciales causas impedientes observantiam talium praeceptorum, ut supra[9] dictum est.[10]

AD PRIMUM ergo dicendum quod lex scripta dicitur esse data ad correctionem legis naturae, vel quia per legem scriptam supple-

---

6. Cf. q.91, a.3.
   (각주 6, 7에 해당하는 한글 번역 문장과 라틴어 문장의 어순이 다름)
7. Cf. q.91, a.4.
8. 앞 절.
9. Ibid.
10. (* 추가주) '옳은 것과 좋은 것은 두 가지로 고려될 수 있다. 첫째, 형상적으로, 그리고 자연적 이성 안에 있는 옳음의 원리들이 변하지 않기 때문에 그것은 언제 어디서나 동일하다. 둘째, 질료적으로, 그리고 옳은 것과 좋은 것은 어디서나 모든 자 가운데 동일하지 않고 법에 의해 정해져야 한다. 그런데 후자는 인

[답변] 자연법이 개정된다는 것은 두 가지로 이해될 수 있다. 첫째, 자연법에 무엇이 부가되는 방식으로 (이해될 수 있다). 그리고 이러한 방식으로는 어떤 것도 자연법이 개정되는 것을 막을 수 없다. 왜냐하면 인간 삶의 유용성을 위해서 인정법[6]만큼이나 신법[7]을 통해서도 자연법에 많은 것이 부가되기 때문이다.

둘째, 자연법의 개정은 차감의 방식으로 이해될 수 있다. 전에 자연법에 따라 있었던 것이 자연법 아래 있는 것을 그만두게 되는 것과 같은 경우다. 그리고 이러한 방식으로는 자연의 법의 제일원리에 관한 한, 자연의 법은 모두에게 있어 불변적이다. 그러나 제일원리에 가까운 어떤 고유한 결론과 같다고 우리가 말했던[8] 이차적 계명들에 있어서는, 자연법이 그 규정한 바가 대부분의 경우에 늘 올바른 것이 되지 않도록 바뀌지는 않는다. 그럼에도 위에서 말했듯이,[9] 그러한 계명을 지키는 것을 방해하는 어떤 특별한 원인들 때문에, 어떤 특정한 것과 드문 경우에 있어서는 개정되는 것이 가능하다.[10]

[해답] 1. 성문법은 자연의 법의 수정을 위해 주어졌다고 말해진다. 왜냐하면 자연의 법에 부족한 것을 성문법을 통해 보충하기 때문이

간 본성의 가변성 때문에, 그리고 다양한 장소와 시간에 따른 인간과 사물의 다양한 조건 때문에 생기는 것이다. 예를 들어 사고파는 데 있어 동등성에 따라 교환이 이루어져야 한다는 것이 항상 정의로운 것이다. 그러나 이러한 장소와 시간에서는 그만큼이 곡식의 척도로 주어지는 것이 정의롭지만, 다른 장소와 시간에서는 그만큼이 아니고 더 많이 또는 더 적게 주는 것이 정의로운 것이다.' *De malo*, q.2, a.4, ad13. Cf. infra q.104, a.3, ad1. 윤리학은 모든 면에서 형상적으로는 하나이지만 다양한 사람들의 다양성을 인정하는 것으로 보인다. "도덕적 의무는 모든 사람에게 똑같이 주어지기 때문에 윤리학은 형상적으로 하나다. 성인들과 아이들의 의무, 부자와 노동자의 의무가 다르지만, 윤리학은 그렇게 다양성과 가변성을 인정하는 것이다. 그러므로 과잉(일탈)에 주의해야 한다.

tum est quod legi naturae deerat:[11] vel quia lex naturae in aliquorum cordibus, quantum ad aliqua, corrupta erat intantum ut existimarent esse bona quae naturaliter sunt mala; et talis corruptio correctione indigebat.

AD SECUNDUM dicendum quod naturali morte moriuntur omnes communiter, tam nocentes quam innocentes. Quae quidem naturalis mors divina potestate inducitur propter peccatum originale; secundum illud I *Reg.* 2,[6]:[12] *Dominus mortificat et vivifica*t. Et ideo absque aliqua iniustitia, secundum mandatum Dei, potest infligi mors cuicumque homini, vel nocenti vel innocenti. — Similiter etiam adulterium est concubitus cum uxore aliena: quae quidem est ei deputata secundum legem divinitus traditam. Unde ad quamcumque mulierem aliquis accedat ex mandato divino, non est adulterium nec fornicatio. — Et eadem ratio est de furto, quod est acceptio rei alienae. Quidquid enim accipit aliquis ex mandato Dei, qui est Dominus universorum, non accipit absque voluntate domini, quod est furari.[13] — Nec solum in rebus humanis quidquid a Deo mandatur, hoc ipso est debitum: sed etiam in rebus naturalibus quidquid a Deo fit, est quodammodo naturale, ut in primo[14] dictum est.

---

(1) 루소와 같은 사람은 인간 본성을 추상적으로 고려하기 때문에 인간의 삶이 펼쳐지는 구체적 상황에 충분히 주의를 기울이지 않는다. 그래서 어떤 때는 도덕적 질서에서, 또 어떤 때는 정치적 질서에서 어리석게도 보편적 인간이라는 류(類)에 대변혁기의 심각한 오류들 중의 하나인 추상적 인간에 대한 자신의 개념을 부여하려고 하는 것이다. (2) 실증주의자와 진화론자 같은 사람들은 우리가 잘 알고 있는 명백한 불변성으로부터 자연법이 단적으로 가변적이라는 결론을 도

다.[11] 또는 어떤 문제에 대해 어떤 사람의 마음속에서 자연의 법은 타락해서 본성적으로 악한 것을 선하다고 평가하기 때문이다. 그러한 타락은 수정을 필요로 한다.

2. 죄가 있든 죄가 없든 모든 사람은 공히 본성적으로 죽는다. 왜냐하면 본성적 죽음이라는 것은 원죄 때문에 신적 능력에 의해 주어진 것이기 때문이다. 열왕기 상권 2장 6절[12]은 '주님은 죽이기도 살리기도 하신다'라고 말한다. 따라서 어떤 불의가 없더라도, 하느님의 명령에 따라 죄가 있건 없건 어떤 사람에게나 죽음은 주어질 수 있는 것이다. — 마찬가지로 간통은 다른 자의 아내와의 동침이다. 그런데 그 아내는 신법으로 그에게 지정되는 것이다. 따라서 어떤 자가 어떠한 여인에게 접근하든지, 신적 명령에서 나온 것이면 간통도 아니고 간음도 아닌 것이다. — 그리고 같은 추론이 다른 사람의 물건을 취하는 것인 도둑질에 대해서도 성립한다. 왜냐하면 주인의 의지 없이 어떤 것을 취하는 것은 도둑질인데, 어떤 자는 만물의 주인이신 하느님의 명령에 의해 무엇을 취하든지 주인의 의지 없이 취하는 것이 아니기 때문이다.[13] — 제1부[14]에서 말했듯이, 하느님이 무엇을 명령하든 그것이 그 자체로 마땅한 것이 되는 것은 인간사(人間事)에 있어서만은 아니다. 자연적인 것에 있어서도 하느님이 행한 것은 무엇이든지 어떤 방식으로 자연적인 것이 된다.

출한다." L. Lehu O.P., *Philosophia moralis et socialis*, t.I, Parisiis, 1914, pp.248-249.
11. Cf. q.100, a.1.
12. 이 경우 히브리어 성경과 라틴어 성경의 제목이 다름. 우리말 『성경』에서는 사무엘기 상권.
13. Cf. q.100, a.8, c. et ad3.
14. q.105, a.6, ad1.

AD TERTIUM dicendum quod aliquid dicitur esse de iure naturali dupliciter. Uno modo, quia ad hoc natura inclinat: sicut non esse iniuriam alteri faciendam. Alio modo, quia natura non induxit contrarium: sicut possemus dicere quod hominem esse nudum est de iure naturali, quia natura non dedit ei vestitum, sed ars adinvenit. Et hoc modo *communis omnium possessio, et omnium una libertas*, dicitur esse de iure naturali: quia scilicet distinctio possessionum et servitus non sunt inductae a natura, sed per hominum rationem, ad utilitatem humanae vitae.[15] Et sic in hoc lex naturae non est mutata nisi per additionem.

ARTICULUS 6

Utrum lex naturae possit a corde hominis aboleri

Ad sextum sic proceditur. Videtur quod lex naturae possit a corde hominis aboleri.

1. Quia *Rom.* 2, super illud [14], *Cum gentes, quae legem non habent*, etc., dicit Glossa[1] quod *in interiori homine per gratiam innovato, lex iustitiae inscribitur, quam deleverat culpa*. Sed lex iustitiae est lex naturae. Ergo lex naturae potest deleri.

---

15. De distinctione possessionum vide II-II, q.57, a.3; q.66, aa.1-2 & 7; de servitute I, q.96, a.4.

3. 어떤 것은 두 가지 방식으로 자연법 아래 있게 된다. 첫째, 다른 사람들에게 악을 행해서는 안 되는 것에서와 같이, 자연이 그것으로 이끌기 때문이다. 둘째, 자연이 인간에게 옷을 준 것이 아니라 기술이 만들어 주었기 때문이며, 인간이 벗고 있는 것은 자연법에 속하는 것이라고 말할 수 있는 것에서와 같이, 자연이 반대되는 것을 주지 않았기 때문이다. 그리고 이러한 방식으로 '모든 것을 공통적으로 가지는 것과 모든 자에 있어 보편적 자유는' 자연법 아래에 있다고 말하는 것이다. 왜냐하면 재산과 노예의 구분은 자연에 의해 주어진 것이 아니라 인간 삶의 유용성을 위해 인간 이성에 의해 주어진 것이기 때문이다.[15] 따라서 이러한 점에서 부가에 의하지 않고는 자연의 법은 개정되지 않는다.

제6절: 자연의 법은 인간의 마음에서부터 지워질 수 있는가?

Parall.: Supra, a.4; infra, q.99, a.2, ad2.

[반론] 여섯째에 대해서는 다음과 같이 진행된다. 자연의 법은 인간의 마음에서부터 지워질 수 있는 것으로 생각된다.

1. 로마서 2장 14절의 '율법을 가지고 있지 않은 민족'에 대해 '주석'[1]은 "은총에 의해 새롭게 될 때, 죄가 지운 정의의 법이 내적 인간에 새겨진다"고 말하기 때문이다. 그런데 정의의 법은 자연의 법이다. 그러므로 자연의 법은 지워질 수 있다.

---

1. Ordin.: PL 114, 476 B; Lombardus PL 191, 1345 C.

2. Praeterea, lex gratiae est efficacior quam lex naturae. Sed lex gratiae deletur per culpam. Ergo multo magis lex naturae potest deleri.

3. Praeterea, illud quod lege statuitur, inducitur quasi iustum. Sed multa sunt ab hominibus statuta contra legem naturae. Ergo lex naturae potest a cordibus hominum aboleri.

SED CONTRA est quod Augustinus dicit, in II *Confess.*:[2] *Lex tua scripta est in cordibus hominum, quam nec ulla quidem delet iniquitas.* Sed lex scripta in cordibus hominum est lex naturalis. Ergo lex naturalis deleri non potest.

RESPONDEO dicendum quod, sicut supra[3] dictum est, ad legem naturalem pertinent primo quidem quaedam praecepta communissima, quae sunt omnibus nota: quaedam autem secundaria praecepta magis propria, quae sunt quasi conclusiones propinquae principiis. Quantum ergo ad illa principia communia, lex naturalis nullo modo potest a cordibus hominum deleri in universali. Deletur tamen in particulari operabili, secundum quod ratio impeditur applicare commune principium ad particulare operabile, propter concupiscentiam vel aliquam aliam passionem, ut supra[4] dictum est. — Quantum vero ad alia praecepta secundaria, potest lex naturalis deleri de cordibus hominum, vel propter malas persuasiones, eo modo quo etiam in speculativis errores

2. 그 밖에도 은총의 법은 자연의 법보다 더 효력이 있다. 그런데 은총의 법은 죄에 의해 지워진다. 따라서 자연의 법은 훨씬 더 잘 지워질 수 있다.

3. 그 밖에도 법에 의해 세워진 것은 마땅한 것으로 된다. 그런데 자연의 법에 반하는 많은 것이 인간에 의해 세워진다. 따라서 자연의 법은 인간의 마음에서부터 지워질 수 있다.

[재반론] 그러나 반대로 아우구스티누스는 『고백록』 제2권[2]에서 "어떤 불의도 지울 수 없는 당신의 법이 인간의 마음속에 새겨져 있습니다"라고 말한다. 그런데 인간의 마음속에 새겨진 법은 자연법이다. 따라서 자연법은 지워질 수 없다.

[답변] 위에서 말했듯이,[3] 자연법에는 (두 가지가) 속하는데, 첫째는 모두에게 알려지는 일반적인 계명이고, 둘째는 원리에 가까운 결론으로서 더욱 고유한 이차적 계명들이다. 따라서 그 일반적 원리에 있어서 자연법은 인간의 마음에서 보편적인 것에 있어 어떤 식으로든 지워질 수 없다. 그러나 위에서 말했듯이,[4] 욕망이나 다른 어떤 정념 때문에 이성이 일반적 원리를 특정한 실천적인 것에 적용하는 것을 방해하는 식으로, 특정한 실천적인 것에 있어서는 지워진다. ─ 그러나 다른 이차적 계명들에 있어서 자연법은 인간의 마음에서부터 지워질 수 있다. 사변적인 것에 있어서 필연적 결론에 관해 일어나는 오류와

---

2. c.4: PL 32, 678.
3. aa.4-5.
4. q.77, a.2.

contingunt circa conclusiones necessarias; vel etiam propter pravas consuetudines et habitus corruptos; sicut apud quosdam non reputabantur latrocinia peccata,[5] vel etiam vitia contra naturam, ut etiam Apostolus dicit, *ad Rom.* 1,[24 sqq.].

AD PRIMUM ergo dicendum quod culpa delet legem naturae in particulari, non autem in universali, nisi forte quantum ad secunda praecepta legis naturae, eo modo quo dictum est.[6]

AD SECUNDUM dicendum quod gratia etsi sit efficacior quam natura, tamen natura essentialior est homini, et ideo magis permanens.

AD TERTIUM dicendum quod ratio illa procedit de secundis praeceptis legis naturae, contra quae aliqui legislatores statuta aliqua fecerunt, quae sunt iniqua.

---

5. Cf. q.4.

같이 나쁜 확신 때문에, 또는 사도 바오로가 로마서 1장 24절 이하에서 말하듯이, 어떤 자들 사이에서 강도질이나 본성에 반하는 악덕이 죄[5]로 간주되지 않는 것처럼, 비뚤어진 습관이나 타락한 습성 때문에 그러하다.

[해답] 1. 위에서 말했던 방식에 따라[6] 자연의 법의 이차적 계명에 관한 한이 아니고서는, 아마도 죄는 특별한 경우에는 자연의 법을 지우지만 보편적인 경우에는 지울 수 없다.
2. 비록 은총이 본성보다 더 효력이 있지만, 인간에게는 본성이 더 본질적이다. 따라서 본성이 더 지속적이다.
3. 그 추론은 자연의 법의 이차적 계명에서 나오는데, 어떤 입법자들은 이에 반해 불의한 어떤 법규들을 만들어 낸다.

---

6. 앞의 답변.

QUAESTIO XCV
DE LEGE HUMANA
in quatuor articulos divisa

Deinde considerandum est de lege humana.[1] Et primo quidem, de ipsa lege secundum se; secundo, de potestate eius;[2] tertio, de eius mutabilitate.[3]

Circa primum quaeruntur quatuor.

Primo: de utilitate ipsius.

Secundo: de origine eius.

Tertio: de qualitate ipsius.

Quarto: de divisione eiusdem.

Articulus 1
Utrum fuerit utile aliquas leges poni ab hominibus

Ad primum sic proceditur. Videtur quod non fuerit utile aliquas leges poni ab hominibus.

---

1. Cf. q.93, Introd.
2. q.96.

제95문
인정법에 대하여
(전4절)

다음으로 인정법[1]에 대해 고찰해야 한다. 첫째로 법 자체에 대해 그 자체로, 둘째로 법의 효력[2]에 대해, 셋째로 그 가변성[3]에 대해.

첫 번째 [주제]에 대해서는 네 가지 문제가 제기된다.

1. 그 유익에 대하여.
2. 그 기원에 대하여.
3. 그 성질에 대하여.
4. 그 분류에 대하여.

제1절: 인간에 의해 어떤 법이 주어지는 것은 유익한가?

Parall.: Supra, q.91, a.3; *In Ethic.*, Ⅹ, lect.14.

[반론] 첫째에 대해서는 다음과 같이 진행된다. 인간에 의해 어떤 법이 주어지는 것은 유익하지 않은 것으로 생각된다.

---

3. q.97.

1. Intentio enim cuiuslibet legis est ut per eam homines fiant boni, sicut supra¹ dictum est. Sed homines magis inducuntur ad bonum voluntarii per monitiones, quam coacti per leges. Ergo non fuit necessarium leges ponere.

2. Praeterea, sicut dicit Philosophus, in V *Ethic.*,² *ad iudicem confugiunt homines sicut ad iustum animatum*.³ Sed iustitia animata est melior quam inanimata, quae legibus continetur. Ergo melius fuisset ut executio iustitiae committeretur arbitrio iudicum, quam quod super hoc lex aliqua ederetur.

3. Praeterea, lex omnis directiva est actuum humanorum, ut ex supradictis⁴ patet. Sed cum humani actus consistant in singularibus, quae sunt infinita, non possunt ea quae ad directionem humanorum actuum pertinent, sufficienter considerari, nisi ab aliquo sapiente, qui inspiciat singula. Ergo melius fuisset arbitrio sapientum dirigi actus humanos, quam aliqua lege posita. Ergo non fuit necessarium leges humanas ponere.

SED CONTRA est quod Isidorus dicit, in libro *Etymol.*:⁵ *Factae sunt leges ut earum metu humana coerceretur audacia, tutaque sit inter improbos innocentia, et in ipsis improbis formidato supplicio refrenetur nocendi facultas.* Sed haec sunt maxime necessaria humano generi. Ergo necessarium fuit ponere leges humanas.

---

1. q.92, a.1.
2. c.7, 1132a22–25; S. Thomas, lect.6, n.955.

1. 위에서 말했듯이,[1] 모든 법의 의도는 그것을 통해 인간을 선하게 만드는 것이기 때문이다. 그런데 인간은 법에 의해 선으로 강제되는 것보다 권고에 의해 자발적으로 선으로 더 잘 이끌린다. 따라서 법이 주어지는 것은 필요하지 않다.

2. 그 밖에도 철학자가 『니코마코스 윤리학』 제5권[2]에서 "사람들은 재판관을 마치 살아있는 정의[3]처럼 의지한다"고 말한다. 그런데 살아있는 정의는 법에 담겨있는 생명 없는 정의보다 더 낫다. 따라서 정의의 집행은 그 위에 어떤 법이 만들어지는 것보다 재판관의 판단에 맡기는 것이 더 나을 것이다.

3. 그 밖에도 위에서 말한 바에서[4] 분명해지듯이, 모든 법은 인간적 행위를 지도한다. 그런데 인간적 행위는 그 수가 무한한 개별적인 것들로 이루어지기 때문에, 인간적 행위를 지도하는 데 속하는 것은 개별적인 것을 통찰하는 어떤 현자가 아니고서는 충분히 헤아릴 수 없다. 따라서 인간적 행위는 어떤 제정된 법보다는 현자의 판단에 의해 인도되는 것이 더 낫다. 그러므로 인정법은 주어질 필요가 없다.

[재반론] 그러나 반대로 이시도루스가 『어원』[5]이라는 책에서 "법은, 그것에 대한 두려움 때문에 인간의 몰염치가 제어되고, 무죄함이 불경함 가운데서 보호받으며, 흉악한 자들 스스로 처벌이 두려워 죄를 짓는 능력이 억제되기 위해 만들어진다"라고 말한다. 그런데 이것은 인간이라는 류(類)에게 가장 필요하다. 따라서 인정법은 주어질 필요가 있다.

---

3. 또는 '정의의 화신'.
4. q.90, aa.1-2.
5. V, c.20: PL 82, 202 B.

RESPONDEO dicendum quod, sicut ex supradictis[6] patet, homini naturaliter inest quaedam aptitudo ad virtutem; sed ipsa virtutis perfectio necesse est quod homini adveniat per aliquam disciplinam. Sicut etiam videmus quod per aliquam industriam subvenitur homini in suis necessitatibus, puta in cibo et vestitu, quorum initia quaedam habet a natura, scilicet rationem et manus, non autem ipsum complementum, sicut cetera animalia, quibus natura dedit sufficienter tegumentum et cibum.[7] Ad hanc autem disciplinam non de facili invenitur homo sibi sufficiens. Quia perfectio virtutis praecipue consistit in retrahendo hominem ab indebitis delectationibus, ad quas praecipue homines sunt proni, et maxime iuvenes, circa quos efficacior est disciplina. Et ideo oportet quod huiusmodi disciplinam, per quam ad virtutem perveniatur, homines ab alio sortiantur. Et quidem quantum ad illos iuvenes qui sunt proni ad actus virtutum, ex bona dispositione naturae, vel consuetudine, vel magis divino munere, sufficit disciplina paterna, quae est per monitiones. Sed quia inveniuntur quidam protervi et ad vitia proni, qui verbis de facili moveri non possunt; necessarium fuit ut per vim et metum cohiberentur a malo, ut saltem sic male facere desistentes, et aliis quietam vitam redderent, et ipsi tandem per huiusmodi assuetudinem ad hoc perducerentur quod voluntarie facerent quae prius metu implebant, et sic fierent virtuosi. Huiusmodi autem disciplina cogens metu poenae, est disciplina legum.[8] Unde necessarium fuit ad pacem hominum et

[답변] 위에서 말한 바로[6] 분명해진 것처럼, 인간에게는 본성적으로 덕으로 향하는 어떤 적성이 내재되어 있다. 그런데 덕의 완전성이라는 것을 위해서는 인간이 어떤 훈련을 통해 도달할 필요가 있다. 그래서 우리는 인간에게 있어 어떤 성실함으로 자신이 필요한 것들, 예컨대 먹을 것과 입을 것을 구하는 것을 보는데, 여기에서 인간은 이성과 손과 같은 기초적인 것을 본성적으로 가지고 있지만, 자연이 옷과 음식을 충분히 준 다른 동물들처럼 그 자체로 완성된 것은 아니다.[7] 그러나 어떤 사람이 스스로 충분히 이 훈련을 하게 되는 것을 보는 것은 쉽지 않다. 왜냐하면 덕의 완성은 일차적으로 인간을, 그중에서도 특히 더욱 효과적으로 훈련받는 젊은이들을, 무엇보다 먼저 이끌리게 되는 부당한 쾌락으로부터 멀리하는 것으로 성립되기 때문이다. 따라서 덕을 완성시키는 그러한 훈련은 다른 사람들에 의해 주어져야 한다. 그리고 훌륭한 본성적 성향, 습관, 더욱이 신의 선물 때문에 유덕한 행위로 이끌리는 그러한 젊은이들에 관한 한, 권고를 통한 아버지의 훈련으로 충분하다. 그러나 말로는 쉽게 변할 수 없는 철면피들과 쉽게 악덕으로 빠지는 자들이 발견되기 때문에, 힘과 공포를 통해 악으로부터 멀리할 필요가 있다. 이는 최소한 나쁜 행동을 하지 않고 다른 사람들이 평온한 삶을 살도록 하기 위해, 그리고 전에는 두려워서 행했던 것을 결국 이러한 습관을 통해 기꺼이 하는 데까지 계속 나아가 그렇게 유덕해지기 위해서 그런 것이다. 처벌에 대한 두려움으로 강제하는 이러한 훈련은 법의 훈련[8]이다. 따라서 인간의 평화와 덕을

---

6. q.63, a.1; q.94, a.3.
7. Cf. I, q.76, a.5, ad4; q.91, a.3, ad2.
8. Cf. q.92, a.1, ad2; q.98, a.6; q.107, a.1, ad2.

virtutem, ut leges ponerentur: quia sicut Philosophus dicit, in I *Polit.*,[9] *sicut homo, si sit perfectus virtute, est optimum animalium; sic, si sit separatus a lege et iustitia, est pessimum omnium*; quia homo habet arma rationis ad explendas concupiscentias et saevitias, quae non habent alia animalia.

AD PRIMUM ergo dicendum quod homines bene dispositi melius inducuntur ad virtutem monitionibus voluntariis quam coactione: sed quidam male dispositi non ducuntur ad virtutem nisi cogantur.

AD SECUNDUM dicendum quod, sicut Philosophus dicit, I *Rhetor.*,[10] *melius est omnia ordinari lege, quam dimittere iudicum arbitrio*. Et hoc propter tria. Primo quidem, quia facilius est invenire paucos sapientes, qui sufficiant ad rectas leges ponendas, quam multos, qui requirerentur ad recte iudicandum de singulis. — Secundo, quia illi qui leges ponunt, ex multo tempore considerant quid lege ferendum sit: sed iudicia de singularibus factis fiunt ex casibus subito exortis. Facilius autem ex multis consideratis potest homo videre quid rectum sit, quam solum ex aliquo uno facto. — Tertio, quia legislatores iudicant in universali, et de futuris: sed homines iudiciis praesidentes iudicant de praesentibus, ad quae afficiuntur amore vel odio, aut aliqua cupiditate; et sic eorum depravatur iudicium.

Quia ergo iustitia animata iudicis non invenitur in multis; et

위해 법이 주어질 필요가 있다. 왜냐하면 철학자는『정치학』제1권[9]에서 "인간은 덕으로 완전하면 동물 중에서 최고로 선하지만, 법과 정의로부터 떨어져 나오면 모든 것 중에서 가장 악하다"라고 말하기 때문이다. 왜냐하면 인간은 욕망과 격노(激怒)를 채우기 위해 다른 동물에게는 없는 이성이라는 무기를 가지고 있기 때문이다.

[해답] 1. 선한 성향을 가진 사람은 강제보다는 권고에 의해 자발적으로 더 잘 덕으로 이끌린다. 그러나 악한 성향을 가진 사람은 강제되지 않고서는 덕으로 이끌리지 않는다.
2. 철학자는『수사학』제1권[10]에서 "법에 의해 모든 것을 질서 짓는 것이 재판관의 판단에 내어주는 것보다 낫다"고 말한다. 이는 세 가지 때문이다. 첫째, 개별적인 것에 대해 바르게 판결해야 하는 많은 자를 만나는 것보다 바른 법을 제정하기에 충분한 소수의 현자들을 만나는 것이 더 쉽기 때문이다. — 둘째, 법을 제정하는 사람들은 오랜 시간 동안 어떤 법이 만들어져야 하는지에 대해 생각하지만, 개별적 사실에 대한 판단은 갑자기 생겨나는 경우에 만들어지기 때문이다. 더욱이 사람은 어떤 하나의 사실만 고려하기보다는 많은 것을 고려한 후에 무엇이 올바른지를 더 쉽게 볼 수 있다. — 셋째, 입법가들은 보편적인 것과 미래에 대해 판단하지만, 재판관의 자리에 앉아있는 사람들은 당면한 문제에 대해 판단한다. 그런데 그것에 사랑, 미움, 그리고 탐욕이 영향을 미쳐 판결이 왜곡되기 때문이다.
따라서 재판관의 살아있는 정의라는 것은 많은 자에게서 발견되지

---

9. c.2, 1253a31-33: S. Thomas, lect.1.
10. c.1, 1354a31-34.

quia flexibilis est; ideo necessarium fuit, in quibuscumque est possibile, legem determinare quid iudicandum sit, et paucissima arbitrio hominum committere.

AD TERTIUM dicendum quod quaedam singularia, quae non possunt lege comprehendi, *necesse est committere iudicibus*, ut ibidem[11] Philosophus dicit: puta *de eo quod est factum esse vel non esse*, et de aliis huiusmodi.

ARTICULUS 2
Utrum omnis lex humanitus posita a lege naturali derivetur[1]

AD SECUNDUM sic proceditur. Videtur quod non omnis lex humanitus posita a lege naturali derivetur.

1. Dicit enim Philosophus, in V *Ethic.*,[2] quod *iustum legale*[3] *est quod ex principio quidem nihil differt utrum sic vel aliter fiat.*

---

11. c.1, 1354b13.

1. 1864년 『오류 목록』(*Syllabus*)에서 교황 비오 9세에 의해 단죄된 명제 56: "도덕법은 신적 재가를 전혀 필요로 하지 않으며, 인정법이 자연법에 상응하여 형성되거나 구속력을 신으로부터 받을 필요도 결코 없다(26)."[DS 1756(→ DH 2956)] 명제 57: "철학과 윤리 학문, 그리고 마찬가지로 시민법들은 신권(神權)과 교권(敎權)으로부터 벗어날 수 있고 또한 벗어나야 한다(26)."[DS 1757 (→DH 2957)] 명제 58: "물질에 정초한 힘이 아니면 다른 힘들은 인정될 수 없으며, 전체 윤리 질서와 영예는 어떤 방법으로든 부를 축적하고 증식시키며, 쾌락을 만끽하는 데에도 설정되어야 한다(26′ 28′)."[DS 1758(→DH 2958)] 명제 59: "법은 물질적 사실에 있으며, 인간의 모든 의무는 쓸데없는 명목뿐이고, 모

않고 왜곡되기도 쉽기 때문에, 가능한 한 언제든지 무엇을 판결할지는 법이 결정하고 아주 적은 재량권만 사람이 행사하도록 하는 것이 필요하다.

3. 같은 곳에서[11] 철학자가, 예컨대 "어떤 일이 일어났는지 아닌지" 또는 이와 같은 것에 있어서 말하듯이, 법의 범위를 벗어나는 어떤 개별적인 것은 "반드시 재판관에게 맡겨야 한다."

제2절: 인간이 만든 모든 법은 자연법에서 나오는가?[1]

Parall.: *ScG*, III, c.123; *In Sent.*, III, d.37, a.3; IV, d.15, q.3, a.1, qc.4; a.2, qc.1; *In Ethic.*, V, lect.12.

[반론] 둘째에 대해서는 다음과 같이 진행된다. 인간에 의해 제정된 모든 법이 자연법에서 나오지는 않은 것으로 생각된다.

1. 철학자가 『니코마코스 윤리학』 제5권[2]에서 "법률적 정의[3]는 처음에는 이렇게 되든지 다르게 되든지 상관없는 것이다"라고 말하기 때문

든 인간 행위들은 법적 효력을 갖는다(26′)."[DS 1759(→DH 2959)] 명제 61: "요행으로 이루어진 사실의 불의는 법의 신성함에 아무런 손해를 끼치지 않는다(24′)." [DS 1761(→DH 2961)] 명제 64: "아주 성스러운 서약을 위반하고 또한 영원법을 거슬러 어떠한 무례나 추악한 행위를 자행하더라도, 그것이 조국애로 인한 것일 때에는 조금도 비난해서는 안 되고, 오히려 아주 정당하게 최상의 찬사를 보내야 한다(4′)."[DS 1764(→DH 2964)]

2. c.10, 1134b20-24; S. Thomas, lect.12, nn.1020-1024.
3. 법률적 정의(iustum legale)는 자연적 정의(iustum naturale)와 정치적 정의(iustum politicum)의 두 종류로 나뉜다. 성 토마스는 법률적 정의를 실정적 정의(iustum positivum)와 동일시하고 있다. 『니코마코스 윤리학 주해』 제12강 제1016번 참조.

q.95, a.2

Sed in his quae oriuntur ex lege naturali, differt utrum sic vel aliter fiat. Ergo ea quae sunt legibus humanis statuta, non omnia derivantur a lege naturae.

2. Praeterea, ius positivum dividitur contra ius naturale: ut patet per Isidorum, in libro *Etymol.*,[4] et per Philosophum, in V *Ethic.*.[5] Sed ea quae derivantur a principiis communibus legis naturae sicut conclusiones, pertinent ad legem naturae, ut supra[6] dictum est. Ergo ea quae sunt de lege humana, non derivantur a lege naturae. 3. Praeterea, lex naturae est eadem apud omnes: dicit enim Philosophus, in V *Ethic.*,[7] quod *naturale iustum est quod ubique habet eandem potentiam*. Si igitur leges humanae a naturali lege derivarentur, sequeretur quod etiam ipsae essent eaedem apud omnes. Quod patet esse falsum.

4. Praeterea, eorum quae a lege naturali derivantur, potest aliqua ratio assignari. Sed *non omnium quae a maioribus lege statuta sunt, ratio reddi potest*, ut Iurisperitus[8] dicit. Ergo non omnes leges humanae derivantur a lege naturali.

SED CONTRA est quod Tullius dicit, in sua *Rhetor.*:[9] *Res a natura profectas, et a consuetudine probatas, legum metus et religio sanxit.*

---

4. V. c.4: PL 82, 199 B.
5. c.10, 1134b18–19; S. Thomas, lect.12, nn.1016–1017.
6. q.94, a.4.

이다. 그런데 자연법에서 나온 것에 있어서는 이렇게 되든지 다르게 되든지 하는 차이가 있다. 따라서 인정법에 의해 만들어진 것이 모두 자연의 법에서 나오는 것은 아니다.

2. 그 밖에도 이시도루스가 『어원』[4]이라는 책에서, 그리고 철학자가 『니코마코스 윤리학』 제5권[5]에서 밝히듯이, 실정법은 자연법과 대조적인 것으로 분류된다. 그런데 위에서 말했듯이,[6] 결론과 같이 자연의 법의 일반원리로부터 나오는 것은 자연의 법에 속한다. 따라서 인정법 아래 있는 것은 자연의 법에서 나온 것이 아니다.

3. 그 밖에도 자연의 법은 모두에게 있어서 같다. 왜냐하면 철학자가 『니코마코스 윤리학』 제5권[7]에서 "자연적 정의는 어디에서건 같은 효력을 가지는 것이다"라고 말하기 때문이다. 따라서 인정법이 자연법에서 나온다면, 인정법 자체도 모든 사람에게 있어 같아야 한다는 결론이 나온다. 그런데 그것은 명백히 사실과 다르다.

4. 그 밖에도 자연법에서 나오는 것에 어떤 이유를 부여할 수 있다. 그런데 법률가[8]가 말하듯이, "조상에 의해 주어진 법의 모든 것에 대해 이유를 부여할 수 있는 것은 아니다." 따라서 모든 인정법이 자연법에서 나오는 것은 아니다.

[재반론] 그러나 반대로 키케로는 자신의 『수사학』[9]에서 "자연에서 나와 습관으로 인정된 것은 두려움과 경외에 의해 법으로 인준된다"고 말한다.

---

7. c.10, 1134b19-20; S. Thomas, lect.12. nn.1018-1019.
8. *Dig.*, I, tit.3, leg.20.
9. II, c.53: ed. Müller, Lipsiae, 1908, p.230, ll.16-17.

RESPONDEO dicendum quod, sicut Augustinus dicit, in I *de Lib. Arb.*,[10] *non videtur esse lex, quae iusta non fuerit.* Unde inquantum habet de iustitia, intantum habet de virtute legis.[11] In rebus autem humanis dicitur esse aliquid iustum ex eo quod est rectum secundum regulam rationis. Rationis autem prima regula est lex naturae, ut ex supradictis[12] patet. Unde omnis lex humanitus posita intantum habet de ratione legis, inquantum a lege naturae derivatur. Si vero in aliquo, a lege naturali discordet, iam non erit lex sed legis corruptio.

Sed sciendum est quod a lege naturali dupliciter potest aliquid derivari: uno modo, sicut conclusiones ex principiis; alio modo, sicut determinationes quaedam aliquorum communium. Primus quidem modus est similis ei quo in scientiis ex principiis conclusiones demonstrativae producuntur. Secundo vero modo simile est quod in artibus formae communes determinantur ad aliquid speciale: sicut artifex formam communem domus necesse est quod determinet ad hanc vel illam domus figuram. Derivantur ergo quaedam a principiis communibus legis naturae per modum conclusionum: sicut hoc quod est *non esse occidendum*, ut conclusio quaedam derivari potest ab eo quod est *nulli esse malum faciendum.* Quaedam vero per modum determinationis: sicut lex naturae habet quod ille qui peccat, puniatur; sed quod tali poena puniatur, hoc est quaedam determinatio legis naturae.

Utraque igitur inveniuntur in lege humana posita. Sed ea quae sunt primi modi, continentur lege humana non tanquam sint solum

[답변] 『자유의지론』 제1권[10]에서 아우구스티누스는 "정의롭지 않은 것은 법이 아닌 것으로 보인다"라고 말한다. 따라서 법의 효력은 정의로운 만큼 있는 것이다.[11] 그런데 인간사(人間事)에 있어 어떤 것은 이성의 규칙에 따라 올바르다는 사실로부터 정의롭다고 말해진다. 그런데 위에서 말한 바에서[12] 명백해지듯이, 이성의 제일규칙은 자연의 법이다. 따라서 인간에 의해 주어진 모든 법은 자연의 법에서 나온 한에 있어서 법의 본성을 가진다. 만약 어떤 점에 있어서 자연법과 맞지 않는다면, 그것은 이미 법이 아니라 법의 타락이다.

그러나 어떤 것이 두 가지 방식에 의해 자연법에서 나온다는 점을 알아야 한다. 첫째는 원리에서 결론으로, 둘째는 어떤 일반적인 것을 결정하는 것으로. 첫째 방식은 학문에 있어 원리로부터 논증적 결론을 도출하는 것과 같다. 둘째 방식은 예술에 있어 일반적 형상이 어떤 특수한 것으로 결정되는 것과 같다. 마치 건축가가 이런저런 모습으로 집의 일반적 형상을 결정해야 하는 것과 같다. 따라서 어떤 것은 결론의 방식을 통해 자연의 법의 일반적 원리로부터 도출된다. 마치 '악을 행해서는 안 된다'는 것으로부터 '죽이지 말아야 한다'는 결론이 도출될 수 있는 것과 같다. 반면 어떤 것은 결정의 방식을 통해 도출된다. 마치 자연의 법이 죄를 지은 자는 처벌되어야 한다고 하지만, 그러그러한 처벌이 가해져야 한다는 것은 자연의 법의 어떤 결정인 것처럼.

따라서 두 방식 모두 인정법에서 성립된다. 그러나 첫째 방식에 의

---

10. c.5, n.11: PL 32, 1227.
11. 실정법의 조건에 따라 정의는 하나다.(이하 문제 참조) 언제 법이 정의롭다고 말할 수 있는가에 대해서는 제96문 제4절을 보라.
12. q.91, a.2, ad2.

lege posita, sed habent etiam aliquid vigoris ex lege naturali. Sed ea quae sunt secundi modi, ex sola lege humana vigorem habent.

AD PRIMUM ergo dicendum quod Philosophus loquitur de illis quae sunt lege posita per determinationem vel specificationem quandam praeceptorum legis naturae.

AD SECUNDUM dicendum quod ratio illa procedit de his quae derivantur a lege naturae tanquam conclusiones.

AD TERTIUM dicendum quod principia communia legis naturae non possunt eodem modo applicari omnibus, propter multam varietatem rerum humanarum. Et exinde provenit diversitas legis positivae apud diversos.

AD QUARTUM dicendum quod verbum illud Iurisperiti intelligendum est in his quae sunt introducta a maioribus circa particulares determinationes legis naturalis; ad quas quidem determinationes se habet expertorum et prudentum iudicium sicut ad quaedam principia; inquantum scilicet statim vident quid congruentius sit particulariter determinari. Unde Philosophus dicit, in VI *Ethic.*,[13] quod in talibus *oportet attendere expertorum et seniorum vel prudentum indemonstrabilibus enuntiationibus et opinionibus, non minus quam demonstrationibus.*

한 것은 법이 주어졌다는 사실뿐 아니라 자연법으로부터 어떤 효력을 가지게 되는 한에 있어 인정법에 포함되는 반면, 둘째 방식에 의한 것은 오직 인정법에 의해서만 그 효력을 가지게 된다.

[해답] 1. 철학자는 자연의 법의 어떤 계명을 결정 또는 특수화함으로써 주어지는 법에 대해 말하고 있다.

2. 이 추론은 결론과 같이 자연의 법에서 나오는 것에 대해서는 맞다.

3. 인간사(人間事)의 많은 다양성 때문에, 자연의 법의 일반원리는 같은 방식으로 모든 사람들에게 적용될 수 없다. 거기서부터 다양한 사람에 있어 실정법의 다양성이 나오는 것이다.

4. 법률가의 말은 자연법의 개별적인 결정과 관련해서 조상에 의해 도입된 것과 관련해서 이해해야 한다. 그런데 무엇이 특히 결정되기에 더 잘 맞는 것인지를 즉각 보는 한에 있어서, 전문가들과 현자들의 판단은 어떤 원리로서 그 결정에 관계하는 것이다. 따라서 철학자는 『니코마코스 윤리학』 제6권[13]에서 그러한 것에 있어 "경험 많은 자와 나이 많은 사람, 그리고 실천적 지혜가 많은 자들의 논증만큼이나 논증 불가능한 말과 의견에 주의를 기울여야 한다"라고 말한다.

---

13. c.12, 1143b11-17; S. Thomas, lect.9, nn.1254-1256.

Articulus 3
Utrum Isidorus convenienter[1] qualitatem legis positivae describat

Ad tertium sic proceditur. Videtur quod Isidorus inconvenienter qualitatem legis positivae describat, dicens:[2] *Erit lex honesta, iusta, possibilis secundum naturam, secundum consuetudinem patriae, loco temporique conveniens, necessaria, utilis; manifesta quoque, ne aliquid per obscuritatem in captionem contineat; nullo privato commodo, sed pro communi utilitate civium scripta.*

1. Supra[3] enim in tribus conditionibus qualitatem legis explicaverat, dicens: *Lex erit omne quod ratione constiterit, dumtaxat quod religioni congruat, quod disciplinae conveniat, quod saluti proficiat.* Ergo superflue postmodum conditiones legis multiplicat.

2. Praeterea, iustitia pars est honestatis; ut Tullius dicit, in I *de Offic.*.[4] Ergo postquam dixerat *honesta*, superflue additur *iusta*.

3. Praeterea, lex scripta, secundum Isidorum,[5] contra consuetudinem dividitur. Non ergo debuit in definitione legis poni quod esset *secundum consuetudinem patriae*.

4. Praeterea, necessarium dupliciter dicitur. Scilicet id quod est

---

1. 또는 '적합하게'.
2. *Etymol.*, V, c.21: PL 82, 203 A. Cf. II, c.10: PL 82, 131 A.
3. V, c.3: PL 82, 199 A.

제3절: 이시도루스는 실정법의 성질을 적절하게[1] 설명했는가?

Doctr. Eccl.: 앞의 절에서 인용한 문헌을 보라.

[반론] 셋째에 대해서는 다음과 같이 진행된다. 이시도루스가 다음과 같이, 곧 "법은 명예롭고 정의로우며 본성에 따라 가능하고 국가의 관습과도 맞으며 때와 장소에 잘 맞고 필연적이며 유익하다. 명확하고 또한 모호함으로 어떤 것을 기만에 빠지지 않게 한다. 사적 이익을 위해서가 아니라 시민 공통의 유익을 위해 쓰인다"라고 말할 때,[2] 실정법의 성질을 부적절하게 설명한 것으로 생각된다.

1. 그는 위에서[3] 다음과 같이 말하면서 법의 성질을 세 가지 조건으로 설명했기 때문이다. "법은 (신에 대한) 경외와 일치하는 한에 있어서 이성에 의해 제정되는 것, 훈육과 잘 맞는 것, 복리를 만들어 내는 것이다." 따라서 그 외에 다른 법의 조건을 더하는 것은 불필요하다.

2. 그 밖에도 키케로가 『의무론』 제1권[4]에서 말하듯이 정의는 명예의 한 부분이다. 따라서 '명예'를 말한 다음에 '정의'를 더하는 것은 불필요하다.

3. 그 밖에도 이시도루스에 따르면[5] 성문법은 관습에 반대되는 것으로 분류된다. 따라서 법의 정의(定義)에 있어서 '국가의 관습에 따라'라는 것을 넣어서는 안 된다.

4. 그 밖에도 필연적인 것은 두 가지로 말해진다. 즉 달리 있을 수 없는 것은 단적으로 필연적인 것이다. 이러한 식으로 필연적인 것은

---

4. c.7: ed. Müller, Lipsiae, 1910, p.8, ll.35-36.
5. *Etymol.*, II, c.10; V, c.3: PL 82, 131 A, 199 A.

necessarium simpliciter, quod impossibile est aliter se habere: et huiusmodi necessarium non subiacet humano iudicio: unde talis necessitas ad legem humanam non pertinet. Est etiam aliquid necessarium propter finem: et talis necessitas idem est quod utilitas. Ergo superflue utrumque ponitur, *necessaria* et *utilis*.

SED CONTRA est auctoritas ipsius Isidori.[6]

RESPONDEO dicendum quod uniuscuiusque rei quae est propter finem, necesse est quod forma determinetur secundum proportionem ad finem; sicut forma serrae talis est qualis convenit sectioni; ut patet in II *Physic..*[7] Quaelibet etiam res recta et mensurata oportet quod habeat formam proportionalem suae regulae et mensurae. Lex autem humana utrumque habet: quia et est aliquid ordinatum ad finem; et est quaedam regula vel mensura regulata vel mensurata quadam superiori mensura; quae quidem est duplex, scilicet lex divina et lex naturae, ut ex supradictis[8] patet. Finis autem humanae legis est utilitas hominum; sicut etiam Iurisperitus[9] dicit. Et ideo Isidorus in conditione legis, primo quidem tria posuit: scilicet quod religioni congruat, inquantum scilicet est proportionata legi divinae; quod disciplinae conveniat, inquantum est proportionata legi naturae; quod saluti proficiat, inquantum est proportionata utilitati humanae.

---

6. *Etymol.*, V. c.21: PL 82, 203 A. Cf. II, c.10: PL 82, 131 A.

인간의 판단 아래 있지 않다. 이러한 필연성은 인정법에 속하지 않는다. 또한 어떤 것은 목적을 위해 필요한데 이러한 필연성은 유익함과 같은 것이다. 따라서 '필연적'이고 '유익한'이라고 말하는 것은 불필요하다.

[재반론] 그러나 반대로 이시도루스 자신의 권위[6]는 이와 반대된다.

[답변] 목적을 위해 있는 것들은 모두 각각 반드시 그 목적에 비례해서 그 형상이 결정되어야 한다. 『자연학』 제2권[7]에서 밝혔듯이, 톱의 형상도 절단에 적합하게 생겼다. 또한 다스려지고 재어지는 모든 것은 각각 그 규칙과 척도에 비례하는 형상을 가져야만 한다. 그런데 인정법은 이 두 조건을 모두 가지고 있다. 왜냐하면 그것은 목적을 향해 질서 지어져 있고, 더 높은 어떤 척도에 의해 다스려지고 재어지는 규칙과 척도이기 때문이다. 그리고 위에서 말했듯이,[8] 그 (더 높은 척도)는 신법과 자연의 법이라는 두 가지다. 그런데 법률가[9] 또한 말하듯이, 인정법의 목적은 인간의 유익이다. 따라서 이시도루스는 처음에 법의 조건으로 세 가지를 제시한다. 즉 신법에 비례하는 한에 있어서 (신에 대한) 경외와 일치하는 것, 자연의 법에 비례하는 한에 있어서 훈육과 잘 맞는 것, 인간의 유익에 비례하는 한에 있어서 복리를 만들어 내는 것이다.

---

7. c.9, 200a10-13; b5-9; S. Thomas, lect.15, nn.4 & 6.
8. 앞 절; q.93, a.3.
9. *Dig.*, I, tit.3, leg.25.

Et ad haec tria omnes aliae conditiones quas postea ponit, reducuntur. Nam quod dicitur *honesta*, refertur ad hoc quod religioni congruat. — Quod autem subditur, *iusta, possibilis secundum naturam, secundum consuetudinem patriae, loco temporique conveniens*, additur ad hoc quod conveniat disciplinae. Attenditur enim humana disciplina primum quidem quantum ad ordinem rationis, qui importatur in hoc quod dicitur *iusta*. Secundo, quantum ad facultatem agentium. Debet enim esse disciplina conveniens unicuique secundum suam possibilitatem, observata etiam possibilitate naturae (non enim eadem sunt imponenda pueris, quae imponuntur viris perfectis); et secundum humanam consuetudinem; non enim potest homo solus in societate vivere, aliis morem non gerens. Tertio, quantum ad debitas circumstantias, dicit, *loco temporique conveniens*. — Quod vero subditur, *necessaria, utilis*, etc., refertur ad hoc quod expediat saluti: ut necessitas referatur ad remotionem malorum; utilitas, ad consecutionem bonorum; manifestatio vero, ad cavendum nocumentum quod ex ipsa lege posset provenire. — Et quia, sicut supra[10] dictum est, lex ordinatur ad bonum commune, hoc ipsum in ultima parte determinationis ostenditur.

Et per hoc patet responsio ad obiecta.

---

10. q.90, a.2.

그리고 그 이후에 주어지는 다른 모든 조건은 이 세 가지로 환원된다. 왜냐하면 '명예'라고 불리는 것은 (신에 대한) 경외와 맞는 것과 관계된다. — '정의로우며 본성에 따라 가능하고 국가의 관습과도 맞으며 때와 장소에 잘 맞는 것' 아래 있는 것은 훈육에 잘 맞는 것에 더해진다. 인간의 훈육은 첫째로 이성의 질서에 부합해야 하는데, 이는 '정의로운'이라는 말로 지칭된다. 둘째로 행위자의 능력에 부합해야 한다. 왜냐하면 (완전한 성인에게 부과되는 똑같은 훈육이 아이들에게 주어지면 안 되기 때문에) 본성의 능력까지 고려한다면, 자신의 능력에 따라 각자에게 맞는 훈육이 있어야 하기 때문이다. 그리고 인간은 인간의 관습에 따라 다른 이들의 관습을 따르지 않으면서 사회에서 혼자 살 수는 없기 때문이다. 셋째로 마땅한 상황들에 부합해야 하는데, 이는 '때와 장소에 잘 맞는 것'이라는 말로 지칭된다. — '필연적이며 유익한' 등과 같은 말에 해당하는 것은 복리를 증진하는 것을 말한다. 필연성은 악의 제거를, 유익은 선의 달성을, 명확성은 법 자체에서 나올 수 있는 해를 피해야 함을 말한다. — 그리고 위에서 말했듯이,[10] 법은 공동선을 향해 질서 지어지기 때문에, 이것은 결정의 마지막 부분에서 설명된다.

그리고 이를 통해 반론에 대한 답이 명백해진다.

Articulus 4
Utrum Isidorus convenienter ponat divisionem humanarum legum

Ad quartum sic proceditur. Videtur quod inconvenienter Isidorus divisionem legum[1] humanarum ponat,[2] sive iuris humani.

1. Sub hoc enim iure comprehendit *ius gentium*, quod ideo sic nominatur, ut ipse dicit,[3] quia *eo omnes fere gentes utuntur*. Sed sicut ipse dicit,[4] *ius naturale est quod est commune omnium nationum*. Ergo ius gentium non continetur sub iure positivo humano, sed magis sub iure naturali.

2. Praeterea, ea quae habent eandem vim, non videntur formaliter differre, sed solum materialiter. Sed *leges, plebiscita, senatusconsulta*, et alia huiusmodi quae ponit,[5] omnia habent eandem vim. Ergo videtur quod non differant nisi materialiter. Sed talis distinctio in arte non est curanda: cum possit esse in infinitum. Ergo inconvenienter huiusmodi divisio humanarum legum introducitur.

3. Praeterea, sicut in civitate sunt principes et sacerdotes et milites, ita etiam sunt et alia hominum officia. Ergo videtur quod, sicut ponitur[6] quoddam *ius militare*, et *ius publicum*, quod consistit in sacerdotibus et magistratibus; ita etiam debeant poni alia iura,

---

1. 여기서 성 토마스는 당시의 전통에 따라 lex와 ius를 특별히 구분하지 않고 사용한다. 인정법(lex humana)과 인간의 법률(ius humanum)은 사실 크게 다른 것이 아니다. 다만 번역의 편의를 위해 구분한다.

제4절: 이시도루스는 인정법을 적절하게 분류했는가?

Parall.: *In Ethic.*, V, lect.12.

[반론] 넷째에 대해서는 다음과 같이 진행된다. 이시도루스는 인정법 또는 인간의 법률[1]을 부적절하게 분류한[2] 것으로 생각된다.

1. 그는 그 법 밑에 '만민법'을 포함시키는데, 그것은 "거의 모든 족속이 사용하기" 때문에 그렇게 불린다.[3] 그런데 그 스스로 말하듯이,[4] "자연법은 모든 나라에 공통적인 것이다." 따라서 만민법은 인간의 실정법이 아니라 오히려 자연법 아래 포함된다.

2. 그 밖에도 같은 힘을 가지는 것들은 형상적으로가 아니라 질료적으로만 다르게 보인다. 그런데 그가 말하는[5] '법, 민회의 의결들, 원로원의 의결들', 그리고 이와 같은 종류의 다른 것들은 모두 같은 힘을 가진다. 따라서 그것들은 질료적으로 외에는 다른 것으로 보이지 않는다. 그런데 예술에 있어서는 그러한 분류가 무한할 수 있기 때문에 그것에 얽매여서는 안 된다. 따라서 인정법에 대한 이러한 방식의 분류는 부적절하게 도입되었다.

3. 그 밖에도 한 국가에 군주와 사제와 군인이 있듯이, 인간에게는 다른 직책들도 있다. 따라서 사제와 관료에 해당되는 '군법'과 '공법'이 주어지듯이,[6] 국가의 다른 직책에 해당하는 다른 법이 주어져야 하는 것으로 보인다.

---

2. *Etymol.*, V, c.4 sqq.: PL 82, 199 sqq.
3. c.6: PL 82, 200 A.
4. c.4: PL 82, 199 B.
5. c.9: PL 82, 200 B.
6. cc.7-8: PL 82, 200 AB.

ad alia officia civitatis pertinentia.

4. Praeterea, ea quae sunt per accidens, sunt praetermittenda. Sed accidit legi ut ab hoc vel illo homine feratur. Ergo inconvenienter ponitur[7] divisio legum humanarum ex nominibus legislatorum, ut scilicet quaedam dicatur *Cornelia,* quaedam *Falcidia, etc.*

In contrarium auctoritas Isidori[8] sufficiat.

RESPONDEO dicendum quod unumquodque potest per se dvidi secundum id quod in eius ratione continetur. Sicut in ratione animalis continetur anima, quae est rationalis vel irrationalis: et ideo animal proprie et per se dividitur secundum rationale et irrationale; non autem secundum album et nigrum, quae sunt omnino praeter rationem eius.[9] Sunt autem multa de ratione legis humanae, secundum quorum quodlibet lex humana proprie et per se dividi potest. Est enim primo de ratione legis humanae quod sit derivata a lege naturae, ut ex dictis[10] patet. Et secundum hoc dividitur ius positivum in ius gentium et ius civile, secundum duos modos quibus aliquid derivatur a lege naturae, ut supra[11] dictum est. Nam ad ius gentium pertinent ea quae derivantur ex lege naturae sicut conclusiones ex principiis: ut iustae emptiones, venditiones, et alia huiusmodi, sine quibus homines ad invicem convivere non possent; quod est de lege

---

7. c.15: PL 82, 201 B.

제95문 제4절

4. 그 밖에도 우유적인 것들은 심각하게 고려하지 않아야 한다. 그런데 이 사람 또는 저 사람에 의해 만들어지는 것은 법에 있어 우유적인 것이다. 따라서 '코리넬리우스법', '팔키디우스법' 등으로 불리는 것처럼 입법가의 이름에 따라 인정법을 분류하는[7] 것은 부적절하다.

[재반론] 그러나 반대로 이시도루스 권위[8]는 충분하다.

[답변] 무엇이든 그 개념 안에 포함되어 있는 것에 따라 그 자체로 분류될 수 있다. 이성적이든 비이성적이든 영혼은 동물이라는 개념 안에 포함된다. 따라서 동물은 이성적이냐 비이성적이냐에 따라 본래적이고 자체적으로 분류된다. 그러나 완전히 그 개념과는 다른[9] 흑과 백으로 분류되는 것은 아니다. 그런데 인정법이라는 개념에는 많은 것이 포함되어 있어서, 그 어떤 것에 따라서도 인정법은 본래적이고 자체적으로 분류될 수 있다. 왜냐하면 위에서 말한 바에서[10] 분명하듯이 첫째, 자연의 법에서 나오는 것은 인정법이라는 개념에 속하기 때문이다. 그리고 위에서 말했듯이,[11] 어떤 것이 자연의 법에서 나오는 두 가지 방식에 따라 실정법은 만민법과 시민법으로 나뉜다. 왜냐하면 원리에서 결론이 나오는 것과 같이 자연의 법에서 나오는 것은 만민법에 속하기 때문이다. 공정한 구매와 판매, 그리고 이와 같은 다른 것은 그것 없이는 인간이 서로 같이 살 수 없는데,『정치학』제1권[12]에

---

8. *Etymol.*, V, c.4 sqq.: PL 82, 199 sqq..
9. Cf. q.18, a.7; q.35, a.8; q.72, a.5.
10. a.2.
11. Ibid.
12. c.1, 1253a2-3; S. Thomas, lect.1.

q.95, a.4

naturae, quia homo est naturaliter animal sociale,[13] ut probatur in I *Polit.*.[12] Quae vero derivantur a lege naturae per modum particularis determinationis,[14] pertinent ad ius civile, secundum quod quaelibet civitas aliquid sibi accommodum determinat.

Secundo est de ratione legis humanae quod ordinetur ad bonum commune civitatis. Et secundum hoc lex humana dividi potest secundum diversitatem eorum qui specialiter dant operam ad bonum commune: sicut sacerdotes, pro populo Deum orantes; principes, populum gubernantes; et milites, pro salute populi pugnantes. Et ideo istis hominibus specialia quaedam iura aptantur.

Tertio est de ratione legis humanae ut instituatur a gubernante communitatem civitatis, sicut supra[15] dictum est. Et secundum hoc distinguuntur leges humanae secundum diversa regimina civitatum. Quorum unum, secundum Philosophum, in III *Polit.*,[16] est regnum, quando scilicet civitas gubernatur ab uno: et secundum hoc accipiuntur *constitutiones principum*. Aliud vero regimen est aristocratia, idest principatus optimorum, vel optimatum: et secundum hoc sumuntur *responsa prudentum*, et etiam *senatusconsulta*. Aliud regimen est oligarchia, idest principatus paucorum divitum et potentum: et secundum hoc

(각주 12, 13에 해당하는 한글 번역 문장과 라틴어 문장의 어순이 다름)
13. (* 추가주) "자연적인 것은 무엇이든지, 그것을 가지기 위해 반드시 있어야 하는 것도 자연적이어야 한다. 왜냐하면 필연적인 것에 있어서 자연은 예외가 없기 때문이다.[*De anima*, III, c.9: 432b] 그러나 인간이 사회적 동물이라는 것은

서 말했듯이, 인간은 본성적으로 사회적 동물이기 때문에 이것들은 자연의 법에서 나온다.[13] 그러나 각 국가는 자신에게 맞는[14] 것을 결정한다는 점에서, 특수한 결정의 방식에 따라 자연의 법에서 나오는 것은 시민법에 속한다.

둘째, 국가의 공동선을 위해 질서 지어지는 것은 인정법의 개념에 속하는 것이다. 그리고 이 점에 있어서 인정법은 공동선을 위해 특별한 방법으로 일하는 사람들의 다양성에 따라 나뉠 수 있다. 예컨대 사제는 사람들을 위해 하느님께 기도하는 것으로, 군주는 사람들을 다스림으로써, 그리고 군인은 사람들의 안전을 위해 싸우는 것으로. 따라서 이러한 사람들에게는 어떤 특별한 법이 맞는 것이다.

셋째, 위에서 말했듯이,[15] 국가 공동체를 다스리는 자에 의해 제정된 것은 인정법의 개념에 속한다. 그리고 이 점에 있어서 국가의 다양한 정체(政體)에 따라 인정법이 나뉜다. 철학자가 『정치학』 제3권[16]에서 말하듯이, 그중 하나는 군주정으로, 국가가 한 사람에 의해 다스려지는 것이다. 이에 따라 '군주칙령들'이 받아들여지는 것이다. 다른 정체는 귀족정인데, 최고의 사람들 또는 귀족들에 의해 다스려지기 때문이다. 그리고 이에 따라 '현자들의 답' 또는 '원로원의 의결'을 가지게 된다. 또 다른 정체는 소수의 부자나 권력자에 의해 다

자연적인 것이고, 이는 한 인간이 인간의 삶에 필요한 모든 것에 충분하지 않기 때문이라는 점에서 명백해졌다. 따라서 인간 사회를 보존하기 위해 반드시 필요한 것은 인간에게 본성적으로 부합하는 것이다. 그것은 각자가 자신의 것을 지키고 불의(손해)를 멀리하는 것과 같은 것이다. 따라서 인간적 행동에는 본성적으로 옳은 것들이 있다." *ScG*, III, c.129, § *Adhuc. Cuicumque.*

14. 비오판에는 'accommode'(잘 맞게)로 되어있음.
15. q.90, a.3.
16. c.7, 1279a32-b10; S. Thomas, lect.6. Cf. c.8, 1279b16-20; S. Thomas, lect.9.

sumitur *ius praetorium*, quod etiam *honorarium* dicitur. Aliud autem regimen est populi, quod nominatur democratia: et secundum hoc sumuntur *plebiscita*. Aliud autem est tyrannicum, quod est omnino corruptum: unde ex hoc non sumitur aliqua lex. Est etiam aliquod regimen ex istis commixtum, quod est optimum:[17] et secundum hoc sumitur *lex*, «quam maiores natu simul cum plebibus sanxerunt», ut Isidorus dicit.[18]

Quarto vero de ratione legis humanae est quod sit directiva humanorum actuum. Et secundum hoc, secundum diversa de quibus leges feruntur, distinguuntur leges, quae interdum ab auctoribus nominantur: sicut distinguitur *Lex Iulia de Adulteriis*,[19] *Lex Cornelia de Sicariis*,[20] et sic de aliis, non propter auctores, sed propter res de quibus sunt.

AD PRIMUM ergo dicendum quod ius gentium est quidem aliquo modo naturale homini, secundum quod est rationalis, inquantum derivatur a lege naturali per modum conclusionis quae non est multum remota a principiis. Unde de facili in huiusmodi homines consenserunt. Distinguitur tamen a lege naturali, maxime ab eo quod est omnibus animalibus communis.[21]

Ad alia patet responsio ex his quae dicta sunt.[22]

---

17. Cf. q.105, a.1.
18. Loc. cit., c.10 et II, c.10: PL 82, 200 C, 130 C.
19. *Dig.*, XLVIII, tit.5.

스러지는 과정인데, 이에 따라 '명예법'이라고도 불리는 '법무관법'을 만들게 된다. 또 다른 정체는 인민에 의한 것으로서 민주정이라고 불린다. 이에 따라 '민회 의결'을 만들게 된다. 또 다른 것은 전제정(專制政)인데, 이는 완전히 부패한 것으로 이에 따라 어떤 법이 나오지는 않는다. 또한 이러한 것들이 합쳐진 것에서 나온 정체가 있는데, 이것이 최선이다.[17] 이시도루스가 말한 바와 같이,[18] 이에 따라 연장자들이 평민들과 함께 동시에 인가한 '법'이 만들어지게 된다.

넷째, 인간의 행위를 지도하는 것은 인정법이라는 개념에 속하는 것이다. 그리고 이 점에서 법이 다루는 다양한 사안들에 따라 법이 나뉘는데, 때로는 법을 만든 사람의 이름이 붙여진다. 예컨대 '간통에 관한 율리우스법',[19] '살인자에 관한 코르넬리우스법'[20] 등으로 나뉘는데, 이것은 법을 만든 자 때문에 그런 것이 아니라 그 법이 다루고 있는 것들 때문에 그렇게 구분되는 것이다.

[해답] 1. 만민법은 인간이 이성적이라는 점에서 어떤 방식으로 인간에게 자연적이다. 왜냐하면 그것은 원리로부터 많이 떨어져 있지 않은 결론의 방식으로 자연법에서 나오기 때문이다. 따라서 이런 점에 사람들은 쉽게 동의한다. 그러나 그것은 자연법, 특히 모든 동물에게 공통적인 자연법과 구별된다.[21]

다른 반론들에 대해서는 이미 말한 바로부터[22] 나온 답으로 명백해진다.

---

20. *Dig.*, XLVIII, tit.8.
21. Cf. II-II, q.57, a.3.
22. 앞의 답변.

QUAESTIO XCVI
DE POTESTATE LEGIS HUMANAE
in sex articulos divisa

Deinde considerandum est de potestate legis humanae.[1]

Et circa hoc quaeruntur sex.

Primo: utrum lex humana debeat poni in communi.

Secundo: utrum lex humana debeat omnia vitia cohibere.

Tertio: utrum omnium virtutum actus habeat ordinare.

Quarto: utrum imponat homini necessitatem quantum ad forum conscientiae.

Quinto: utrum omnes homines legi humanae subdantur.

Sexto: utrum his qui sunt sub lege, liceat agere praeter verba legis.

Articulus 1
Utrum lex humana debeat poni in communi magis quam in particulari

Ad primum sic proceditur. Videtur quod lex humana non

제96문
인정법의 효력에 대하여
(전6절)

다음으로 인정법의 효력에 대해 고찰해야 한다.[1]
이 [주제]에 대해서는 여섯 가지 문제가 제기된다.
1. 인정법은 공통적으로 주어져야 하는가?
2. 인정법은 모든 악덕을 억제해야 하는가?
3. 인정법은 모든 덕의 행동을 질서 지어야 하는가?
4. 인정법은 양심의 법정에 따라 인간에게 필연성을 부과하는가?
5. 모든 인간이 인정법 아래 있는가?
6. 법 아래 있는 자가 법의 문구에서 벗어나 행동할 수 있는가?

제1절: 인정법은 특정한 사람에게가 아니라 공통적으로 주어져야 하는가?

Parall.: *In Ethic.*, V, lect.16.

[반론] 첫째에 대해서는 다음과 같이 진행된다. 인정법은 공통적으

---
1. Cf. q.95, Introd.

debeat poni in communi, sed magis in particulari.

1. Dicit enim Philosophus, in V *Ethic.*,[1] quod *legalia sunt quaecumque in singularibus lege ponunt; et etiam sententialia*, quae sunt etiam singularia, quia de singularibus actibus sententiae feruntur. Ergo lex non solum ponitur in communi, sed etiam in singulari.

2. Praeterea, lex est directiva humanorum actuum, ut supra[2] dictum est. Sed humani actus in singularibus consistunt. Ergo leges humanae non debent in universali ferri, sed magis in singulari.

3. Praeterea, lex est regula et mensura humanorum actuum, ut supra[3] dictum est. Sed mensura debet esse certissima, ut dicitur in X *Metaphys.*.[4] Cum ergo in actibus humanis non possit esse aliquod universale certum, quin in particularibus deficiat; videtur quod necesse sit leges non in universali, sed in singulari poni.

SED CONTRA est quod Iurisperitus dicit,[5] quod *iura constitui oportet in his quae saepius accidunt: ex his autem quae forte uno casu accidere possunt, iura non constituuntur.*

RESPONDEO dicendum quod[6] unumquodque quod est propter finem, necesse est quod sit fini proportionatum. Finis autem

---

1. c.10, 1134b23–24; S. Thomas, lect.12, nn.1020–1024.
2. q.90, aa.1–2.

로 주어지기보다 특정한 사람에게 주어져야 하는 것으로 생각된다.

1. 철학자는 『니코마코스 윤리학』 제5권[1]에서 "법이 개별적인 것에 부여한 것과 또한 판결에 따른 것은 무엇이든 법률적 (정의)이다"라고 말하는데, 여기서 판결이 개별적 행위에 관해 내려지기 때문에 판결에 따른 것도 개별적인 것들이다. 따라서 법은 공통적으로뿐 아니라 개별적으로도 주어진다.

2. 그 밖에도 위에서 말했듯이,[2] 법은 인간적 행위를 지도하는 것이다. 그런데 인간적 행위는 개별적인 것에서 성립한다. 따라서 인정법은 보편적인 것보다 개별적인 것에서 만들어져야 한다.

3. 그 밖에도 위에서 말했듯이,[3] 법은 인간적 행위의 규칙이고 척도다. 그런데 『형이상학』 제10권[4]에서 말한 바와 같이 척도는 가장 확실해야 한다. 따라서 인간적 행위에 있어서 특정한 것이 틀리지 않을 정도로 어떤 보편적인 것이 확실할 수는 없기 때문에, 법은 보편적인 것이 아니라 개별적인 것에 주어져야 하는 것으로 보인다.

[재반론] 그러나 반대로 법률가는 "법은 대부분의 경우에 일어나는 것에 맞게 만들어져야 하고, 어떤 한 경우에 우연히 일어날 수 있는 것들 때문에 만들어지지 않는다"고 말한다.[5]

[답변] 목적을 위한 것은 무엇이든 그 목적에 비례해야 한다.[6] 그런데

---

3. Ibid.
4. c.1, 1053a1-8; S. Thomas, lect.2, nn.1945-1946.
5. *Dig.*, I, tit.3, leg.3-4.
6. 비오판에는 'quod quia'(하기 때문이다)로 되어있음.

legis est bonum commune: quia, ut Isidorus dicit, in libro *Etymol.*,[7] *nullo privato commodo, sed pro communi utilitate civium lex debet esse conscripta.* Unde oportet leges humanas esse proportionatas ad bonum commune.[8] Bonum autem commune constat ex multis. Et ideo oportet quod lex ad multa respiciat, et secundum personas, et secundum negotia, et secundum tempora. Constituitur enim communitas civitatis ex multis personis; et eius bonum per multiplices actiones procuratur; nec ad hoc solum instituitur quod aliquo modico tempore duret, sed quod omni tempore perseveret per civium successionem, ut Augustinus dicit, in XXII *de Civ. Dei.*.[9]

AD PRIMUM ergo dicendum quod Philosophus in V *Ethic.*[10] ponit tres partes[11] iusti legalis,[12] quod est ius positivum. Sunt enim quaedam quae simpliciter in communi ponuntur. Et haec sunt leges communes. Et quantum ad huiusmodi, dicit quod *legale est quod ex principio quidem nihil differt sic vel aliter, quando autem ponitur, differt*:[13] puta quod captivi statuto pretio redimantur.[14] — Quaedam vero sunt quae sunt communia quantum ad aliquid, et singularia quantum ad aliquid. Et huiusmodi dicuntur *privilegia*, quasi *leges privatae*: quia respiciunt singulares personas, et tamen potestas eorum extenditur ad multa negotia. Et quantum ad

---

7. II, c.10; V, c.21: PL 82, 131 A, 203 A.
8. Cf. q.90, a.2.

이시도루스가 『어원』[7]에서 "법은 사적인 이익이 아니라 공동의 유익을 위해 만들어져야 된다"고 말하듯이, 법의 목적은 공동선이다. 따라서 인정법은 공동선에 비례해야 한다.[8] 그런데 공동선은 많은 것으로 이루어진다. 따라서 법은 사람, 사안, 시간과 관련하여 많은 것을 고려 해야 한다. 왜냐하면 국가 공동체는 많은 사람으로 이루어지고, 국가의 선은 많은 활동으로 생기는 것이기 때문이다. 아우구스티누스가 『신국론』 제22권[9]에서 말하듯이, [법은] 잠깐 동안만 지속되기 위해서가 아니라 계속 이어지는 시민들을 통해 모든 시간 동안 보존되기 위해 만들어지는 것이다.

[해답] 1. 철학자는 『니코마코스 윤리학』 제5권[10]에서 실정법에 속하는 법률적 정의를 세 부분[11]으로 나눈다.[12] 1) 왜냐하면 단적으로 공통적으로 주어지는 어떤 것이 있기 때문이다. 이것은 공통법이다. 이러한 방식에 관하여 그는 "법률적 [정의]는 처음에는 이렇든 저렇든 다를 것이 없지만 일단 주어지고 나면 달라진다"[13]고 말한다. 예컨대 포로의 몸값을 정해 치르고 구해내는 것이다.[14] — 2) 어떤 점에서는 공통의 것이고, 또 다른 점에서는 개별적인 것인 것도 있다. 그리고 이와 같은 방식으로 '특권'(特權)이 있는데, 그것은 '사법'(私法)에 속한다. 왜냐하면 그것은 개인에 관여하지만 그 효력은 많은 공무(公務)에까지

---

9. c.6: PL 41, 759.
10. c.10, 1134b20-24; S. Thomas, lect.12, nn.1020-1024.
11. 비오판에는 tres species iuris legalis(법률적 정의들을 세 종⟨種⟩으로)로 되어있음.
12. 아리스토텔레스는 둘로 나누었지만 토마스는 이를 셋으로 해석하고 있다.
13. 달라진다는 것은 일단 정해진 후에는 그 정해진 대로 해야 한다는 의미다.
14. Cf. q.95, a.2, obj.1 et ad1.

q.96, a.1

hoc, subdit: *adhuc quaecumque in singularibus lege ponunt.* — Dicuntur etiam quaedam legalia, non quia sint leges, sed propter applicationem legum communium ad aliqua particularia facta; sicut sunt sententiae, quae pro iure habentur. Et quantum ad hoc, subdit: *et sententialia.*[15]

AD SECUNDUM dicendum quod illud quod est directivum, oportet esse plurium directivum: unde in X *Metaphys.*,[16] Philosophus dicit quod omnia quae sunt unius generis, mensurantur aliquo uno, quod est primum in genere illo. Si enim essent tot regulae vel mensurae quot sunt mensurata vel regulata, cessaret utilitas regulae vel mensurae, quae est ut ex uno multa possint cognosci. Et ita nulla esset utilitas legis, si non se extenderet nisi ad unum singularem actum. Ad singulares enim actus dirigendos dantur singularia praecepta prudentium:[18] sed lex est *praeceptum commune*, ut supra[17] dictum est.

AD TERTIUM dicendum quod *non est eadem certitudo quaerenda*

---

15. (* 추가주) [아리스토텔레스는] 이러한 종류의 [즉 법률적] 정의에 세 가지 차이(종류)를 제시한 것으로 보인다. 그중 첫째는 어떤 것이 법에 의해 보편적이고 공통적으로 주어졌을 때다. 처음에는, 즉 법이 제정되기 전에는 이렇게 하든 다르게 하든 다를 것이 없지만, 일단 주어진 다음에는, 즉 법이 제정된 다음에는 다르게 되어 그것을 따르면 정의롭지만 무시하면 불의하게 되는 것을 법률적(정의)라고 부른다. 예컨대 어떤 국가에서 죄인이 정해진 석방금으로 풀려나려면 염소 한 마리를 희생제물로 지불해야 하지만 양 두 마리는 아니라고 하는 것이 법으로 정해지는 것과 같다. 법률적 정의의 둘째 차이는 어떤 개별적인 것에 있어 법이 어떤 것을 제정한다는 점이다. 예를 들어 국가나 군주가 어떤 사람에게 사법(私法)이라고 불리는 특권을 허용하는 것이 있다. 이와 관련해서 그는 또한 공통적으로 제정하는 것뿐 아니라 개별적인 것에 법 대신 누구든 제정하는 것이 법률적 정의라고 말했다. 예를 들어 어떤 국가에서는 국가에 많은 유익을

미치기 때문이다. 그리고 이와 관련해서 그는 "그 외에도 법이 개별적인 것에 부여한 모든 것"을 추가한다. — 3) 또한 어떤 것은 법이기 때문이 아니라 공통법을 어떤 특정한 사건에 적용하기 때문에 법률적 [정의]라고 불린다. 예컨대 법의 효력을 가지는 판결이다. 그리고 이 점에서 '판결에 따른 것들'[15]을 추가한다.

2. 지도적인 것은 더 많은 것에서 지도적이어야 한다. 따라서 철학자는 『형이상학』제10권[16]에서 하나의 류(類)에 속하는 모든 것은 그 류(類)에 있어 최고인 하나에 의해 재어진다고 말한다. 왜냐하면 만약 재어지고 규제되는 것들만큼 많은 규칙과 척도가 있다면, 하나를 통해 많은 것이 알려질 수 있는 그 규칙과 척도의 쓸모는 없어지게 되기 때문이다. 그리고 법이 하나의 개별적 행동 말고는 적용될 수 없다면, 법의 유익함은 없어지게 될 것이다. 왜냐하면 위에서 말했듯이,[17] 현자들의[18] 개별적 명령은 개별적 행위로 지도하도록 주어지지만, 법은 '공통적 명령'이기 때문이다.

3. 『니코마코스 윤리학』제1권[19]에서 말하듯이, "모든 것에 있어 똑같

가져온 브라시다스의 이름으로 여인을 희생제물로 바쳐야 한다는 법이 제정되는 것과 같다. [다음과 같이 정정한다: 많은 (유익을 가져온) 브라시다스라는 이름의 남자에게 희생제물이 바쳐져야 한다 등.] 법률적 정의의 셋째 차이는 재판관에 의해 주어진 판결 같은 것도 법률적 정의라고 불린다는 것이다. 그리고 이와 관련해서 그는 판결도 법률적 정의라고 말을 바꾼다. In Ethic., V, lect.12, nn.1020-1022.

16. c.1, 1052b18-22; S. Thomas, lect.2, nn.1937-1938.
17. q.92, a.2, adl.
18. 비오판에는 'praesidentium'(통치자들의)으로, 그리고 레오판에는 'prudentum'(현명함의)으로 되어있음.
19. c.1, 1094b13-22; S. Thomas, lect.3, nn.32-35.

in omnibus, ut in I *Ethic.*[19] dicitur. Unde in rebus contingentibus, sicut sunt naturalia et res humanae, sufficit talis certitudo ut aliquid sit verum ut in pluribus, licet interdum deficiat in paucioribus.

Articulus 2
Utrum ad legem humanam pertineat omnia vitia cohibere

Ad secundum sic proceditur. Videtur quod ad legem humanam pertineat omnia vitia cohibere.

1. Dicit enim Isidorus, in libro *Etymol.*,[1] quod *leges sunt factae ut earum metu coerceatur audacia*. Non autem sufficienter coerceretur, nisi quaelibet mala cohiberentur per legem. Ergo lex humana debet quaelibet mala cohibere.

2. Praeterea, intentio legislatoris est cives facere virtuosos. Sed non potest esse aliquis virtuosus, nisi ab omnibus vitiis compescatur. Ergo ad legem humanam pertinet omnia vitia compescere.

3. Praeterea, lex humana a lege naturali derivatur, ut supra[2] dictum est. Sed omnia vitia repugnant legi naturae. Ergo lex humana omnia vitia debet cohibere.

---

1. V, c.20: PL 82, 202 B.

은 확실성을 추구해서는 안 된다." 따라서 자연적인 것과 인간의 것 같은 우유적인 것에 있어서 어떤 것이 확실한 것이 되기 위해서는, 비록 소수의 경우에는 이따금씩 틀리더라도, 더 많은 경우에는 참이라는 것으로 충분하다.

제2절: 모든 악덕을 억제하는 것은 인정법에 속하는가?

Parall.: Supra, q.91, a.4; q.93, a.3, ad3; infra, a.3, ad1; q.98, a.1; II-II, q.69, a.2, ad1; q.77, a.1, ad1; q.78, a.1, ad3; *De malo*, q.13, a.4, ad6; *Quodlibet*, II, q.5, a.2, ad 1-2; *In Iob*, c.11, lect.1; *In Psalm.*, c.18.

[반론] 둘째에 대해서는 다음과 같이 진행된다. 모든 악덕을 억제하는 것은 인정법에 속하는 것으로 생각된다.

1. 이시도루스가 『어원』¹이라는 책에서 "법은 그것이 두려워 무모함이 제지되도록 하기 위해 만들어진다"고 말하기 때문이다. 그런데 법에 의해 모든 악이 억제되지 않는 한 충분히 제지되는 것은 아니다. 따라서 인정법은 모든 악을 억제해야 한다.

2. 그 밖에도 입법가의 의도는 시민을 유덕하게 만드는 것이다. 그런데 모든 악덕을 제어하지 않는 한 어떤 자도 유덕해질 수 없다. 따라서 모든 악덕을 억제하는 것은 인정법에 속한다.

3. 그 밖에도 위에서 말했듯이,² 인정법은 자연법에서 나온다. 그런데 모든 악덕은 자연의 법에 대적한다. 따라서 인정법은 모든 악덕을 억제해야 한다.

---

2. q.95, a.2.

q.96, a.2

SED CONTRA est quod dicitur in I *de Lib. Arb.*:[3] *Videtur mihi legem istam quae populo regendo scribitur, recte ista permittere, et divinam providentiam vindicare.* Sed divina providentia non vindicat nisi vitia. Ergo recte lex humana permittit aliqua vitia, non cohibendo ipsa.

RESPONDEO dicendum quod, sicut iam[4] dictum est, lex ponitur ut quaedam regula vel mensura humanorum actuum. Mensura autem debet esse homogenea mensurato, ut dicitur in X *Metaphys.*:[5] diversa enim diversis mensuris mensurantur. Unde oportet quod etiam leges imponantur hominibus secundum eorum conditionem: quia, ut Isidorus dicit,[6] lex debet esse *possibilis et secundum naturam, et secundum consuetudinem patriae.* Potestas autem sive facultas operandi ex interiori habitu seu dispositione procedit: non enim idem est possibile ei qui non habet habitum virtutis, et virtuoso; sicut etiam non est idem possibile puero et viro perfecto. Et propter hoc non ponitur eadem lex pueris quae ponitur adultis: multa enim pueris permittuntur quae in adultis lege puniuntur, vel etiam vituperantur. Et similiter multa sunt permittenda hominibus non perfectis virtute, quae non essent toleranda in hominibus virtuosis.

Lex autem humana ponitur multitudini hominum, in qua maior pars est hominum non perfectorum virtute.[7] Et ideo lege humana

---

3. c.5, n.13: PL 32, 1228.

[재반론] 그러나 반대로 『자유의지론』 제1권³에서는 "내게는, 인민을 다스리기 위해 만드는 법은 그러한 것을 정당하게 허가하고 신적 섭리는 그것들을 벌하는 것으로 보인다"라고 말한다. 그런데 신적 섭리는 악덕 외에는 벌하지 않는다. 따라서 인정법은 억제하지 않음으로써 그것을 정당하게 허가한다.

[답변] 이미 말했듯이,⁴ 법은 인간적 행위의 규칙과 척도로 주어진다. 그런데 『형이상학』 제10권⁵에서 말하듯이, 척도는 재어지는 것과 같은 류(類)이어야 한다. 왜냐하면 다른 것들은 다른 척도로 재어지기 때문이다. 따라서 법도 그 조건에 따라 인간에게 주어져야 한다. 왜냐하면 이시도루스가 법은 "본성과 국가의 관습에 따라 가능"해야 한다고 말했기 때문이다.⁶ 그런데 일을 하는 힘 또는 능력은 내적 습관 또는 태도에서 나오는 것이다. 왜냐하면 유덕한 사람에게는 (가능한 것이) 덕의 습관을 가지지 못한 사람에게는 가능하지 않은 것처럼, 아이와 완전한 사람에게 같은 것이 가능하지 않기 때문이다. 그리고 이 때문에 성인에게 주어지는 같은 법이 아이에게 주어지지 않는다. 왜냐하면 어른에게는 법으로 처벌되거나 비난받는 많은 것이 아이에게는 허용되기 때문이다. 마찬가지로 유덕한 사람들에게는 용인될 수 없는 많은 것이 덕에 있어 완전하지 않은 사람들에게는 허락되어야 하는 것이다.

그런데 사람들 대부분의 경우 덕에 있어 완전하지 않은 사람들의 무리에 인정법이 주어진다.⁷ 따라서 인정법은 유덕한 사람이 피하는

---

4. q.90, aa.1-2.
5. c.1, 1053a24-30; S. Thomas, lect.2, nn.1954-1955.
6. *Etymol.*, II, c.10; V, c.21: PL 82, 131 A, 203 A.

non prohibentur omnia vitia, a quibus virtuosi abstinent; sed solum graviora, a quibus possibile est maiorem partem multitudinis abstinere; et praecipue quae sunt in nocumentum aliorum, sine quorum prohibitione societas humana conservari non posset, sicut prohibentur lege humana homicidia et furta et huiusmodi.

AD PRIMUM ergo dicendum quod audacia pertinere videtur ad invasionem aliorum. Unde praecipue pertinet ad illa peccata quibus iniuria proximis irrogatur; quae lege humana prohibentur, ut dictum est.[8]

AD SECUNDUM dicendum quod lex humana intendit homines inducere ad virtutem, non subito, sed gradatim.[9] Et ideo non statim multitudini imperfectorum imponit ea quae sunt iam virtuosorum, ut scilicet ab omnibus malis abstineant. Alioquin imperfecti, huiusmodi praecepta ferre non valentes, in deteriora mala prorumperent: sicut dicitur *Prov.* 30,[33]: *Qui nimis*[10] *emungit, elicit sanguinem*; et Matth. 9,[17] dicitur quod, *si vinum novum*, idest praecepta perfectae vitae, *mittatur in utres veteres*, idest in homines imperfectos, *utres rumpuntur, et vinum effunditur*, idest, praecepta contemnuntur, et homines ex contemptu ad peiora mala prorumpunt.[11]

AD TERTIUM dicendum quod lex naturalis est quaedam participatio legis aeternae in nobis:[12] lex autem humana deficit a lege

---

7. Cf. I, q.49, a.3, ad5.

모든 악덕을 금하는 것이 아니라 인민의 대부분이 피할 수 있는 더 심한 악덕만 금하는 것이다. 그리고 인정법이 살인, 절도 등과 같은 것을 금지하듯이, 주로 다른 자에게 해를 끼치는 것들, 그것을 금지하지 않으면 인간 사회가 유지될 수 없는 것들을 (금지하는 것이다).

[해답] 1. 무모함은 다른 사람을 공격하는 것에 속하는 것으로 보인다. 그것은 이웃에게 해를 입히는 죄에 속한다. 그래서 위에서 말했듯이,[8] 그것은 인정법에 의하여 금지된다.

2. 인정법은 갑작스럽지 않고 단계적으로 인간을 덕으로 인도하는 것을 목적으로 한다.[9] 따라서 그것은 모든 악을 피하라는 것과 같이 이미 유덕한 사람에게 있는 것을 불완전한 사람의 무리에 급작스럽게 부여하지는 않는다. 그렇지 않으면 불완전한 사람들은 이러한 계명을 기꺼이 따를 수 없어서 더 나쁜 악으로 치달을 것이다. 잠언 30장 33절에서는 '지나치게[10] 코를 풀면 피가 나온다'고 말한다. 그리고 마태오 복음서 9장 17절은 '만약 새 포도주(즉 완전한 삶의 계명)를 낡은 가죽 부대(즉 불완전한 사람들)에 부으면, 가죽 부대가 터져서 포도주가 새게 된다(즉 사람들은 계명을 무시하고 그런 무시 때문에 오히려 더 나쁜 악으로 치닫게 된다)'고 한다.[11]

3. 자연법은 영원법이 우리에게 분여한 것이다.[12] 반면 인정법은 영

---

8. 앞의 답변.
9. "법의 계명들은 덕의 완성으로 이끈다. 그럼에도 완전한 덕의 행위는 인정법의 계명에 들어오지 않는다." *Quodlibet*, II, q.5, a.2, ad2.
10. 불가타 역본에는 '격렬하게'(vehementer)로 되어있음.
11. "어떤 관습을 가진 옛 사람에게 새로운 삶의 방식이 주어진다면, 참지 못하여 심장이 터지게 된다." *In Matth.*, c.9, n.3, ed. Marietti, p.131b.
12. Cf. q.91, a.2.

aeterna.¹³ Dicit enim Augustinus, in I *de Lib. Arb.*:¹⁴ *Lex ista quae regendis civitatibus fertur, multa concedit atque impunita relinquit, quae per divinam providentiam vindicantur. Neque enim quia non omnia facit, ideo quae facit, improbanda sunt.* Unde etiam lex humana non omnia potest prohibere quae prohibet lex naturae.

Articulus 3
Utrum lex humana praecipiat actus omnium virtutum

Ad tertium sic proceditur. Videtur quod lex humana non praecipiat actus omnium virtutum.

1. Actibus enim virtutum opponuntur actus vitiosi. Sed lex humana non prohibet omnia vitia, ut dictum est.¹ Ergo etiam non praecipit actus omnium virtutum.

2. Praeterea, actus virtutis a virtute procedit. Sed virtus est finis legis: et ita quod est ex virtute, sub praecepto legis cadere non potest. Ergo lex humana non praecipit actus omnium virtutum.

3. Praeterea, lex ordinatur ad bonum commune, ut dictum est.² Sed quidam actus virtutum non ordinantur ad bonum commune, sed ad bonum privatum. Ergo lex non praecipit actus omnium

---
13. Cf. q.93, a.3, ad3.
14. 재반론에서 인용된 곳.

1. 앞 절.

원법보다 부족한 것이다.¹³ 왜냐하면 아우구스티누스가 『자유의지론』 제1권¹⁴에서 다음과 같이 말하기 때문이다. "국가를 다스리기 위해 만들어지는 법은 신적 섭리에 의해 벌을 받게 되는 많은 것을 허용할 뿐 아니라 벌주지 않은 채로 놓아두는 것으로 보인다. 왜냐하면 법이 모든 것을 다하지 않는다고 해서 법이 한 것을 비난해야 하는 것은 아니기 때문이다." 따라서 인정법은 자연의 법이 금지하는 모든 것을 다 금지할 수 있는 것은 아니다.

제3절: 인정법은 모든 덕의 행위에 규칙을 부여하는가?

Parall.: Infra, q.100, a.2; *In Ethic.*, V, lect.2.

[반론] 셋째에 대해서는 다음과 같이 진행된다. 인정법은 모든 덕의 행위에 규칙을 부여하지는 않는 것으로 생각된다.

1. 왜냐하면 악덕한 행위는 유덕한 행위에 반하기 때문이다. 그런데 위에서 말했듯이,¹ 인정법이 모든 악덕을 금하지는 않는다. 따라서 그것은 모든 덕의 행위에 규칙을 부여하지는 않는다.

2. 그 밖에도 유덕한 행위는 덕으로부터 나온다. 그런데 덕은 법의 목적이다. 그래서 덕에서 나온 것은 법의 계명 아래 올 수 없다. 따라서 인정법은 모든 덕의 행위에 규칙을 부여하지는 않는다.

3. 그 밖에도 위에서 말했듯이,² 법은 공동선을 향해 질서 지어진다. 그런데 어떤 덕의 행위는 공동선이 아니라 사적인 선을 향해 질서 지

---

2. q.90, a.2.

virtutum.

SED CONTRA est quod Philosophus dicit, in V *Ethic.*,[3] quod *praecipit lex fortis opera facere, et quae temperati, et quae mansueti; similiter autem secundum alias virtutes et malitias, haec quidem iubens, haec autem prohibens.*

RESPONDEO dicendum quod species virtutum distinguuntur secundum obiecta, ut ex supradictis[4] patet. Omnia autem obiecta virtutum referri possunt vel ad bonum privatum alicuius personae, vel ad bonum commune multitudinis: sicut ea quae sunt fortitudinis potest aliquis exequi vel propter conservationem civitatis, vel ad conservandum ius amici sui; et simile est in aliis. Lex autem, ut dictum est,[5] ordinatur ad bonum commune. Et ideo nulla virtus est de cuius actibus lex praecipere non possit.[6] Non tamen de omnibus actibus omnium virtutum lex humana praecipit: sed solum de illis qui sunt ordinabiles ad bonum commune, vel immediate, sicut cum aliqua directe propter bonum commune fiunt; vel mediate, sicut cum aliqua ordinantur a legislatore pertinentia ad bonam disciplinam, per quam cives informantur ut commune bonum iustitiae et pacis conservent.[7]

---

3. c.3, 1129b19–25; S. Thomas, lect.2, nn.904–905.
4. q.54, a.2; q.60, a.1; q.62, a.2.
5. q.90, a.2.
6. Cf. q.94, a.3.

어진다. 따라서 법은 모든 덕의 행위에 규칙을 부여하지는 않는다.

[재반론] 그러나 반대로 철학자는 『니코마코스 윤리학』 제5권[3]에서 다음과 같이 말한다. "법은 용감한 사람이 하는 일과 절제 있는 사람이 하는 일과 온화한 사람이 하는 일을 하라고 명한다. 마찬가지로 다른 덕과 악덕에 대해서도 덕은 명하고 악덕은 금한다."

[답변] 위에서 말한 바로부터[4] 분명해지듯이, 덕의 종(種)은 대상에 따라 구분된다. 그런데 덕의 모든 대상은 어떤 사람의 개인적 선이나 다중의 공동선에 관련될 수 있다. 예를 들어 용기에 관한 것은 국가의 안보를 위해 또는 제 친구의 권리를 지키기 위해 수행될 수 있고, 다른 모든 덕들에 대해서도 그러하다. 그런데 위에서 말한 것처럼,[5] 법은 공동선을 향해 질서 지어진다. 따라서 그 행위에 대해 법이 규칙을 부여할 수 없는 덕은 없다.[6] 그럼에도 인정법이 모든 덕의 모든 행위에 대해 규칙을 부여하는 것은 아니다. 다만 공동선을 향해 질서 지어질 수 있는 것에 대해서는, 어떤 것이 공동선을 위해 직접 행해질 때는 직접적으로, 또는 정의와 평화의 공동선을 지키기 위해 시민들에게 알려주는, 좋은 훈육에 속하는 어떤 것이 입법가에 의해 명해질 때는 간접적으로 규칙을 부여한다.[7]

---

[7]. '그들에 대해서만' 등등. '왜냐하면 인간은 전체 그 자체로서, 그리고 자신의 모든 것에 따라 정치적 공동체에 질서 지어지지 않기 때문이다. q.21, a.4, ad3. 그곳과 같은 곳의 각주를 보라. — 여기서 국가 또는 최고의 정치적 권력은 — 그것들은 본성상 사회의 목적을 촉진시키는 것, 곧 공동선만을 지향하고, 가족 또는 개인들은 그것을 이루는 데에서 이와 동등하지 않다. — 그 목적을 적절히 얻기 위하여 '모든 것을'(교육과 학교에 관하여, 사회적 문제에 관하여 등), 그리고 '그것들만을' 명할 권리를 갖는다.

AD PRIMUM ergo dicendum quod lex humana non prohibet omnes actus vitiosos, secundum obligationem praecepti, sicut nec praecipit omnes actus virtuosos. Prohibet tamen aliquos actus singulorum vitiorum, sicut etiam praecipit quosdam actus singularum virtutum.

AD SECUNDUM dicendum quod aliquis actus dicitur esse virtutis dupliciter. Uno modo, ex eo quod homo operatur virtuosa: sicut actus iustitiae est facere recta, et actus fortitudinis facere fortia. Et sic lex praecipit aliquos actus virtutum. — Alio modo dicitur actus virtutis, quia aliquis operatur virtuosa eo modo quo virtuosus operatur. Et talis actus semper procedit a virtute: nec cadit sub praecepto legis, sed est finis ad quem legislator ducere intendit.[8]

AD TERTIUM dicendum quod non est aliqua virtus cuius actus non sint ordinabiles ad bonum commune, ut dictum est,[9] vel mediate vel immediate.

ARTICULUS 4
Utrum lex humana imponat homini necessitatem in foro conscientiae[1]

---

8. Cf. q.92, a.1.
9. 앞의 답변.

1. 1864년 『오류 목록』(*syllabus*)에서 교황 비오 9세에 의해 단죄된 명제 60: "권위는 숫자와 물질들의 힘의 총체 말고는 다른 아무것도 아니다(26′)."[DS 864(→ DH 2960)] 명제 63: "합법적 통치자들에게 복종을 거부하고 심지어 반역하는 것도 허용된다(1′ 2′ 5′ 20′)."[DS 1760, 1763(→ DH 2963)] 같은 책(DH), 1165, 1212 이하, 1215, 1476 이하, 1204 이하, 1928 참조.

[해답] 1. 인정법은 모든 유덕한 행위에 규칙을 부여하지는 않는 것처럼, 규칙의 의무에 따라 모든 악덕한 행위를 금하는 것은 아니다. 그럼에도 그것은 개별적 덕의 어떤 행위에 규칙을 부여하는 것처럼, 개별적 악덕의 어떤 행위를 금한다.

2. 어떤 행위는 두 가지 측면에서 덕이 있다고 말해진다. 첫째, 정의의 행위는 올바른 것을 하는 것이고 용기의 행위는 용감한 것을 하는 것인 것처럼, 인간이 유덕한 것을 행한다는 사실로부터 (덕이 있다고 말해진다). 그리고 이런 방식으로 법은 어떤 덕의 행위를 명한다. — 둘째, 어떤 사람은 유덕한 자가 행동하는 방식대로 유덕한 것을 행하기 때문에 덕의 행위라고 불린다. 그리고 이러한 행위는 항상 덕에서 나온다. 그것은 법의 계명 아래에 오지 못하지만 입법가가 이끄는 바인 목적이 되는 것이다.[8]

3. 위에서 말했듯이,[9] 간접적이든 직접적이든 그 행위가 공동선을 향해 질서 지어질 수 없는 덕은 없다.

제4절: 인정법은 양심의 법정에서 인간에게 필연성을 부과하는가?[1]

Doctr. Eccl.: 트리엔트공의회 제6회기 제11장: "그러나, 그 누구도 아무리 의화되었다 할지라도 계명 준수로부터 면제되었다고 생각해서는 안 된다."[제20조] [DS 804(→DH 1536)]. 제6회기 의화에 관한 법규들 제19조: "복음은 신앙 외에 다른 어떤 것도 명령하지 않고, 나머지 것들은 무관심하여 명령하지도 금지하지도 않고 자유롭게 한다거나, 또는 십계명이 그리스도인들에게 아무런 관계가 없다고 말하는 자는 파문될 것이다."[DS 829(→DH 1569)] 제20조: "의화되었고 그토록 완전한 사람은 하느님과 교회의 계명을 지키지 않아도 되고, 마치 복음이 계명을 지켜야 한다는 조건이 없는, 영원한 생명에 대한 단순하고 절대적인 약속인 것처럼 믿기만 하면 된다고 말하는 자는 파문될 것이다."[DS 830(→DH 1536)] 제7회

q.96, a.4

Ad quartum sic proceditur. Videtur quod lex humana non imponat homini necessitatem in foro conscientiae.

1. Inferior enim potestas non potest imponere legem in iudicio superioris potestatis. Sed potestas hominis, quae fert legem humanam, est infra potestatem divinam. Ergo lex humana non potest imponere legem quantum ad iudicium divinum, quod est iudicium conscientiae.

2. Praeterea, iudicium conscientiae maxime dependet ex divinis mandatis. Sed quandoque divina mandata evacuantur per leges humanas; secundum illud Matth. 15,[6]: *Irritum fecistis mandatum Dei propter traditiones vestras.* Ergo lex humana non imponit necessitatem homini quantum ad conscientiam.

3. Praeterea, leges humanae frequenter ingerunt calumniam et iniuriam hominibus; secundum illud Isaiae 10,[1 sq.]: *Vae qui condunt leges iniquas, et scribentes iniustitias scripserunt, ut opprimerent in iudicio pauperes, et vim facerent causae humilium populi mei.* Sed licitum est unicuique oppressionem et violentiam evitare. Ergo leges humanae non imponunt necessitatem homini quantum ad conscientiam.

S ED CONTRA est quod dicitur I Petr. 2,[19]: *Haec est gratia, si propter conscientiam sustineat quis tristitias, patiens iniuste.*[2]

---

2. 불가타 역본에는 '불의를 겪으면서도, 하느님의 양심 때문에 그 슬픔을 참아내면 그것이 바로 은총이기 때문입니다'(Haec est enim gratia, si propter Dei conscien-

기 세례성사에 관한 법규들 제8조: "세례 받은 이들은, 성문화된 것이든 전승되는 것이든 거룩한 교회의 모든 규범들로부터 자유롭기 때문에, 자발적으로 그 규범들에 예속되기를 원하지 않으면, 그것들을 준수하지 않아도 된다고 말하는 자는 파문될 것이다."[DS 864(→DH 1621)]

[반론] 넷째에 대해서는 다음과 같이 진행된다. 인정법은 양심의 법정에서 인간에게 필연성을 부과하지 않는 것으로 생각된다.

1. 하위 권력은 상위 권력의 법정에서 법을 제정할 수 없기 때문이다. 그런데 인정법을 만드는 인간의 권력은 신적 권력 밑에 있다. 따라서 양심의 법정인 신의 법정에 관한 한 인정법은 법을 제정할 수 없다.

2. 그 밖에도 양심의 법정은 주로 신적 명령에 의존한다. 그런데 때로는 신적 명령이 인정법에 의해 무효가 되기도 한다. 마태오복음서 15장 6절에 따르면 '너희는 너희의 전통 때문에 하느님의 명령을 무효로 만든다'라고 한다. 따라서 인정법은 양심에 따라 인간에게 필연성을 부과하지 않는다.

3. 그 밖에도 때때로 인정법은 인간에게 누명을 씌우고 해를 끼친다. 이사야서 10장 1절 이하에 따르면 '화 있을지어다, 불의한 법을 세우고 쓸 때는 불의를 쓰는 자들! 판결에 있어 가난한 자들을 억압하고 내 백성 가운데 비천한 자들의 송사에 폭력을 행사한다'라고 한다. 그런데 누구든 억압과 폭력을 피하는 것은 정당하다. 따라서 인정법은 양심에 따라 인간에게 필연성을 부과하지 않는다.

[재반론] 그러나 반대로 베드로 1서 2장 19절은 '불의를 겪으면서도, 양심 때문에 그 슬픔을 참아내면 그것이 바로 은총입니다'[2]라고 말한다.

---

tiam sustinet quis tristitias, patiens iniuste)로 되어있음.

RESPONDEO dicendum quod leges positae humanitus vel sunt iustae, vel iniustae. Si quidem iustae sint, habent vim obligandi in foro conscientiae a lege aeterna, a qua derivantur;[3] secundum illud *Prov.* 8,[15]: *Per me reges regnant, et legum conditores iusta decernunt.* Dicuntur autem leges iustae et ex fine, quando scilicet ordinantur ad bonum commune; et ex auctore, quando scilicet lex lata non excedit potestatem ferentis; et ex forma, quando scilicet secundum aequalitatem proportionis imponuntur subditis onera in ordine ad bonum commune. Cum enim unus homo sit pars multitudinis, quilibet homo hoc ipsum quod est et quod habet, est multitudinis: sicut et quaelibet pars id quod est, est totius.[4] Unde et natura aliquod detrimentum infert parti, ut salvet totum. Et secundum hoc, leges huiusmodi, onera proportionabiliter inferentes, iustae sunt, et obligant in foro conscientiae, et sunt leges legales.

Iniustae autem sunt leges dupliciter. Uno modo, per contrarietatem ad bonum humanum, e contrario praedictis: vel ex fine, sicut cum aliquis praesidens leges imponit onerosas subditis non pertinentes ad utilitatem communem, sed magis ad propriam cupiditatem vel gloriam;[5] vel etiam ex auctore, sicut cum aliquis legem fert ultra sibi commissam potestatem; vel etiam ex forma, puta cum inaequaliter onera multitudini dispensantur, etiam

---

3. Cf. q.93, a.3, ad 2; q.95, a.2.
4. Cf. q.90, a.2; a.3, ad3; q.92, a.1, ad3.

[답변] 인간에 의해 만들어진 법은 정의로울 수도 불의할 수도 있다. 만약 법이 정의롭다면, 양심의 법정에서 그것이 나오는 [원천인] 영원법에 의해 구속력을 가지게 된다.³ 잠언 8장 15절에 따르면 '나로 인해 군주들이 통치하고 법의 창시자들이 의로운 것을 공포한다'고 한다. 법이 정의롭다고 일컬어지는 것은 목적에 의해서 (공동선을 향해 질서 지어져 있을 때), 제정자에 의해서 (그 법을 만든 사람의 권력을 넘어서지 않을 때), 그리고 형상에 의해서 (그 부담이 공동선을 위하여 비례의 평등에 따라 지배를 받는 자들에게 주어질 때)이다. 왜냐하면 그것의 부분은 어떤 것이든 전체에 속하는 것과 같이,⁴ 한 인간은 다중의 한 부분이기에, 어떤 사람이든 그가 누구인가와 그가 무엇을 가지고 있는가 하는 것은 다중에 속하는 것이기 때문이다. 그런데 자연은 전체를 구하기 위해 부분에 어떤 손실을 준다. 이에 따라 비례적으로 부담을 지우는 이러한 종류의 법은 정의롭고 양심의 법정에서 구속력을 가지며 정당한 법인 것이다.

한편 법은 두 가지 방식으로 불의하다. 첫째는 위에서 말한 것에 반하는 것에 의하여 인간적 선에 반대됨으로써이다. 이는 목적에 의해서 (어떤 통치자가 공동의 유익에 속하는 것이 아니라 오히려 자신의 탐욕과 명예에 속하는 것을 위하여 지배를 받는 이들에게 부담이 되는 법을 부과할 때),⁵ 제정자에 의해서 (어떤 사람이 자신에게 맡겨진 권력을 벗어나는 법을 만드는 때), 형상에 의해 (공동선을 향해 질서 지어져 있더라도 다중에게 부담이 불공평하게 분배되는 때) 그렇게 된다. 이러한 것은 법이라기보다는 폭력이다.⁶ 왜냐하면 『자유의지론』⁷이라는

---

5. Cf. q.92, a.1, c. et ad4.
6. Cf. q.93, a.3, ad2.
7. I, c.5, n.11: PL 32, 1227.

si ordinentur ad bonum commune. Et huiusmodi magis sunt violentiae quam leges:[6] quia, sicut Augus-tinus dicit, in libro *de Lib. Arb.*,[7] *lex esse non videtur, quae iusta non fuerit.* Unde tales leges non obligant in foro conscientiae: nisi forte propter vitandum scandalum vel turbationem, pro-pter quod etiam homo iuri suo debet cedere, secundum illud *Matth.* 5,[40−41]: *Qui angariaverit te mille passus, vade cum eo alia duo; et qui abstulerit tibi tunicam, da ei et pallium.*[8]

Alio modo leges possunt esse iniustae per contrarietatem ad bonum divinum: sicut leges tyrannorum inducentes ad idololatriam, vel ad quodcumque aliud quod sit[9] contra legem divinam. Et tales leges nullo modo licet observare: quia sicut dicitur *Act.* 5,[29], *obedire oportet Deo magis quam hominibus.*

AD PRIMUM ergo dicendum quod, sicut Apostolus dicit, *ad Rom.* 13,[1 sq.], *omnis potestas humana a Deo est: et ideo qui potestati resistit,* in his quae ad ordinem potestatis pertinent, *Dei ordinationi resistit.*[10] Et secundum hoc efficitur reus quantum ad conscientiam.

AD SECUNDUM dicendum quod ratio illa procedit de legibus humanis quae ordinantur contra Dei mandatum. Et ad hoc ordo potestatis non se extendit. Unde in talibus legi humanae non est parendum.

---

8. 불가타 역본에는 '누가 너의 속옷을 가지고 가려고 한다면, 그에게 겉옷도 내주어라. 그리고 누구든 네게 천 걸음을 가자고 강요하거든, 그 사람과 함께 이천 걸음을 가주어라'(Qui vult … tunicam tuam tollere, dimitte ei et pallium, et quicum-

책에서 아우구스티누스가 말하듯이, "정의롭지 않은 것은 법이 아닌 것으로 보이기" 때문이다. 따라서 이러한 법은 아마도 그것을 위해 자신의 의로움마저 포기해야 하는 나쁜 본보기나 동요를 피하기 위해서가 아니라면, 양심의 법정에서 구속력을 가지지 않는다. 마태오복음서 5장 40-41절에 따르면, '누가 너에게 천 걸음을 가자고 강요하거든, 그와 함께 이천 걸음을 가주어라. 또 누가 네게서 속옷을 빼앗아 가거든, 겉옷까지 내주어라'[8]라고 한다.

둘째, 신적 선에 반하는 것을 통해 법은 불의할 수 있다. 우상 숭배나 신법에 반하는[9] 다른 모든 것으로 이끄는 전제적인 법과 같이. 그런데 이러한 법은 어떤 식으로도 지켜서는 안 된다. 왜냐하면 사도행전 5장 29절에서 말하듯이, '사람에게 순종하는 것보다 하느님께 순종하는 것이 더욱 마땅하기' 때문이다.

[해답] 1. 로마서 13장 1절 이하에서 사도 바오로는 '인간의 모든 권력은 하느님에게서 왔습니다. 따라서' 권력의 질서에 속하는 것에 있어서 '그 권력에 맞서는 자는 권력의 하느님의 질서에 맞서는 것입니다'[10]라고 말한다. 그리고 이 때문에 양심에 따라 죄인이 되는 것이다.

2. 그 논리는 하느님의 명령에 반하여 질서를 짓는 인정법에서 나왔다. 그리고 (인간의) 권력의 질서는 거기까지 미칠 수 없다. 따라서 그런 것에 있어서 인정법은 지켜지지 말아야 한다.

---

que te angeriaverit mille passus, vade cum illo et alia duo)로 되어있음.
9. 비오판에는 'fit'(〈반하여〉 행한)로 되어있음.
10. 불가타 역본에는 '왜냐하면 권력은 하느님에게서 나오지 않은 것이 없습니다. … 그러므로 그 권력에 맞서는 자는 하느님의 질서에 맞서는 것입니다'(Non est enim potestas nisi a Dei … Itaque qui resistit potesti, Dei ordinationi resistit)로 되어 있음. — Cf. q.93, a.3, ad2.

AD TERTIUM dicendum quod ratio illa procedit de lege quae infert gravamen iniustum subditis: ad quod etiam ordo potestatis divinitus concessus non se extendit. Unde nec in talibus homo obligatur ut obediat legi, si sine scandalo vel maiori detrimento resistere possit.

ARTICULUS 5
Utrum omnes subiiciantur legi

Ad quintum sic proceditur. Videtur quod non omnes legi subiiciantur.

1. Illi enim soli subiiciuntur legi, quibus lex ponitur. Sed Apostolus dicit, I *ad Tim.* 1,[9], quod *iusto non est lex posita.*[1] Ergo iusti non subiiciuntur legi humanae.

2. Praeterea, Urbanus Papa dicit, et habetur in *Decretis*, 19, qu. 2:[2] *Qui lege privata ducitur, nulla ratio exigit ut publica constringatur.* Lege autem privata Spiritus Sancti ducuntur omnes viri spirituales, qui sunt filii Dei; secundum illud *Rom.* 8, [14]: *Qui Spiritu Dei aguntur, hi filii Dei sunt.*[3] Ergo non omnes homines legi humanae subiiciuntur.

---

1. 불가타 역본에는 '법은 의로운 사람들을 위해 만든 것이 아닙니다'(lex iusto non est posita)로 되어있음.
2. Gratianus, *Decretum*, P. II, causa 19, q.2, can.2: '둘이 있다.'

3. 그 논리는 아랫사람들에게 부당한 짐을 지우는 법에서 나왔다. 신에 의해 허가된 권력의 질서도 여기까지 미칠 수 없다. 따라서 나쁜 본보기나 더 큰 손해 없이 피할 수 있다면, 그런 것에 있어 인간은 법을 지킬 의무가 없다.

제5절: 모든 사람이 법 아래 있는가?

Parall.: *Ad Rom.*, c.13, lect.1; Doctr. Eccl.: 바로 앞 절에 인용된 문헌들을 보라.

[반론] 다섯째에 대해서는 다음과 같이 진행된다. 모든 사람이 법 아래 있지는 않은 것으로 생각된다.

1. 오직 그들을 위해 법이 만들어지는 사람들만이 법 아래 있다. 그런데 사도 바오로는 티모테오 1서 1장 9절에서 '법은 의로운 사람들을 위해 만든 것이 아닙니다'[1]라고 말한다. 따라서 의로운 사람들은 인정법 아래 있지 않다.

2. 그 밖에도 교황 우르바누스는 『법령집』 제19사례 제2문[2]에서 다음과 같이 말한다. "사법(私法)으로 인도되는 사람은 어떤 이유로도 공법(公法)이 의무를 지울 필요가 없다." 그런데 하느님의 아들인 모든 영적인 사람은 성령의 사법(私法)에 의해 인도된다. 로마서 8장 14절에 따르면 '하느님의 영의 인도를 받는 이들은 하느님의 자녀들입니다'[3]라고 한다. 따라서 모든 사람이 인정법 아래 있는 것은 아니다.

---

3. 불가타 역본에는 '하느님의 영의 인도를 받는 자들은 누구든지 하느님의 자녀들이기 때문입니다'(Quicumque enim Spiritu Dei aguntur, ii sunt filii Dei)로 되어있음.

3. Praeterea, Iurisperitus[4] dicit quod *princeps legibus solutus est*. Qui autem est solutus a lege, non subditur legi. Ergo non omnes subiecti sunt legi.

SED CONTRA est quod Apostolus dicit, *Rom.* 13,[1]: *Omnis anima potestatibus sublimioribus subdita sit.* Sed non videtur esse subditus potestati, qui non subiicitur legi quam fert potestas. Ergo omnes homines debent esse legi humanae subiecti.

RESPONDEO dicendum quod, sicut ex supradictis[5] patet, lex de sui ratione duo habet: primo quidem, quod est regula humanorum actuum; secundo, quod habet vim coactivam. Dupliciter ergo aliquis homo potest esse legi subiectus. Uno modo, sicut regulatum regulae. Et hoc modo omnes illi qui subduntur potestati, subduntur legi quam fert potestas. Quod autem aliquis potestati non subdatur, potest contingere dupliciter. Uno modo, quia est simpliciter absolutus ab eius subiectione. Unde illi qui sunt de una civitate vel regno, non subduntur legibus principis alterius civitatis vel regni, sicut nec eius dominio. Alio modo, secundum quod regitur superiori lege. Puta si aliquis subiectus sit proconsuli, regulari debet eius mandato, non tamen in his quae dispensantur ei ab imperatore:[6] quantum enim ad illa, non adstringitur mandato

---

4. *Dig.*, I, tit.3, leg.31.
5. q.90, aa.1-2; a.3, ad2.

3. 그 밖에도 법률가⁴는 "군주는 법으로부터 면제된다"고 말한다. 그런데 법으로부터 면제된 자는 법 아래 있지 않다. 따라서 모든 사람이 법 아래 있는 것은 아니다.

[재반론] 그러나 반대로 로마서 13장 1절에서 사도 바오로는 '모든 영혼이 높은 권력들에 복종하도록 합시다'라고 말한다. 그런데 권력이 만든 법에 종속되지 않는 사람은 그 권력에 종속되지 않는 것으로 생각된다. 따라서 모든 인간은 인정법에 복종해야 한다.

[답변] 위에서 말한 것에서⁵ 명백해졌듯이, 법은 그 개념에 있어 두 가지 의미를 가진다. 첫째, 법은 인간적 행위의 규칙이다. 둘째, 법은 강제력을 가진다. 따라서 인간은 두 가지 의미로 법의 지배를 받을 수 있다. 첫째, 규제되는 것이 규제하는 것의 지배를 받는 것과 같이 (법의 지배를 받는다). 이와 같은 방식으로 권력의 지배하에 있는 모든 자는 권력이 만들어 내는 법의 지배하에 있다. 그런데 어떤 자가 권력의 지배를 받지 않는 것은 두 가지 방식으로 일어날 수 있다. 하나는 권력에 대한 복종으로부터 단적으로 면제되기 때문이다. 따라서 한 도시나 왕국 밑에 있는 자들은 그의 지배권에 있지 않기 때문에, 그 주권자가 아닌 다른 도시나 왕국의 군주가 만든 법의 지배를 받지 않는다. 다른 하나는 더 높은 법에 의해 다스려지기 때문이다. 만약 어떤 자가 지방총독 밑에 있고 그의 명령에 의해 다스려져야 한다면, 황제에 의해 면제되는 것에 있어서는 (총독의 명령)을 따르지 않는 것이다.⁶ 왜냐하면 상위의 명령에 의해 지도되므로 하위의 명령에 얽매이

---

6. Cf. II-II, q.69, a.3, ad1.

q.96, a.5

inferioris, cum superiori mandato dirigatur. Et secundum hoc contingit quod aliquis simpliciter subiectus legi, secundum aliqua legi non adstringitur, secundum quae regitur superiori lege.[7]

Alio vero modo dicitur aliquis subdi legi sicut coactum cogenti. Et hoc modo homines virtuosi et iusti non subduntur legi, sed soli mali. Quod enim est coactum et violentum, est contrarium voluntati.[8] Voluntas autem bonorum consonat legi, a qua malorum voluntas discordat. Et ideo secundum hoc boni non sunt sub lege, sed solum mali.

AD PRIMUM ergo dicendum quod ratio illa procedit de subiectione quae est per modum coactionis. Sic enim *iusto non est lex posita:*[9] *quia ipsi sibi sunt lex,*[11] dum *ostendunt opus legis scriptum in cordibus suis,*[10] sicut Apostolus, *ad Rom.* 2,[14–15], dicit. Unde in eos non habet lex vim coactivam, sicut habet in iniustos.

AD SECUNDUM dicendum quod lex Spiritus Sancti est superior omni lege humanitus posita. Et ideo viri spirituales, secundum

---

7. 자연적인 것도 때로는 개별적인 것에 있어서 예외가 있지만, 보편적 원인의 질서를 결코 벗어나지 않는다. 그리고 무엇보다도 하느님이신 제일원인을 벗어날 수 없는데, 어떤 것도 그분의 섭리에서 벗어날 수 없다. Cf. q.93, a.5, ad3.
8. Cf. q.6, a.5.
9. "왜냐하면 그들의 내적 습성이 그들을 법이 그들의 부담이 되지 않는 상태로 이끄는 바, 의로운 자들에게 법은 부담으로 주어지는 것이 아니기 때문이다." I *Tim.*, c.1, lect.3, ed Marietti, p.187 a. Cf. q.108, a.1, ad2.
10. 코린토 2서 3장 3절에서 말하듯이, 법의 외적 도움없이 법을 지키는 자들은 먹

지 않기 때문이다. 그리고 이에 따라 단적으로 법의 지배를 받는 자가 상위법에 의해 다스려지는 데에 따라서, 어떤 것에 있어서는 법에 얽매이지 않는 일이 생겨나는 것이다.[7]

둘째, 강제되는 것이 강제하는 것의 지배를 받는 것과 같은 방식으로 어떤 자는 법의 지배를 받는다고 말해진다. 그리고 이와 같은 방식으로 유덕한 사람과 정의로운 사람은 법의 지배를 받지 않고 악한 사람만 (법의 지배를 받는다). 왜냐하면 강제적이고 폭력적인 것은 의지에 반하는 것이기 때문이다.[8] 선한 자의 의지는 법과 조화되지만 악한 자의 의지는 법과 조화되지 못한다. 이에 따라 선한 자는 법 아래 있지 않지만 악한 자는 법 아래 있는 것이다.

[해답] 1. 그 논리는 강제라는 방식에 의한 복종에서 나온다. 그러한 방식으로는 "의로운 자에게는 법이 주어지지 않기 때문이다."[9] 왜냐하면 사도 바오로가 로마서 2장 14-15절에서 말하듯이, '자신들의 마음 속에 쓰인 법의 작업이 보여주는' 한,[10] '스스로 자신에게 법이 되기' 때문이다.[11] 따라서 법이 불의한 자에게 가지는 것처럼, (의로운) 자에게 강제력을 가지는 것은 아니다.

2. 성령의 법은 인간에 의해 주어진 모든 법보다 위에 있다. 따라서

물이 아니라, 처음으로 그리고 으뜸으로 살아계신 성령으로 쓰인 법의 행업을 보여준다. 둘째, 인간의 노력에 의해서도 (법의 행업을 보여준다). 로마서 같은 곳. (각주 10, 11에 해당하는 한글 번역 문장과 라틴어 문장의 어순이 다름)

11. 즉 자신을 훈련하고 선으로 이끄는 자신에 대한 법의 의무를 수행하는 한에 있어: 왜냐하면 아리스토텔레스가[*Ethica Nichom.*, X, c.10, 1180a; S. Thomas, lect.14, n.2153] 법은 어떤 실천적 지혜와 지성에서 나오는 강제력을 가지는 말이라고 하기 때문이다. 그리고 그렇기 때문에 티모테오 1서 1장 9절에서는 법은 의로운 자, 즉 외적으로 법을 생각하지 않는 자를 위해 주어지는 것이 아니라, 불

q.96, a.5

hoc quod lege Spiritus Sancti ducuntur, non subduntur legi, quantum ad ea quae repugnant ductioni Spiritus Sancti.[12] Sed tamen hoc ipsum est de ductu Spiritus Sancti, quod homines spirituales legibus humanis subdantur; secundum illud I Petr. 2,[13]: *Subiecti estote omni humanae creaturae, propter Deum.*

AD TERTIUM dicendum quod princeps dicitur esse solutus a lege, quantum ad vim coactivam legis: nullus enim proprie cogitur a seipso; lex autem non habet vim coactivam nisi ex principis potestate. Sic igitur princeps dicitur esse solutus a lege, quia nullus in ipsum potest iudicium condemnationis ferre, si contra legem agat.[13] Unde super illud *Psalmi* 50,[6],[14] *Tibi soli peccavi etc.*, dicit Glossa[15] quod *rex non habet hominem qui sua facta diiudicet.* — Sed quantum ad vim directivam legis, princeps subditur legi propria voluntate; secundum quod dicitur *Extra, de Constitutionibus,* cap. *Cum omnes:*[16] *Quod quisque iuris in alterum statuit, ipse eodem iure uti debet. Et Sapientis*[17] dicit auctoritas: *Patere legem quam ipse tuleris.* Improperatur etiam his a Domino qui *dicunt et non faciunt;* et qui *aliis onera gravia imponunt, et ipsi nec digito volunt ea movere;*[18] ut habetur

---

의한 자들, 즉 외적으로 생각되는 것이 필요한 자들을 위해 주어졌다고 말한다. 그리고 인간에게 위엄의 최고 등급은 이와 같다. 즉 다른 것에 의해서가 아니라 자기 자신에 의해서 선으로 이끌리는 자들이다. 둘째 단계는 다른 사람에 의해 이끌리지만 강제되지 않는 자들이다. 셋째 단계는 선을 행하기 위해 강제가 필요한 자들이다. 넷째 단계는 강제에 의해서도 선으로 이끌릴 수 없는 자들이다.

In Rom., c.2, lect.3, ed. Marietti, p.39 b.
12. Cf. q.93, a.6, ad1.
13. Cf. q.93, a.5.

영적인 사람들은 성령의 법에 의해 인도되는 한에 있어, 성령의 인도에 맞서는 것들에 관한 한 법 아래 있지 않다.[12] 그럼에도 영적 인간이 인정법 아래 있다는 것 자체는 성령의 인도 때문에 그런 것이다. 베드로 1서 2장 13절에 따르면, '하느님을 위해 인간이 만든 모든 것에 복종하십시오'라고 한다.

3. 법의 강제력과 관련해서 군주는 법에서 면제된다고 말해진다. 왜냐하면 어떤 자도 본래적으로 자기 자신에 의해 강제될 수 없고 군주의 권력에 의해서가 아니면 법은 강제력을 가지지 않기 때문이다. 따라서 군주가 법에 반하여 행동한다면 누구도 그에게 정죄하는 재판을 수행할 수 없기 때문에, 군주는 법에서 면제된다고 말해지는 것이다.[13] 따라서 시편 50편[14] 6절의 '저는 오로지 당신께 잘못을 저질렀습니다'라는 말씀에 대해 '주석'[15]은 "군주는 자신이 한 일을 판결하는 사람을 가지지 않습니다"라고 말한 것이다. ― 그러나 법의 지도력과 관련해서는 군주는 스스로의 의지로 법 아래 있다. 『법령집』[16]에 따르면, "다른 사람에게 법을 제정한 사람은 누구든지 자신도 같은 법을 지켜야 한다. 그리고 현자들[17]의 권위는 네가 스스로 만든 법을 지켜야 한다"고 말한다. 심지어 마태오복음서 23장 3-4절이 말하듯이, "말하고 행하지는 않는" 자와 "다른 자들에게 무거운 짐을 지우면서 자신은 손가락도 움직이려고 하지 않는"[18] 자를 주님은 비난하신다. 따

---

14. 우리말 『성경』에서는 제51편.
15. Ordin.: PL 113, 919 A; Lombardus: PL 191, 486 A.—Cf. Cassiodorum, *In Psalm.*, super 50, 6: PL 70, 361.
16. In *Libro Decretal. Gregorii IX*, I, tit.2, c.6.
17. (Dionys.) Catonis, *Breves sententiae et disticha de moribus*, Sentent. praelim. 53. Cf. Decium Ausonium, *Sent.*, Pittacus, v.5: PL 19, 876.
18. 불가타 역본에는 '왜냐하면 사람의 어깨에 무겁고 움직이지 않는 짐을 지우고도 자신의 손가락은 움직이려고 하지 않는다'(Alligant enim onera gravia et impor-

Matth. 23,[3-4]. Unde quantum ad Dei iudicium, princeps non est solutus a lege, quantum ad vim directivam eius; sed debet voluntarius, non coactus, legem implere.[19] — Est etiam princeps supra legem, inquantum, si expediens fuerit, potest legem mutare, et in ea dispensare, pro loco et tempore.

Articulus 6
Utrum ei qui subditur legi, liceat praeter verba legis agere

Ad sextum sic proceditur. Videtur quod non liceat ei qui subditur legi, praeter verba legis agere.

1. Dicit enim Augustinus, in libro *de Vera Relig.*:[1] *In temporalibus legibus, quamvis homines iudicent de his cum eas instituunt, tamen quando fuerint institutae et firmatae, non licebit de ipsis iudicare, sed secundum ipsas.* Sed si aliquis praetermittat verba legis, dicens se intentionem legislatoris servare, videtur iudicare de lege. Ergo non licet ei qui subditur legi, ut praetermittat verba legis, ut intentionem legislatoris servet.

2. Praeterea, ad eum solum pertinet leges interpretari, cuius

---

tabilia et imponunt in umeros hominum, digito autem suo nolunt ea movere)로 되어있음.
19. 이 의무는 모든 인정법이 나와야 하는 영원법과 자연법에서 나온다. 카예타누스의 본문 주해를 보라.

라서 하느님의 판결에 있어 법의 지도력에 관한 한, 군주는 법으로부터 면제되지 않는다. 그러나 강제해서가 아니라 자발적으로 법을 따라야 한다.[19] — 또한 유익이 될 때는 법을 개정하고 때와 장소에 따라 법과 관련하여 면제할 수 있는 한에 있어서, 군주는 법 위에 있다.

제6절: 법 아래 있는 자가 법의 문구에서 벗어나 행동할 수 있는가?

Parall.: II-II, q.60, a.5, ad2-3; q.120, a.1; q.147, a.4; *In Sent.*, III, d.37, a.4; IV, d.15, q.3, a.2, qcc.1-2; *In Ethic.*, V, lect.16.

[반론] 여섯째에 대해서는 다음과 같이 진행된다. 법 아래 있는 자는 법의 문구에서 벗어나 행동할 수 없는 것으로 생각된다.

1. 아우구스티누스는 『참된 종교』[1]라는 책에서 "현세법에 있어서 법을 제정할 때에는 사람들이 그 법에 대해서 판단을 하지만, 일단 제정되어 확정된 다음에는 [재판관이] 법 자체에 관해서 판단하는 것은 불가하며, 오직 그 법에 따라 [판결할 뿐이다]"라고 말한다. 그런데 어떤 자가 입법가의 의도 자체를 [이해하여] 지킨다고 말하면서 법의 문구를 무시한다면, 그는 법에 대해 판단을 하는 것으로 보이는 것이다. 따라서 법 아래 있는 어떤 자가 입법가의 의도를 [이해하고] 지키기 위해 법의 문구를 무시하는 것은 용납되지 않는다.

2. 그 밖에도 법을 해석하는 것은 오직 법을 만든 자에게만 해당된

---

1. c.31: PL 34, 148.

est condere leges. Sed hominum subditorum legi non est leges condere. Ergo eorum non est interpretari legislatoris intentionem, sed semper secundum verba legis agere debent.

3. Praeterea, omnis sapiens intentionem suam verbis novit explicare. Sed illi qui leges condiderunt, reputari debent sapientes: dicit enim Sapientia, *Prov.* 8,[15]: *Per me reges regnant, et legum conditores iusta decernunt.* Ergo de intentione legislatoris non est iudicandum nisi per verba legis.

SED CONTRA est quod Hilarius dicit, in IV *de Trin.*:[2] *Inteligentia dictorum ex causis est assumenda dicendi: quia non sermoni res, sed rei debet esse sermo subiectus.* Ergo magis est attendendum ad causam quae movit legislatorem, quam ad ipsa verba legis.

RESPONDEO dicendum quod, sicut supra[3] dictum est, omnis lex ordinatur ad communem hominum salutem, et intantum obtinet vim et rationem legis; secundum vero quod ab hoc deficit, virtutem obligandi non habet. Unde Iurisperitus[4] dicit quod *nulla iuris ratio aut aequitatis benignitas patitur ut quae salubriter pro utilitate hominum introducuntur, ea nos duriori interpretatione, contra ipsorum commodum, perducamus ad severitatem.* Contingit autem multoties quod aliquid observari communi saluti est utile ut in pluribus, quod tamen in aliquibus casibus est maxime nocivum. Quia igitur legislator non potest omnes singulares casus intueri,

다. 그런데 법 아래 있는 사람은 법을 만들 수 없다. 따라서 입법가의 의도를 해석하는 것은 그들에게 해당되지 않고, 그들은 항상 법의 문구에 따라 행동해야 하는 것이다.

3. 그 밖에도 모든 현자는 자신의 의도를 말로 설명하는 법을 잘 안다. 그런데 법을 만드는 자들은 현자로 여겨져야 한다. 왜냐하면 잠언 8장 15절에서 하느님의 지혜는 '나를 통해 임금들이 통치하고 법을 만드는 자들이 의로운 명령을 내린다'고 말하기 때문이다. 따라서 법의 문구를 통하지 않고 입법가의 의도에 대해 판단해서는 안 된다.

[재반론] 그러나 반대로 힐라리우스는 『삼위일체론』 제4권[2]에서 "말해진 것의 이해는 말한 사람의 이유로부터 가져와야 한다. 왜냐하면 사물이 말에 속하는 것이 아니라 말이 사물에 속해야 하기 때문이다"라고 말한다. 따라서 법의 문구 자체보다 입법가를 움직인 의도에 더 주목해야 한다.

[답변] 위에서 말했듯이,[3] 모든 법은 인간 공통의 복리를 위해 질서 지어져 있고 그러한 한에 있어 법의 효력과 본성을 얻는다. 이 점이 충족되지 않으면 [그 법은] 구속력을 가지지 못한다. 따라서 법률가[4]는 "어떤 법의 근거도 어떤 형평의 친절함도, 사람들의 유익을 위하여 건전하게 도입된 것을 우리가 엄격하게 해석하여 유익을 거슬러 가혹함에까지 이르게 한다면 그것은 허용할 수 없다"고 말한다. 그런데 [법을] 준수하는 것이 대부분의 경우에 공통의 복리에 유익하지만 그럼

---

2. n.14: PL 10, 107 C.
3. a.4.
4. *Dig.*, I, tit.3, leg.25.

proponit legem secundum ea quae in pluribus accidunt, ferens intentionem suam ad communem utilitatem. Unde si emergat casus in quo observatio talis legis sit damnosa communi saluti, non est observanda. Sicut si in civitate obsessa statuatur lex quod portae civitatis maneant clausae, hoc est utile communi saluti ut in pluribus: si tamen contingat casus quod hostes insequantur aliquos cives, per quos civitas conservatur, damnosissimum esset civitati nisi eis portae aperirentur: et ideo in tali casu essent portae aperiendae, contra verba legis, ut servaretur utilitas communis, quam legislator intendit.

Sed tamen hoc est considerandum, quod si observatio legis secundum verba non habeat subitum periculum, cui oportet statim occurri, non pertinet ad quemlibet ut interpretetur quid sit utile civitati et quid inutile: sed hoc solum pertinet ad principes, qui propter huiusmodi casus habent auctoritatem in legibus dispensandi. Si vero sit subitum periculum, non patiens tantam moram ut ad superiorem recurri possit, ipsa necessitas dispensationem habet annexam: quia necessitas non subditur legi.

AD PRIMUM ergo dicendum quod ille qui in casu necessitatis agit praeter verba legis, non iudicat de ipsa lege: sed iudicat de casu singulari, in quo videt verba legis observanda non esse.

AD SECUNDUM dicendum quod ille qui sequitur intentionem legislatoris, non interpretatur legem simpliciter; sed in casu in

에도 어떤 경우에 있어서는 극도로 해로운 경우가 종종 있다. 따라서 입법가는 모든 개별적인 경우를 다 헤아릴 수 없기 때문에, 자신의 의도를 공통의 유익에 맞추고 대부분의 경우에 일어나는 것에 따라 법을 만들게 된다. 그러므로 그러한 법을 지키는 것이 공통의 안전에 해가 되는 경우가 생기면, [그 법을] 지켜서는 안 된다. 예컨대 포위된 도시에서 그 도시의 문이 닫힌 상태로 있어야 한다는 법이 만들어질 경우, 그것은 대부분의 경우에 공통의 안전에 유익하다. 그런데 적군들이 그 도시를 지키는 어떤 시민들을 추격하는 일이 벌어질 경우, 그 문이 열리지 않으면 그 도시에 엄청난 해가 될 것이다. 따라서 그런 경우에는 입법가가 의도한 공통의 유익을 지키기 위해, 법의 문구에 반하여 문을 열어야 한다.

그럼에도 만약 문구에 따라 법을 지키는 것이 즉시 대처해야만 하는 위험을 초래하지 않는다면, 도시에 유익한 것인지 무익한 것인지를 해석하는 것은 모두에게 속하는 것이 아니라, 이러한 경우 때문에 법과 관련하여 면제하는 권력을 가진 군주에게만 속한다는 점을 명심해야 한다. 그러나 더 높은 사람에게 달려갈 수 있는 여유가 없는 위험에 놓여있다면 그 위급성 자체가 그와 연관된 면제를 가져오게 된다. 위급성은 법 아래 있는 것이 아니기 때문이다.

[해답] 1. 위급한 경우에 법의 문구에서 벗어나 행동하는 자는 법 자체에 대해 판단하는 것이 아니라, 법의 문구가 지켜져서는 안 된다고 보는 개별적 경우에 대해 판단하는 것이다.

2. 입법가의 의도를 따르는 자는 그 법을 단적으로 해석하는 것이 아니라, 해(害)에 대한 증거를 통해 입법가가 다르게 의도했을 것이 명

quo manifestum est per evidentiam nocumenti, legislatorem aliud intendisse. Si enim dubium sit, debet vel secundum verba legis agere, vel superiores consulere.

AD TERTIUM dicendum quod nullius hominis sapientia tanta est ut possit omnes singulares casus excogitare: et ideo non potest sufficienter per verba sua exprimere ea quae conveniunt ad finem intentum. Et si posset legislator omnes casus considerare, non oporteret ut omnes exprimeret, propter confusionem vitandam: sed legem ferre deberet secundum ea quae in pluribus accidunt.

백한 경우에 있어서 [해석하는 것이다]. 왜냐하면 확실치 않은 경우에는 법의 문구를 따라 행동하거나 더 높은 사람들과 상의해야 하기 때문이다.

3. 어떤 인간의 지혜도 모든 개별적인 경우를 다 충분히 따져볼 수 있을 정도는 아니다. 따라서 의도한 목적에 잘 맞는 것을 자신의 말로 충분히 설명할 수는 없다. 그리고 만약 입법가가 모든 경우를 고려할 수 있다 하더라도, 혼동을 피하기 위해서 모든 것을 다 설명해서는 안 된다. 따라서 더 많은 경우에 일어나는 것에 따라 법을 만들어야 한다.

QUAESTIO XCVII
DE MUTATIONE LEGUM
in quatuor articulos divisa

Deinde considerandum est de mutatione legum.[1]

Et circa hoc quaeruntur quatuor.

Primo: utrum lex humana sit mutabilis.

Secundo: utrum semper debeat mutari, quando aliquid melius occurrerit.

Tertio: utrum per consuetudinem aboleatur; et utrum consuetudo obtineat vim legis.

Quarto: utrum usus legis humanae per dispensationem rectorum immutari debeat.

Articulus 1
Utrum lex humana debeat aliquo modo mutari

Ad primum sic proceditur. Videtur quod lex humana nullo modo debeat mutari.

1. Lex enim humana derivatur a lege naturali, ut supra[1] dictum

제97문
법의 개정에 대하여
(전4절)

다음으로 인정법의 개정에 대해 고찰해야 한다.[1]
이 [주제]에 대해서는 네 가지 문제가 제기된다.
1. 인정법은 개정될 수 있는가?
2. 더 좋은 것이 생기면 항상 인정법은 개정되어야 하는가?
3. 관습으로 인정법을 폐기하는가, 그리고 관습은 법의 효력을 가지는가?
4. 통치자가 면제하는 것에 따라 인정법의 적용은 바뀌어야 하는가?

제1절: 어떤 방식에 있어서는 인정법이 개정되어야 하는가?

Parall.: Infra, q.104, a.3, ad2; *ad Galat.*, c.1, lect.2; *In Ethic.*, V, lect.12.

[반론] 첫째에 대해서는 다음과 같이 진행된다. 인정법은 어떤 식으로든 개정되어서는 안 되는 것으로 생각된다.
1. 위에서 말했듯이,[1] 인정법은 자연법에서 나왔기 때문이다. 그런데 자연법은 변하지 않고 끝까지 계속된다. 따라서 인정법도 변하지 않고

---
1. Cf. q.95, Introd.

est. Sed lex naturalis immobilis perseverat. Ergo et lex humana debet immobilis permanere.

2. Praeterea, sicut Philosophus dicit, in V *Ethic.*,[2] mensura maxime debet esse permanens. Sed lex humana est mensura humanorum actuum, ut supra[3] dictum est. Ergo debet immobili-ter permanere.

3. Praeterea, de ratione legis est quod sit iusta et recta, ut supra[4] dictum est. Sed illud quod semel est rectum, semper est rectum. Ergo illud quod semel est lex, semper debet esse lex.

SED CONTRA est quod Augustinus dicit, in I *de Lib. Arb.*:[5] *Lex temporalis quamvis iusta sit, commutari tamen per tempora iuste potest.*

RESPONDEO dicendum quod sicut supra[6] dictum est, lex humana est quoddam dictamen rationis, quo diriguntur humani actus. Et secundum hoc duplex causa potest esse quod lex humana iuste mutetur: una quidem ex parte rationis; alia vero ex parte hominum, quorum actus lege regulantur. Ex parte quidem rationis, quia humanae rationi naturale esse videtur ut gradatim ab imperfecto ad perfectum perveniat. Unde videmus in scientiis speculativis quod qui primo philosophati sunt, quaedam imperfecta tradiderunt, quae postmodum per posteriores sunt

---

1. q.95, a.2.
2. c.8, 1133a25-31; S. Thomas, lect.9, nn.981-982.

제97문 제1절

지속되어야 한다.

2. 그 밖에도 철학자는 『니코마코스 윤리학』 제5권[2]에서 척도는 지극히 영속되어야 한다고 말한다. 그런데 위에서 말했듯이,[3] 인정법은 인간적 행위의 척도다. 따라서 그것은 불변적으로 지속되어야 한다.

3. 그 밖에도 위에서 말했듯이,[4] 정의롭고 올바른 것은 법의 본성에 관한 것이다. 그런데 한번 올바른 것은 항상 올바르다. 따라서 한번 법인 것은 항상 법이어야 한다.

[재반론] 그러나 반대로 『자유의지론』 제1권[5]에서 아우구스티누스는 "현세법은 비록 정의롭지만 시간에 따라 정당하게도 변할 수 있다"라고 말한다.

[답변] 위에서 말했듯이,[6] 인정법은 인간적 행위를 지도하는 이성의 어떤 명령이다. 그리고 이에 따라 정당하게 인정법을 개정하는 두 가지 이유가 있을 수 있다. 첫째는 이성의 측면에서이고, 둘째는 그 행위가 법에 의해 규제되는 인간의 측면에서다. 이성의 측면에서 보면 인간의 이성이 불완전한 것에서 완전한 것으로 단계적으로 나아가는 것은 자연적인 것으로 보인다. 따라서 사변적 학문에 있어 처음에 철학자인 자들이 어떤 불완전한 것을 전승해 준 것이 나중에 후대의 (철학자들에 의해) 더욱 완전하게 된 것을 우리는 본다. 그것은 실천적인 것에

---

3. q.90, aa.1-2.
4. q.95, a,2.
5. c.6, n.14: PL 32, 1229.
6. q.91, a.3.

magis perfecta. Ita etiam est⁷ in operabilibus. Nam primi qui intenderunt invenire aliquid utile communitati hominum, non valentes omnia ex seipsis considerare, instituerunt quaedam imperfecta in multis deficientia; quae posteriores mutaverunt, instituentes aliqua quae in paucioribus deficere possent a communi utilitate.

Ex parte vero hominum, quorum actus lege regulantur, lex recte mutari potest propter mutationem conditionum hominum, quibus secundum diversas eorum conditiones diversa expediunt. Sicut Augustinus ponit exemplum, in I *de Lib. Arb.*,⁸ quod *si populus sit bene moderatus et gravis, communisque utilitatis diligentissimus custos, recte lex fertur qua tali populo liceat creare sibi magistratus, per quos respublica administretur. Porro si paulatim idem populus depravatus habeat venale suffragium, et regimen flagitiosis sceleratisque committat; recte adimitur tali populo potestas dandi honores, et ad paucorum bonorum redit arbitrium.*

AD PRIMUM ergo dicendum quod naturalis lex est participatio quaedam legis aeternae, ut supra⁹ dictum est, et ideo immobilis perseverat: quod habet ex immobilitate et perfectione divinae rationis instituentis naturam. Sed ratio humana mutabilis est et imperfecta. Et ideo eius lex mutabilis est. — Et praeterea lex naturalis continet quaedam universalia praecepta, quae semper manent: lex vero posita ab homine continet praecepta quaedam particularia, secundum diversos casus qui emergunt.

---

7. 비오판에는 'tradita magis perfecte. Ita etiam et'[더욱 완전하게 만들어지는 (우리는

있어서도 마찬가지다.[7] 왜냐하면 처음 인간 공동체에 유익한 어떤 것을 발견하려고 하는 자들이 모든 것을 그 자체로 고려할 수 없어서 많은 것에 있어 결여된 불완전한 어떤 것을 만들지만, 후대 사람들은 이를 개선하여 공동의 유익을 위해 적은 것에서만 결여될 수 있는 어떤 것들을 만들어 내는 것이다.

법에 의해 행위가 규제되는 인간의 측면에서 보면, 그 조건의 다양성에 따라 다양한 것이 이롭게 되는 인간 조건의 변화 때문에 법은 정당하게 개정될 수 있다. 이는 아우구스티누스가 『자유의지론』 제1권[8]에서 제시하는 예와 같다. "그렇다면 인민이 온건하고 신중하고 또 지극히 열성적으로 공동선을 옹호한다면, 그런 인민으로 하여금 공적인 일을 담당할 관직을 스스로 뽑게 하는 법을 제정하는 것이 정당하다. 그러나 같은 인민이 조금씩 타락하여 투표권을 돈으로 팔고 (권력을) 파렴치한 자들과 범죄인들에게 맡겨버린다면, 관직을 주는 권력을 그런 사람들에게서 박탈해서 소수의 선한 자들에게 재량권을 주는 것이 정당하다."

[해답] 1. 위에서 말했듯이,[9] 자연법은 영원법의 분여이다. 따라서 자연을 만든 자인 신의 이성의 불변성과 완전성 때문에 변하지 않고 지속되는 것이다. 그런데 인간의 이성은 가변적이고 불완전하다. 따라서 그들의 법도 가변적이다. — 더욱이 자연법은 항상 지속되는 어떤 일반 계명을 가지지만 인간에 의해 주어진 법은 생겨나는 다양한 경우에 따라 특정한 계명을 가진다.

본다.) … 그리고 또한]로 되어있음.
8. c.6, n.14: PL 32, 1229.
9. q.91, a.2; q.96, a.2, ad3.

AD SECUNDUM dicendum quod mensura debet esse permanens quantum est possibile. Sed in rebus mutabilibus non potest esse aliquid omnino immutabiliter permanens. Et ideo lex humana non potest esse omnino immutabilis.

AD TERTIUM dicendum quod rectum in rebus corporalibus dicitur absolute: et ideo semper, quantum est de se, manet rectum. Sed rectitudo legis dicitur in ordine ad utilitatem communem, cui non semper proportionatur una eademque res, sicut supra[10] dictum est. Et ideo talis rectitudo mutatur.

ARTICULUS 2
Utrum lex humana semper sit mutanda, quando occurrit aliquid melius

Ad secundum sic proceditur. Videtur quod semper lex humana, quando aliquid melius occurrit, sit mutanda.

1. Leges enim humanae sunt adinventae per rationem humanam, sicut etiam aliae artes. Sed in aliis artibus mutatur id quod prius tenebatur, si aliquid melius occurrat. Ergo idem est etiam faciendum in legibus humanis.

2. Praeterea, ex his quae praeterita sunt, providere possumus de futuris. Sed nisi leges humanae mutatae fuissent supervenientibus melioribus adinventionibus, multa inconvenientia sequerentur: eo

2. 척도는 가능한 한 지속되어야 한다. 그런데 가변적인 것 안에서는 어떤 것도 완전히 불변적으로 지속될 수는 없다. 따라서 인정법은 완전히 불변적일 수 없다.

3. 물질적인 것에 있어 올바른 것은 절대적으로 말해진다. 따라서 그 자체에 관한 한, 항상 바른 것으로 지속된다. 그러나 위에서 말했듯이,[10] 법의 올바름은 공통의 유익을 위한 것이라고 말해지는데, 그것에 대해서는 같은 것이 항상 적용되지 않는다. 따라서 그러한 올바름은 가변적이다.

제2절: 더 좋은 어떤 것이 생기면 인정법은 항상 개정되어야 하는가?

Parall.: *In Polit.*, II. lect.12.

[반론] 둘째에 대해서는 다음과 같이 진행된다. 더 좋은 어떤 것이 생기면 인정법은 항상 개정되어야 하는 것으로 생각된다.

1. 인정법은 다른 기술과 마찬가지로 인간의 이성에 의해 만들어지는 것이기 때문이다. 그런데 다른 기술에 있어서는 어떤 더 좋은 것이 생겨나면 전에 유지되던 것이 변화한다. 따라서 인정법에 있어서도 똑같이 이루어져야 한다.

2. 그 밖에도 우리는 전에 있던 것으로부터 미래를 예견할 수 있다. 그런데 더 좋은 것이 나타난 것이 발견되어도 인정법의 개정이 없다

---

10. 앞의 답변.

quod leges antiquae inveniuntur multas ruditates continere. Ergo videtur quod leges sint mutandae, quotiescumque aliquid melius occurrit statuendum.

3. Praeterea, leges humanae circa singulares actus hominum statuuntur. In singularibus autem perfectam cognitionem adipisci non possumus nisi per experientiam, quae *tempore indiget*, ut dicitur in II *Ethic.*.[1] Ergo videtur quod per successionem temporis possit aliquid melius occurrere statuendum.

SED CONTRA est quod dicitur in *Decretis*, dist. 12:[2] *Ridiculum est et satis abominabile dedecus, ut traditiones quas antiquitus a patribus suscepimus, infringi patiamur.*

RESPONDEO dicendum quod, sicut dictum est,[3] lex humana intantum recte mutatur, inquantum per eius mutationem communi utilitati providetur. Habet autem ipsa legis mutatio, quantum in se est, detrimentum quoddam communis salutis. Quia ad observantiam legum plurimum valet consuetudo: intantum quod ea quae contra communem consuetudinem fiunt, etiam si sint leviora de se, graviora videantur. Unde quando mutatur lex, diminuitur vis constrictiva legis, inquantum tollitur consuetudo. Et ideo nunquam debet mutari lex humana, nisi ex aliqua parte tantum recompensetur communi saluti, quantum ex ista parte

---

1. c.1, 1103a16–18; S. Thomas, lect.1, nn.246–247.

면, 많은 불편이 뒤따를 것이다. 옛날 법에서 미숙한 것이 많이 발견되기 때문이다. 따라서 제정되어야 하는 더 좋은 것이 생겨날 때마다 법은 개정되어야 하는 것으로 보인다.

3. 그 밖에도 인정법은 인간의 개별적 행동을 내용으로 하여 제정된다. 그런데 『니코마코스 윤리학』 제2권[1]에서 말하듯이, "시간을 요하는" 경험을 통하지 않고는 우리는 개별적인 것에 있어 완전한 인식을 얻을 수 없다. 따라서 시간의 연속을 통해 제정되어야 하는 더 좋은 것이 생겨날 수 있다고 보인다.

[재반론] 그러나 반대로 『법령집』 제12구분[2]에서는 "우리가 조상들로부터 받은 전통이 파괴되는 것을 보고만 있는 것은 어리석고 끔찍하게 수치스러운 일이다"라고 말한다.

[답변] 위에서 말했듯이,[3] 법의 개정을 통해 공동의 유익이 주어지는 한에 있어 인정법은 정당하게 개정된다. 그런데 법의 개정은 그 자체에 있어서만큼은 공동의 안전에 해가 된다. 왜냐하면 공통의 관습에 반하여 행해지는 것은 그 자체로는 사소한 것일지라도 더 심각한 것으로 보이는 한에 있어서, 관습은 법을 지키는 것에 있어 대단히 의미 있는 것이기 때문이다. 따라서 법이 개정될 때, 관습이 폐지되는 한에 있어, 법의 구속력은 줄어들게 된다. 그러므로 나빠지는 만큼 공동의 안전이 보상으로 주어지지 않는 한, 인정법은 개정되어서는 안 된다. (그러한 보상은 두 가지로) 일어난다. 첫째는 매우 크고 확실한 유익

---

2. Gratianus, *Decretum*, P.I, d.12, can.5: '어리석은 일이다'(*Ridiculum est*).
3. 앞 절.

derogatur. Quod quidem contingit vel ex hoc quod aliqua maxima et evidentissima utilitas ex novo statuto provenit: vel ex eo quod est maxima necessitas, ex eo quod lex consueta aut manifestam iniquitatem continet, aut eius observatio est plurimum nociva. Unde dicitur a Iurisperito[4] quod *in rebus novis constituendis, evidens debet esse utilitas, ut recedatur ab eo iure quod diu aequum visum est.*[5]

AD PRIMUM ergo dicendum quod ea quae sunt artis, habent efficaciam ex sola ratione: et ideo ubicumque melior ratio[6] occurrat, est mutandum quod prius tenebatur. Sed *leges habent maximam virtutem ex consuetudine*, ut Philosophus dicit, in II *Polit.*.[7] Et inde non sunt de facili mutandae.

AD SECUNDUM dicendum quod ratio illa concludit quod leges sunt mutandae: non tamen pro quacumque melioratione, sed pro magna utilitate vel necessitate, ut dictum est.[8]

Et similiter dicendum est AD TERTIUM.

ARTICULUS 3
Utrum consuetudo possit obtinere vim legis

Ad tertium sic proceditur. Videtur quod consuetudo non possit obtinere vim legis, nec legem amovere.

이 새로운 제정을 통해 나오는 경우이고, 둘째는 기존의 법이 명백한 불의를 가지고 있거나 그것을 지키는 것이 지극히 해로워 큰 위급성이 있을 경우다. 따라서 법률가[4]는 "오랫동안 정당한 것으로 보였던 법에서 떠나기 위해서는 새로운 것을 제정함에 있어 유익이 있다는 증거가 있어야 한다"[5]라고 말한다.

[해답] 1. 기술이 속하는 것은 오직 이성으로부터 그 효력을 가진다. 따라서 더 좋은 이성이[6] 생겨날 때마다 전에 유지되던 것은 변해야만 한다. 그런데 철학자가 『정치학』 제2권[7]에서 말하듯이, "법은 관습으로부터 가장 큰 힘을 얻는다." 따라서 그것들은 쉽게 변해서는 안 된다.

2. 위에서 말했듯이,[8] 그 추론은 무엇이든 개선을 위해서가 아니라 큰 유익 또는 위급성 때문에 법이 개정되어야 한다고 결론짓는다.

3. 그리고 셋째에 대해서도 비슷하게 말하여야 한다.

제3절: 관습은 법의 효력을 가질 수 있는가?

Parall.: II-II, q.79, a.2, ad2; *In Sent.*, IV, d.33, q.1, a.1, ad1; *Quodlibet*, II, q.4, a.3; IX, q.4, a.2.

---

4. 레오판에는 'Ulpiano'(울피아누스에 의해)임.
5. *Dig.*, I, tit.4, leg.2.
6. 비오판과 레오판에는 'melioratio'(개선이)로 되어있음.
7. c.8, 1269a20-24; S. Thomas, lect.12.
8. 앞의 답변.

1. Lex enim humana derivatur a lege naturae et a lege divina, ut ex supradictis[1] patet. Sed consuetudo hominum non potest immutare legem naturae, nec legem divinam. Ergo etiam nec legem humanam immutare potest.

2. Praeterea, ex multis malis non potest fieri unum bonum. Sed ille qui incipit primo contra legem agere, male facit. Ergo, multiplicatis similibus actibus, non efficietur aliquod bonum. Lex autem est quoddam bonum: cum sit regula humanorum actuum. Ergo per consuetudinem non potest removeri lex, ut ipsa consuetudo vim legis obtineat.

3. Praeterea, ferre legem pertinet ad publicas personas, ad quas pertinet regere communitatem: unde privatae personae legem facere non possunt. Sed consuetudo invalescit per actus privatarum personarum. Ergo consuetudo non potest obtinere vim legis, per quam lex removeatur.

SED CONTRA est quod Augustinus dicit, in Epist. *ad Casulan.*:[2] *Mos populi Dei et instituta maiorum pro lege sunt tenenda. Et sicut praevaricatores legum divinarum, ita et contemptores consuetudinum ecclesiasticarum coercendi sunt.*

RESPONDEO dicendum quod omnis lex proficiscitur a ratione et voluntate legislatoris:[3] lex quidem divina et naturalis a rationabili

---

[1]. q.93, a.3; q.95, a.2.

[반론] 셋째에 대해서는 다음과 같이 진행된다. 관습은 법의 효력을 얻지도, 법을 폐지하지도 못하는 것으로 생각된다.

1. 위에서 말한 바[1]로 분명해지듯이, 인정법은 자연의 법과 신법에서 나왔기 때문이다. 그런데 인간의 관습은 자연의 법도 신법도 개정할 수 없다. 따라서 [관습은] 인정법도 개정할 수 없는 것이다.

2. 그 밖에도 많은 악으로부터 하나의 선이 만들어질 수는 없다. 그런데 처음 법에 반하여 행동하기 시작한 자는 악하게 행동한 것이다. 따라서 비슷한 행동을 계속해도 선한 것은 나오지 않는다. 법은 인간 행위의 규칙이기 때문에 선한 것이다. 따라서 관습을 통해서 법이 제거될 수는 없기 때문에, 관습 자체가 법의 효력을 갖는다.

3. 그 밖에도 법을 제정하는 것은 공동체를 다스리는 것이 귀속되는 공인(公人)에게 속하는 것이다. 따라서 사인(私人)은 법을 만들 수 없다. 그런데 관습은 사인의 행위를 통해 자라는 것이다. 관습을 통해서 법이 제거될 수 없기 때문에, 관습 자체가 법의 효력을 갖는다.

[재반론] 그러나 반대로 아우구스티누스는 『카술라누스에게 보내는 서간』[2]에서 다음과 같이 말한다. "하느님 백성의 관습과 조상들의 제도들은 법과 같이 지켜져야 한다. 교회의 관습을 멸시하는 자도 신법을 거역한 자와 같이 벌해야 한다."

[답변] 모든 법은 입법자의 이성과 의지에서 나오는 것이다.[3] 신법과 자연법은 하느님의 이성적 의지에서 나오고, 인정법 역시 인간의 이성

---

2. Epist.36, a1.86, n.2: PL 33, 136. Cf. Gratianum, *Decretum*, P.I, d.11, can.7: '이것들에 있어'(*In his rebus*).
3. Cf. q.17, a.1; q.90, a.1; q.92, a.1.

q.97, a.3

Dei voluntate; lex autem humana a voluntate hominis ratione regulata. Sicut autem ratio et voluntas hominis manifestantur verbo in rebus agendis, ita etiam manifestantur facto: hoc enim unusquisque eligere videtur ut bonum, quod opere implet.[4] Manifestum est autem quod verbo humano potest et mutari lex, et etiam exponi, inquantum manifestat interiorem motum et conceptum rationis humanae. Unde etiam et per actus, ma-xime multiplicatos, qui consuetudinem efficiunt, mutari potest lex, et exponi, et etiam aliquid causari quod legis virtutem obtineat: inquantum scilicet per exteriores actus multiplicatos interior voluntatis motus, et rationis conceptus, efficacissime declaratur; cum enim aliquid multoties fit, videtur ex deliberato rationis iudicio provenire. Et secundum hoc, consuetudo et habet vim legis,[5] et legem abolet,[6] et est legum interpretatrix.[7]

AD PRIMUM ergo dicendum quod lex naturalis et divina procedit a voluntate divina, ut dictum est.[8] Unde non potest mutari per consuetudinem procedentem a voluntate hominis, sed solum per auctoritatem divinam mutari posset. Et inde est quod nulla consuetudo vim obtinere potest contra legem divinam vel legem naturalem: dicit enim Isidorus, in *Synonym.*:[9] *Usus auctoritati cedat: pravum usum lex et ratio vincat.*[10]

---

4. 어떤 사람은 스스로 어떤 것을 행함으로써 그것을 원한다는 것을 표시할 수 있다. I, q.19, a.12.
5. 그래서 어떤 경우 의무적인 관습, 곧 법을 설정하는 관습이 있게 된다.

에 의해 다스려지는 의지에서 나온다. 그런데 행위와 관련된 것에 있어 인간의 이성과 의지는 말에 의해 표현되듯이, 행동에 의해서도 표현된다. 왜냐하면 각자는 행위로 성취하는 바를 선으로 선택하는 것으로 보이기 때문이다.[4] 그런데 인간 이성의 내적 운동과 개념을 드러내는 한에 있어서, 법이 인간의 말로 바뀌고 설명될 수 있다는 것이 명백하다. 따라서 행동에 의해서, 특히 무수히 반복됨으로써 관습을 만들어 내는 행동에 의해서도 법이 바뀌고 설명될 수 있다. 또한 반복되는 외적 행위를 통해 의지의 내적 운동과 이성의 개념이 가장 효과적으로 설명되는 한에 있어서, 법의 효력을 얻는 어떤 것이 만들어질 수도 있다. 왜냐하면 어떤 것이 자주 행해질 때, 심사숙고한 이성의 판단에서 (법의 효력이) 나오는 것으로 보이기 때문이다. 이에 따라 관습은 법의 효력을 가지고,[5] 법을 폐지하며,[6] 법의 해석자가 되는 것이다.[7]

[해답] 1. 위에서 말했듯이,[8] 자연법과 신법은 신적 의지에서 나온다. 따라서 그것은 인간의 의지에서 나온 관습에 의해 변할 수 없고, 오직 신적 권위를 통해서만 변할 수 있다. 그리고 그것으로부터 어떤 관습도 신법과 자연법에 반하는 힘을 가질 수 없다는 결론이 나온다. 왜냐하면 이시도루스는 『어원』[9]에서 "관습은 권위에서 양보해야 한다. 법과 이성은 타락한 관습보다 우위에 있어야 한다"라고 말하기 때문이다.[10]

---

6. 어떤 경우 법을 폐지하는 관습이 있게 된다. Vide *Cod. Iur. Can.*, can.27, § 1.
7. 법의 해석자인 한에 있어 관습은 관습법의 해석이라고 불린다. 이에 대해 『교회법전』 제29조는 "관습은 법의 최고 중재자다"라고 말한다.
8. 앞의 답변.
9. II, n.80: PL 83, 863 B.
10. Cf. *Cod. Iur. Can.*, can.27, § 1: "어떠한 관습도 신법, 자연법, 또는 실정법을 제한할 수 없다."

AD SECUNDUM dicendum quod, sicut supra[11] dictum est, leges humanae in aliquibus casibus deficiunt: unde possibile est quandoque praeter legem agere, in casu scilicet in quo deficit lex, et tamen actus non erit malus. Et cum tales casus multiplicantur, propter aliquam mutationem hominum, tunc manifestatur per consuetudinem quod lex ulterius utilis non est: sicut etiam manifestaretur si lex contraria verbo promulgaretur. Si autem adhuc maneat ratio eadem propter quam prima lex utilis erat, non consuetudo legem, sed lex consuetudinem vincit: nisi forte propter hoc solum inutilis lex videatur, quia non est *possibilis secundum consuetudinem patriae*, quae erat una de conditionibus legis.[12] Difficile enim est consuetudinem multitudinis removere.

AD TERTIUM dicendum quod multitudo in qua consuetudo introducitur, duplicis conditionis esse potest. Si enim sit libera multitudo, quae possit sibi legem facere, plus est consensus totius multitudinis ad aliquid observandum, quem consuetudo manifestat, quam auctoritas principis, qui non habet potestatem condendi legem, nisi inquantum gerit personam multitudinis. Unde licet singulae personae non possint condere legem, tamen totus populus legem condere potest. — Si vero multitudo non habeat liberam potestatem condendi sibi legem, vel legem a superiori potestate positam removendi; tamen ipsa consuetudo in tali multitudine praevalens obtinet vim legis, inquantum per eos toleratur ad quos pertinet multitudini legem imponere, ex hoc enim ipso videntur approbare quod consuetudo induxit.[13]

2. 위에서 말했듯이,[11] 어떤 경우에 있어 인정법은 부족한 데가 있다. 따라서 예컨대 법이 부족한 경우에 때로 법을 떠나 행동하는 것이 가능하다. 그럼에도 행동은 악하지 않게 될 것이다. 그리고 인간에게 어떠한 변화 때문에 이러한 경우들이 반복될 때는 법이 그 이상 유익하지 않다는 것이 관습에 의해 밝혀진다. 심지어 반대되는 법이 말로 공포되었을 때 이러한 것이 명백하게 밝혀지는 것처럼. 그러나 본래의 법이 유익했던 그와 같은 이유가 여전히 유효하다면, 관습이 법을 이기는 것이 아니라 법이 관습을 이기는 것이다. 예외는 오직 법의 조건들 가운데 하나인 "조국의 관습에 따라 가능"하지 않기 때문에 무익하다고 보이는 경우다.[12] 왜냐하면 다중의 관습을 없애는 것은 어렵기 때문이다.

3. 관습이 도입되는 다중은 두 가지 조건을 가질 수 있다. 왜냐하면 스스로 법을 만들 수 있는 다중이 자유롭다면, 관습이 드러내는 바와 같이 어떤 것을 준수하는 전체 다중의 동의는, 다중을 대신하여 행하는 것이 아니라면 법을 제정할 권력을 갖지 못하는 군주의 권위 이상의 것이기 때문이다. 따라서 개별적인 인격은 법을 만들 수 없지만 전체 인민은 법을 만들 수 있다. — 만약 다중이 스스로 법을 만들거나 상위 권력에 의해 주어진 법을 폐지할 자유로운 권력을 가지지 못하더라도, 다중에게 법을 부여하는 자들이 용인하는 한에 있어서, 그러한 다중 안에 있는 관습 자체는 강력한 법의 힘을 가지게 된다. 왜냐하면 그 용인 자체로 관습이 들여온 것을 승인하는 것으로 생각되기 때문이다.[13]

---

11. q.96, a.6.
12. q.95, a.3.

Articulus 4

Utrum rectores multitudinis possint
in legibus humanis dispensare

Ad quartum sic proceditur. Videtur quod rectores multitudinis non possint in legibus humanis dispensare.

1. Lex enim statuta est *pro communi utilitate*, ut Isidorus dicit.[1] Sed bonum commune non debet intermitti pro privato commodo alicuius personae: quia, ut dicit Philosophus, in I *Ethic.*,[2] *bonum gentis divinius est quam bonum unius hominis*. Ergo videtur quod non debeat dispensari cum aliquo ut contra legem communem agat.

2. Praeterea, illis qui super alios constituuntur, praecipitur *Deut.* 1,[17]: *Ita parvum audietis ut magnum, nec accipietis cuiusquam personam: quia Dei iudicium est.* Sed concedere alicui quod communiter denegatur omnibus, videtur esse acceptio personarum. Ergo huiusmodi dispensationes facere rectores multitudinis non possunt, cum hoc sit contra praeceptum legis divinae.

3. Praeterea, lex humana, si sit recta, oportet quod consonet legi naturali et legi divinae: aliter enim non *congrueret religioni*, nec *conveniret disciplinae*, quod requiritur ad legem, ut Isidorus dicit.[3]

---

13. (* 추가주) 성 토마스의 이 가르침에 관하여, "다중을 대신하여 행하고 다중으로부터 법을 제정할 권력을 받는 군주에 대한 가르침은 일반적인 것이 아니며, 성 토마스가 이것을 썼을 때에 국가들은 여럿이었으므로, 오직 그 통치가 다소 민주적이었던 사회에 의미가 있다. 그러므로 마치 거기서 성 토마스가 모든 시민 사회들에 공통된 법을 전하는 것처럼 이를 인용하는 것은 부적절하다."

제4절: 다중의 통치자는 인정법에 있어 면제할 수 있는가?

Parall.: Supra, q.96, a.6; infra, q.100, a.8; II-II, q.88, a.10; q.89, a.9; q.147, a.4; *In Sent.*, III, d.37, a.4; IV, d.15, q.3, a.2, qc.1; d.27, q.3, a.3, ad4; *ScG*, c.125.

[반론] 넷째에 대해서는 다음과 같이 진행된다. 다중의 통치자는 인정법에 있어 면제할 수 없는 것으로 생각된다.

1. 이시도루스가 말하듯이,[1] 법은 "공동의 유익을 위해" 제정되기 때문이다. 따라서 개인의 이득을 위해 공동선이 중단되어서는 안 된다. 왜냐하면 철학자가 『니코마코스 윤리학』 제1권[2]에서 "종족의 선이 한 개인의 선보다 더 신적이다"라고 말하기 때문이다. 따라서 어떤 자에게 일반 법에 반하여 행동하도록 면제해서는 안 되는 것으로 보인다.

2. 그 밖에도 신명기 1장 17절은 다른 사람들 위에 세워진 자들에게 다음과 같이 명령한다. '너희는 낮은 자의 말이나 높은 자의 말이나 똑같이 들어주고 누구의 사람도 편파적으로 대우하지 마라. 재판은 하느님께 속한 것이기 때문이다.' 그런데 모두에게 공통적으로 금지되어 있는 것을 어떤 자에게 허용하는 것은 인간을 차별하는 것으로 보인다. 따라서 이와 같은 방식으로 다중의 통치자는 면제할 수 없다. 왜냐하면 이는 신법의 계명에 반하기 때문이다.

3. 그 밖에도 인정법이 올바르기 위해서는 자연법과 신법에 맞아야 한다. 왜냐하면 그렇지 않은 경우 "경외와도 어울리지" 않고 "훈육에

S. Schiffini S.J., *Disputationes Philosophiae Moralis*, vol.II, Augustae Taurinorum, 1891, p.426.

1. *Etymol.* II, c.10; V, c.21: PL 82, 131 B, 203 A.
2. c.1, 1094b10-11; S. Thomas, lect.2, nn.30-31.

Sed in lege divina et naturali nullus homo potest dispen-sare. Ergo nec etiam in lege humana.

SED CONTRA est quod dicit Apostolus, I *ad Cor.* 9,[17]: *Dispensatio mihi credita est.*

RESPONDEO dicendum quod dispensatio proprie importat commensurationem alicuius communis ad singula: unde etiam gubernator familiae dicitur dispensator, inquantum unicuique de familia cum pondere et mensura distribuit et operationes et necessaria vitae. Sic igitur et in quacumque multitudine ex eo dicitur aliquis dispensare, quod ordinat qualiter aliquod commune praeceptum sit a singulis adimplendum. Contingit autem quandoque quod aliquod praeceptum quod est ad commodum multitudinis ut in pluribus, non est conveniens huic personae, vel in hoc casu, quia vel per hoc impediretur aliquid melius, vel etiam induceretur aliquod malum, sicut ex supradictis[4] patet. Periculosum autem esset ut hoc iudicio cuiuslibet committeretur, nisi forte propter evidens et subitum periculum, ut supra[5] dictum est. Et ideo ille qui habet regere multitudinem, habet potestatem dispensandi in lege humana quae suae auctoritati innititur, ut scilicet in personis vel casibus in quibus lex deficit, licentiam tribuat ut praeceptum legis non servetur. — Si autem absque hac ratione, pro sola voluntate, licentiam tribuat, non erit fidelis in dispensatione, aut erit imprudens: infidelis quidem, si non

제97문 제4절

도 적합하지" 않기 때문이다. 그런데 이시도루스가 말하듯이,[3] 이것은 법이 요구하는 바다. 그런데 어떤 인간도 신법과 자연법에 있어서 면제를 부여할 수가 없다. 따라서 인정법에 있어서도 면제를 부여할 수 없는 것이다.

[재반론] 그러나 반대로 사도 바오로는 코린토 1서 9장 17절에서 '면제(분배)는 나에게 맡겨진 것입니다'라고 말한다.

[답변] 면제(분배)는 본래적으로 개별적인 사람들에게 공동의 것을 비율에 맞게 나눠주는 것을 의미한다. 따라서 집안의 각 사람들에게 그 비중과 척도에 따라 일과 삶에 필요한 것을 분배하는 한에 있어서, 한 집안을 다스리는 자도 분배인이라고 불린다. 그러므로 어느 다중에 있어서든지 일반적 계명이 개별적인 사람들에 의해 어떻게 이행되어야 하는지를 명한다는 사실로부터 그 (명하는) 사람이 분배한다고 말하는 것이다. 그런데 때로는 대부분의 경우에 있어 다중의 이익을 위한 어떤 계명이, 이 경우에는 개별적인 사람에게 유익하지 않은 일이 생긴다. 왜냐하면 위에서[4] 말한 바로 명백해졌듯이, 이를 통해 더 좋은 것이 방해되거나 나쁜 것이 들어오기 때문이다. 그런데 위에서[5] 말한 바와 같이, 아마도 명백하고 갑작스러운 위험 때문이 아니라면 이 판단을 각자에게 맡겨놓는 것은 위험하다. 따라서 법을 적용할 수 없는 사람이나 경우에 있어 법의 계명을 섬기지 않아도 되도록 허락하기 위해, 다중을 다스리는 자는 자신의 권한에 달려있는 인정법에서

---

3. *Etymol.* II, c.10; V, c.3: PL 82, 131 A, 199 A.
4. q.96, a.6.
5. Ibid.

263

habeat intentionem ad bonum commune; imprudens autem, si rationem dispensandi ignoret. Propter quod Dominus dicit, Lucae 12,[42]: *Quis, putas, est fidelis dispensator et prudens, quem constituit dominus super familiam suam?*

AD PRIMUM ergo dicendum quod, quando cum aliquo dispensatur ut legem communem non servet, non debet fieri in praeiudicium boni communis; sed ea intentione ut ad bonum commune proficiat.

AD SECUNDUM dicendum quod non est acceptio personarum si on serventur aequalia in personis inaequalibus. Unde quando conditio alicuius personae requirit ut rationabiliter in ea aliquid specialiter observetur, non est personarum acceptio si sibi aliqua specialis gratia fiat.

AD TERTIUM dicendum quod lex naturalis inquantum continet praecepta communia, quae nunquam fallunt, dispensationem recipere non potest. In aliis vero praeceptis, quae sunt quasi conclusiones praeceptorum communium, quandoque per hominem dispensatur: puta quod mutuum non reddatur proditori patriae, vel aliquid huiusmodi. — Ad legem autem divinam ita se habet quilibet homo, sicut persona privata ad legem publicam cui subiicitur. Unde sicut in lege humana publica non potest dispensare nisi ille a quo lex auctoritatem habet, vel is cui ipse commiserit; ita in praeceptis iuris divini, quae sunt a Deo, nullus potest dispensare nisi Deus, vel si cui ipse specialiter committeret.

면제하는 힘을 가지게 된다. — 그럼에도 이런 이유 없이 오로지 자신의 뜻에 따라 (면제하는 것을) 허락한다면 (그 통치자는) 면제에 있어 충실하지 않거나 현명하지 못한 사람이 될 것이다. 공동선을 위한 의도를 가지지 않는 경우에는 신뢰가 가지 않게 되고, 면제를 부여해야 하는 이치를 모른다면 현명하지 못하게 되는 것이다. 그렇기 때문에 루카복음서 12장 42절에서 주님은 '주인이 자기 집을 맡긴 충실하고 슬기로운 집사(분배인)는 누구이겠느냐?'라고 말한 것이다.

[해답] 1. 어떤 자가 공통법을 지키지 않도록 면제받을 때는, 공동선에 대한 예단(豫斷) 가운데 그래서는 안 되고, 공동선을 증진시키고자 하는 의도에서 면제되어야 하는 것이다.

2. 동등하지 않은 사람들에게 동등한 것을 주지 않았다고 인간을 차별하는 것은 아니다. 따라서 어떤 사람들의 조건이 어떤 것에 있어서 합당하게도 특별히 대우받아야 할 필요가 있을 때, 어떤 특별한 혜택이 주어졌다고 해서 인간 차별이 되는 것은 아니다.

3. 결코 어긋남이 없는 일반적 계명을 가지고 있는 한에서, 자연법은 면제를 받아들일 수 없다. 그러나 일반적 계명에서 나온 결론으로서의 다른 계명에 있어서는, 때때로 사람에게 면제된다. 예컨대 조국의 반역자에게 부채를 갚지 않는 것, 또는 그와 같은 일에서 그러하다. — 그러나 어떤 사람도 신법에 대해서는, 그가 따르는 공법에 대한 사인(私人)의 관계에 있는 것이다. 따라서 법의 권위를 부여하는 자, 또는 그가 직접 위임한 자를 빼고는 공적인 인정법에 있어 누구도 면제할 수 없는 것처럼, 하느님 또는 하느님이 특별히 친히 위임한 자를 빼고는 하느님에 의해 주어진 신법의 계명에 있어 누구도 면제할 수 없다.

《주제 색인》

가르침, 교리(doctrina) 260
간음(fornicatio) 159, 163
간통(adulterium) 163, 199
감각적인(sensibilis) 59
강제력(vis coactiva) 21, 229-233
개념(conceptus) 33, 95, 257
개념(notio) 97, 121
개념(ratio) 95, 137, 139, 195-199, 229
개별적(singularis) 13, 47, 173, 177, 179, 203-207, 239, 251
격노(激怒, saevitia) 177
결과(effectus) 97, 99
결론(conclusio) 11, 45, 47, 81, 151-157, 161, 163, 167, 181-185, 195, 199, 265
    논증적 결론(conclusio demonstrativa) 47, 183
결정(determinatio) 183, 185, 191, 197
결함, 오류, 장애(defectus) 113, 117, 135, 151
경외, 존중(religio) 45, 181, 187-191, 261
고유성, 특성(proprietas) 133
자격, 공리(公理, dignitas) 65, 69, 139
공인(公人, persona publica) 21
공통적으로, 공히(communiter) 19, 139, 157, 163, 261
공통적으로, 일반적으로, 일반에(in communi) 201-205
공포, 두려움(metus) 45, 81, 85, 173, 175, 181, 209
공포(公布, promulgatio) 5, 23-27, 31, 33, 113, 117
과실, 죄(culpa) 69, 165-169
과정(processus) 45
관능(sensualitas) 67, 69
구별, 구분, 분류(distinctio) 57, 91, 109, 165, 193
군주정, 왕국(regnum) 55, 59, 61, 197, 229
    하늘나라(regum caelorum) 59

군주칙령(constitutio principis) 197
규칙(regula) 7-9, 13, 25, 39, 47, 69, 183, 189, 203, 207, 211, 229, 255
권고, 충고(monitio) 21, 173-177
권력, 권한, 권위(auctoritas) 85, 189, 195, 233, 239, 257, 259, 263, 265
그 자체로(in se) 143, 251
그 자체로(secundum se) 47, 69, 95, 137, 171
근원, 원리, 처음(principium) 3, 7, 13, 15, 41, 45, 55, 59, 77, 115, 117, 133, 139, 151, 153, 167, 179, 181, 183, 195, 199, 205
  형상적 근원(principium formale) 32
기원(origo) 69, 171

논증(ratio) 69, 135, 137, 149
논증 불가능한(indemonstrabilis) 34, 45, 137, 139, 185
논증적인(demonstrativus) 47, 81, 137
능동적으로(active) 35
능력(facultas) 51, 173, 191, 211
능력(potentia) 5, 131, 133, 157
능력(vis) 99

다양성(pluralitas) 91
다중, 인민, 다수성(multitudo) 19, 21, 137, 213, 223, 259-263
단적으로(simpliciter) 67, 75, 79, 139, 163, 187, 205, 229, 231, 239
달성(consecutio) 191
덕(virtus) 5, 19, 21, 53, 71-79, 83, 121, 123, 129, 133, 143-147, 211-219
  습득덕(習得德, virtus acquisita) 75-77
  천부덕(天賦德, virtus infusa) 75-77
도시(civitas) 229, 239
동인(動因, motivum) 123
동자(動子, movens)
  제1동자(第一動子, movens primum) 103
  제2동자(第二動子, movens secundum) 103

류(類, genus) 7, 15, 17, 47, 57, 133, 135, 173, 207, 211

마땅한 것(debitum) 39, 91, 163, 191
말씀(Verbum) 33, 89, 93
면제, 분배(dispensatio) 223, 229, 235, 239, 243, 261-265
명령(dictamen) 31, 43, 45, 49, 73, 77, 79, 245
명령(statutum) 23
명령(mandatum) 61, 77, 163, 221, 225, 229
명령, 계명, 규정(praeceptum) 13, 17, 23, 45, 55, 63, 79, 83, 103, 115, 129, 133-143, 159, 161, 167, 169, 185, 207, 213, 219, 247, 261, 263, 265
    일반적 명령, 공통적 계명(praeceptum commune) 79, 207
명예(honestas) 187, 191
말, 언표(enuntiatio) 81, 185
모상(imago)
    하느님의 모상(imago Dei) 91-93
    습성적 모상(imago habitualis) 93
모호함(obscuritas) 187
물질적인(corporalis) 249
민회 의결(plebiscitum) 193, 199

반역자(proditor) 265
범법자(transgressor) 63, 65, 69
법(lex)
    영원법(lex aeterna) 29-49, 55, 57, 87-127, 213, 223, 234, 247
    자연법(lex naturalis) 23, 25, 28, 29, 34-45, 49, 51, 55, 57, 63, 87, 99, 100, 129-137, 141-151, 159, 161, 165, 167, 178-185, 193, 199, 209, 213, 243, 247, 255, 257, 261-265
    자연의 법(lex naturae) 25, 34, 55, 137, 141-151, 155-169, 181-185, 189, 195, 197, 209, 215, 255
    인정법(lex humana) 28, 29, 43-53, 87, 100, 105, 107, 159, 161, 171, 173, 178, 181-185, 189, 192-205, 209-221, 225-229, 233, 234, 243, 245, 249, 251, 255, 259-

　　　　인간의 법(lex hominis) 115
　　　　성문법(lex litterae) 159
　　　　성문법(lex scripta) 163, 187
　　　　신법(lex divina) 28, 29, 33, 48-57, 63, 69, 87, 101, 107, 125, 161, 163, 189, 225,
　　　　　　255, 257, 261-265
　　　　실정법(lex positiva) 33, 185, 187
　　　　죄의 법(lex peccati) 29
　　　　은총의 법(lex gratiae) 167
　　　　옛 법(lex vetus) 48, 57-61, 87
　　　　새 법(lex nova) 48, 57-61, 87
　　　　왕의 법(lex regis) 107
　　　　전제적인 법(lex tyrannica) 79
　　　　현세법(lex temporalis) 45, 105, 235
　　　　공통법(lex communis) 205, 207, 265
　　　　사법(lex privata) 205, 206, 227
　　　　관습법(lex usualis) 257
　　　　의례법(lex caeremonialia) 124
　　　　내적인 법(lex interior) 124
　법, 법률, 옳음(ius)
　　　　자연법(ius naturale) 149, 151, 157, 181, 193
　　　　인간의 법률(ius humanum) 192, 193
　　　　만민법(ius gentium) 193, 195
　　　　군법(軍法, ius militare) 193
　　　　공법(公法, ius publicum) 193
　　　　시민법(市民法, ius civile) 195, 197
　　　　실정법(ius positivum) 181, 193, 195, 205
　　　　신법(ius divinum) 67, 265
법규(statutum) 169
법정, 재판(iudicium) 221, 261
법률가(Iurisperitus, Ulpianus) 5, 181, 185, 189, 203, 229, 237, 253

법학자(Legisperitus, 『학설휘찬』 편집자) 70, 71, 79
변하지 않는, 불변의(incommutabilis) 31, 99
보상(praemium) 81
보편적(universalis) 8, 11, 32, 33, 83, 91, 117, 159, 162, 165, 167, 169, 203, 206, 230
복리(salus) 187-191, 237
복종(subiectio) 69, 73, 75, 101, 107, 123, 229, 231
본래적으로(proprie) 34, 133, 233, 263
본성(natura) 19, 35, 37, 40, 41, 47-51, 55, 67-69, 91, 92, 109-115, 121-127, 135, 137, 141-147, 151, 155-157, 161, 169, 175, 187, 191, 211, 217
본성(ratio) 11, 17, 23, 31, 33, 45, 63-69, 78, 79, 83, 89, 91, 105, 113, 141, 145, 183, 237, 245
본성적으로(naturaliter) 33, 34, 40, 45, 47, 55, 87, 141, 147, 151, 154, 157, 163, 175, 197
본질(essentia) 3, 25, 32, 91, 93, 97, 109, 111, 169
본질적으로(essentialiter) 9, 63, 65, 89, 131, 133
부가(additio) 161, 165
부당한(iniquus) 101
부당한(iniustum) 227
부당한(indebitus) 175
분노적(irascibilis) 75, 143
분여, 분유(participatio) 8, 9, 39-43, 47, 49, 69, 99, 213, 247
분유적으로(participative) 9, 21, 65
분류(divisio) 171, 193, 195
불멸성(immortalitas) 133
불의(iniustitia) 155, 163, 179, 221
불의, 불법(iniquitas) 11, 167, 253
불의한(iniquus) 155, 169, 221
불의한(iniustus) 125, 223, 225, 231
비물체적(incorporalia) 109

사랑(caritas) 124, 125
사랑(amor) 61, 91, 92, 123, 125, 156, 177

사인(私人, persona privata) 265
사적 이익(commodum privatum) 13, 187
사형(caput) 81
살인(caedes) 81
삼단논법(syllogismus) 9
선(bonum) 3, 13, 21, 37, 39, 59, 71, 75-81, 123-127, 139, 141, 173, 205, 255, 257, 261
 공동선(bonum commune) 11-21, 25, 53, 59, 65, 69, 73-77, 93, 143, 147, 191, 197, 205, 215-219, 223, 247, 261, 265
 개인적 선(bonum privatum) 13, 65, 69, 145, 217
 인간적 선(bonum humanum) 223
 신적인 선(bonum divinum) 225
선성(bonitas) 77
섭리(providentia) 31, 34, 39, 97, 103, 109-113, 117, 211, 215, 230
(천국의) 성인들(beati) 97
성질(qualitas) 171, 187
성향(inclinatio) 65-69, 121-125, 137, 141, 143, 147, 157
성향(dispositio) 155, 157, 175, 177
수동적으로(passive) 35
순종하다(obtemperare) 89
순종하다(obedire) 35, 225
순종하다(subiaceo) 39, 97
습관, 관습(consuetudo) 45, 155, 169, 175, 181, 187, 191, 211, 213, 243, 251-259
습관(assuetudo) 77, 121, 175
습성(habitus) 129, 155, 169
신앙(fides) 123, 133
실재적으로(realiter) 109
실천적인(operabilis) 11, 15, 137, 167, 245
실천적 지혜(prudentia) 101, 119, 125, 185
실체(substantia) 97, 109, 141
 비물체적 실체(substantia incorporalia) 109

악(malum) 3, 7, 33, 37, 39, 53, 69, 75, 83, 85, 109, 123, 141, 165, 177, 183, 191, 209, 213, 231, 255
악덕(malitia) 217
악덕(vitium) 83, 145-149, 169, 175, 201, 209-213
악덕한(vitiosus) 215, 219
양심(conscientia) 131, 201, 219-225
양지(良知, synderesis) 131, 135
영원으로부터(ab aeterno) 31
영적인(spiritualis) 125, 227, 233
영혼(anima) 53, 59, 61, 109, 123, 131, 133, 145, 195, 229
예지하다(praecogitare) 33
온화한(mansuetus) 217
올바름(rectitudo) 53, 153, 155, 249
왜곡(perversitas) 79
욕망(concupiscentia) 9, 147, 151, 167, 177
욕정적(concupiscibilis) 75, 137, 143
용감한(fortis) 81, 217, 219
용어(terminus) 139
우리와 관련해서(quoad nos) 137
우유적(contingens) 47, 50, 87, 109, 113, 151, 209
우유적으로(per accidens) 35
운동(motus) 7, 91, 115, 257
  내적 운동(motus interior) 53
유익(utilitas) 13, 53, 73, 147, 171, 187-191, 205, 207, 223, 237, 239, 245-253, 259, 261
유덕한(virtuosus) 77, 145-148, 175, 209-213, 219, 231
유혹(tentatio) 3
육신(caro) 101, 119, 125
율법(lex) 19, 35, 37, 48, 57, 59, 60, 61, 119, 149, 165
원로원 의결(senatusconsult) 193, 197
원리(principium) 3, 7, 13, 15, 45, 55, 133-137, 153-157, 167, 183, 185, 195
  일반적 원리(principium commune) 47, 99, 151-153, 157, 167, 181-185

원리(ratio) 13, 41, 45, 47, 81, 103, 109, 111, 115, 139, 153, 199
원인(causa) 3, 15, 57, 107, 111, 161
    개별적 원인(causa particularis) 117
    보편적 원인(causa universalis) 117
    제일원인(causa prima) 117
원죄(peccatum originale) 87, 163
원형(ratio) 89, 91, 95, 103, 109, 111, 113, 117
위격적으로(personaliter) 89, 93
위급성(necessitas) 239, 253
의도(intentio) 19, 75, 81, 173, 209, 235−241, 265
의무(obligatio) 23, 25, 27, 123, 124, 161, 178, 219, 227, 231, 234
의무를 지우다(obligare) 7
의사, 의지, 의도(consilium) 49, 55
의지(voluntas) 5, 11, 37, 73, 85, 107, 111, 163, 231, 234, 255, 257
    이성적 의지(voluntas rationalis) 107, 111, 255
은총(gratia) 3, 35, 57, 61, 123, 165−169, 221
이성(ratio) 3−13, 17, 19, 25, 31, 37−51, 63, 67, 69, 73−81, 97, 105, 107, 111−117, 121, 131, 133, 137, 141-147, 151-157, 165, 167, 175, 177, 183, 187, 191, 195, 199, 245-249, 253-257
    영원한 이성(ratio aeterna) 39, 41
    사변이성(ratio speculativa) 9, 11, 17, 45, 47, 137, 151, 153
    실천이성(ratio practica) 11, 15, 17, 31, 45, 47, 137−141, 151, 153
    이성의 능력(potentia rationis) 5
    이성의 작용(actus rationis) 5, 49
    이성의 습성(habitus rationis) 5, 11, 133
이유(ratio) 49, 51, 115, 181, 227, 245, 259, 265
이익(commodum) 13, 205, 263
이해, 파악(apprehensio) 117, 139, 141
인간 차별(acceptio personarum) 261, 265
인식(cognitio) 47, 57, 99, 121, 123, 133, 141, 153, 157, 251
~의 입장에서(ex parte) 33

자명한(per se nota) 137, 139
자연적 욕구(appetitus naturalis) 41
자족적으로(sufficienter) 49
작용(actus) 5, 39, 49, 131
작용자(agens) 6, 138
작품(opus) 91, 93, 131
잡아맴(ligatio) 6
장애(impedimentum) 135, 155
적성(aptitudo) 121, 175
적합성(aptitudo) 175
전제적(tyrannicus) 73, 79, 225
절대적으로(absolute) 249
절제(temperantia) 143, 147
절제 있는(temperatus) 217
정념(passio) 123, 131, 133, 155, 167
정의(定義, definitio) 9, 15, 25, 71, 137, 187
정의(正義, iustitia) 15, 59, 63, 69, 107, 123-125, 151, 157, 165, 167, 173, 177, 183, 187, 191, 205, 219
정의(正義, iustum) 67, 75, 105, 151, 155, 173, 179
    법률적 정의(iustum legale) 179, 203-207
    자연적 정의(iustum naturale) 179, 181
정욕(fomes) 63-69, 87, 101, 105
조언(consilium) 79-83
족속(natio) 151, 193
존재(esse) 9, 21, 29-37, 43, 49, 55, 63, 71, 73, 87, 91, 92, 96, 101, 141, 155
존재자(有, ens) 139
종(種, species) 17, 57, 59, 69, 145, 147, 217
종류(diversitas) 29
죄(peccatum) 29, 53, 87, 105, 123, 127, 145, 147, 163, 169, 183, 213
죄인(reus) 225
지도력(vis directiva) 233, 235

지도자(principans) 19, 75
지복(beatitudo) 15, 51, 127
지복직관(visio beata) 93
지식(scientia) 93, 135
지혜(sapientia) 47, 53, 91, 103, 111, 123, 237, 241
    신적 지혜(divina sapientia) 47, 91
직책(officium) 193
진리(veritas) 32, 33, 47, 51-53, 56, 57, 89, 95, 99, 141, 151, 153
질료적으로(materialiter) 160, 193
질서(ordinatio) 7, 11-21, 31, 35, 37, 43, 51-59, 65, 69, 73, 75, 91, 93, 97-103, 107, 117, 139, 143, 147, 157, 177, 189, 191, 197, 201, 215-219, 223, 225, 237

차감(subtractio) 161
처벌하다(punire) 53
처벌(poena) 21, 61, 69, 77, 81-83, 85, 105, 125, 175, 183
척도(mensura) 7-9, 13, 25, 32, 39, 43, 47, 69, 95, 161, 189, 203, 207, 211, 245, 249, 263
천사(angelus) 139

쾌락(delectatio) 112, 175, 178

타락(corruptio) 35, 69, 121, 125, 156, 157, 163, 169, 183
태도(dispositio) 211
통치(gubernatio) 35, 73, 91, 103, 109, 111, 115
통치자(gubernans) 31, 35, 91, 103, 105
통치자(praesidens) 73, 79, 207, 223
통치자(regimen) 75, 79
특권(privilegium) 205
특별한(specialiter) 141, 147, 161, 197, 265
특수한, 특정한(particularis) 13-17, 45, 47, 51, 63, 153, 155, 161, 167, 197, 201, 203, 207, 247

판단, 재량권(arbitrium) 173, 177, 179
평가(aestimatio) 8, 123
폭력(violentia) 105, 221, 223, 231
필연성(necessitas) 23, 111, 189, 191, 201, 219, 221

하나씩(per singula) 131
학문(scientia) 45, 47, 81, 100, 178, 183, 245
    사변적 학문(scientia speculativa) 245
해(害, nocumentum) 191, 213
행위, 행동(actus) 13, 39, 51, 53, 59, 61, 65, 77, 79, 83, 85, 91, 129-133, 143-149, 173, 175, 201, 203, 207, 215-219, 245, 247, 251, 255-259
    내적 행위(actus interior) 53, 59
    외적 행위(actus exterior) 9, 53, 257, 275
    인간적 행동(actus humanus) 7, 13, 37, 51, 77, 83, 117, 173, 203, 211, 229, 233, 245
활동(actio) 115, 205
    능동(actio) 121, 123, 125
    수동(passio) 121, 123, 125
현실태(actus) 92, 93, 133
    현실태에 있어서, 현실태로(in actu) 92, 133
    이차적 현실태(actus secundus) 92
형상(forma) 8, 32, 91, 121, 145, 183, 189, 223
    형상적으로(formaliter) 32, 35, 155, 157, 160, 161, 162, 193
화법(oratio) 133
확신(persuasio) 167
활동(operatio) 9, 41, 93, 112
효력(effectus) 3, 11, 71, 75, 79, 81, 83, 105, 113, 167-171, 179-185, 201, 205, 207, 237, 243, 253-257
훈련, 훈육(disciplina) 175, 187-191, 217, 231, 261
힘(virtus) 103, 117
    구속력(vis constrictiva) 251
혜택(gratia) 265

《인명 색인》

그라티아누스(Gratianus, Franciscus) 157
요한 다마쉐누스(Johannes Damascenus) 145
다윗(David) 51
르위(Lehu, L., OP) 163
롬바르두스(Lombardus, Petrus) 37, 123, 165, 233
바실리우스(Basilius) 131
바오로, 사도(Paulus, St.) 5, 19, 57, 59, 65, 83, 95, 119, 123, 125, 167, 225−231, 263
바이우스, 미셸(Baius, Michael) 35
법률가(울피아누스, Ulpianus, Domitius) 5, 181, 185, 189, 203, 229, 237, 253
보에티우스(Boethius) 139
비오 5세 교황(Pius V) 35
비오 9세 교황(Pius IX) 35, 100, 112, 178, 218
쉬피니(Schiffini, S., SJ) 261
아우구스티누스(Augustinus) 31, 37, 43, 53, 59, 61, 77, 81, 89, 91, 93, 97, 103, 105, 111, 119, 121, 123, 131, 167, 183, 205, 215, 225, 235, 245, 247, 255
알렉산더 8세 교황(Alexander VIII) 35
우르바누스 1세 교황(Urbanus I) 227
이시도루스(Isidorus) 13, 19, 27, 63, 81, 151, 159, 173, 181, 187, 189, 193, 195, 199, 205, 209, 211, 261, 263
철학자(아리스토텔레스, Aristoteles) 7, 8, 11, 19, 21, 73−77, 99, 111, 120, 129, 133, 149, 157, 173, 177−181, 185, 197, 203−207, 217, 231, 245, 253, 261
카이사르(Caesar, Gaius Julius) 155
키케로(Cicero) 45, 181, 187
펠라기우스(Pelagius) 35
플라톤(Platon) 8
플로티누스(Plotinus) 8
호르바트(Horvath, A.M., OP) 33, 92, 157
힐라리우스(Hilarius, St.) 237

《성경 색인》

갈라티아서(*Galatas*) 59, 119, 124
로마서(*Romanos*) 5, 19, 33-37, 65, 99, 101, 105, 119, 149, 165, 167, 225-231
루카복음서(*Lucas*) 265
마태오복음서(*Matthaeus*) 59, 213, 221, 225, 233
베드로 1서(*I Petri*) 221, 233
사도행전(*Apostolorum*) 61
사무엘기 상권(*I Samuelis*) 163
시편(*Psalmi*) 39, 51, 53, 57, 67, 115, 233
신명기(*Deutronomium*) 261
열왕기 상권(*I Regum*) 163
요한복음서(*Ioannes*) 111
욥기(*Iob*) 99
이사야서(*Isaias*) 101, 221
잠언(*Proverbia*) 31, 103, 115, 213, 223
지혜서(*Sapientia*) 43
집회서(*Ecclesiasticus*) 49, 159
창세기(*Genesis*) 159
탈출기(*Exodus*) 59, 159
코린토 1서(*I Corinthios*) 83, 95, 109, 263
코린토 2서(*II Corinthios*) 125, 230
티모테오 1서(*I Timotheum*) 57, 227, 231
호세아서(*Hosea*) 159
히브리서(*Hebraeos*) 57

《토마스 아퀴나스 작품 색인》

『갈라티아서 주해』(*In Ep. ad Galat.*) 125
『코린토 2서 주해』(*In Ep. II ad Cor.*) 125

『대이교도대전』(*ScG*) 9, 51, 53, 71, 75, 91, 140, 141, 179, 197, 261
『마태오복음서 주해』(*In Matth.*) 213
『명제집 주해』(*In Sent.*) 9, 11, 35, 41, 49, 63, 135, 149, 154, 157, 159, 179, 235, 253, 261
『시편 주해』(*In Psalm.*) 49, 209, 233
『악론』(*De malo*) 149, 157-161, 209
『영혼론 주해』(*In De anima*) 196
『욥기 주해』(*In Iob*) 95, 209
『윤리학 주해』(*In Ethic.*) 7, 10, 11, 15, 18, 21, 71-73, 77, 97, 113, 129, 149, 155-159, 171, 172, 179-181, 185, 193, 201-207, 215, 216, 235, 243, 244, 250, 297
『자연학 주해』(*In Phys.*) 7, 151, 188
『자유토론문제집』(*Quodlibet.*) 23, 194, 209, 212, 213, 253
『정치학 주해』(*In Pol.*) 249
『진리론』(*De veritate*) 7, 23, 34

《고전 작품 색인》

『교회법전』(*Codex Juris Canonici*) 257
『덴칭거』(*Denzinger*) 35, 100, 112, 113, 178, 179, 218-221
『주석』(*Glossa*) 37, 123, 159, 165, 233
『오류 목록』(*Syllabus*) 100, 112, 178, 218

다마쉐누스
　　『정통신앙론』(*De fide orth.*) 130, 145, 147

롬바르두스
　　『명제집』(*Sententiarum*) 233

미뉴
　　『그리스교부전집』(*Patrologia Graeca*) 130, 145, 147
　　『라틴교부전집』(*Patrologia Latina*) 12, 13, 19, 27, 30, 35, 43, 53, 59, 60, 63, 77, 81,

88, 89, 93, 97, 99, 102, 104, 110, 119, 120, 122, 123, 131, 138, 150, 158, 159, 165, 167, 173, 180, 183, 186-188, 193-195, 198, 204, 205, 208, 210, 211, 223, 233-237, 245, 247, 255, 257, 261, 263

보에티우스
『데 헵도마디부스』(*De Hebdomadibus*) 139

아리스토텔레스
『니코마코스 윤리학』(*Ethica Nichom.*) 11, 15, 19, 21, 71, 73, 83, 97, 113, 121, 129, 149, 173, 179, 181, 185, 203-207, 217, 245, 251, 261
『수사학』(*Rhetorica*) 45, 177, 181
『자연학』(*Phys.*) 151, 189
『정치학』(*Politica*) 15, 21, 73-77, 177, 195, 197, 253
『형이상학』(*Metaph.*) 43, 111, 139, 149, 203, 207, 211

아비첸나
『영혼론』(*De anima*) 196

아우구스티누스
『마니 제자 아디만투스 반박』(*Contra Adimantum Manichaei Discipulum*) 61
『마니교도 파우스투스 반박』(*Contra Faustum*) 59
『삼위일체론』(*De Trin.*) 93, 237
『신국론』(*De civitate Dei*) 121, 205
『여든세 가지 다양한 질문』(*De diversis quaestionibus octoguinta tribus*) 89
『입문자 교리교육』(*De Catechizandis Rudibus*) 123
『자유의지론』(*De libero arbitrio*) 31, 37, 43, 53, 89, 97, 103, 105, 119, 123, 183, 211, 215, 223, 245, 247
『카술라누스에게 보내는 서간』(*Epistula ad Casulan*) 255
『참된 종교』(*De vera religione*) 89, 97, 99, 111, 235
『혼인의 유익』(*De bono coniugali*) 131

우르바누스
  『법령집』(*Decretum*) 19, 23, 149, 159, 227, 233, 251

유스티니아누스
  『학설휘찬』(*Digesta*) 70

이시도루스
  『어원』(*Etymologiarum sive Originum libri XX*) 13, 19, 27, 63, 81, 151, 159, 173, 181, 205, 209, 257

카이사르
  『갈리아 원정기』(*De Bello Gallico*) 155

■ 지은이: 토마스 아퀴나스(S. Thomas Aquinas)

성 토마스 아퀴나스는 1224/5년 이탈리아 중남부의 귀족 가문에서 태어나 도미니코수도회에 입회하였고, 때 묻지 않은 '천사적' 순수함과 진리에 대한 지칠 줄 모르는 열정으로 13세기라는 역사상 드문 정치적·사상적 격변기를 헤쳐나갔다. 그는 아리스토텔레스의 대부분의 작품들과 복음서 및 바오로의 주요 서간들에 대해 주해서를 집필하였고, 『대이교도대전』과 『토론문제집』 등 중요한 저작들을 남겼다.

특히 그리스 철학의 제 학파와 아랍 세계의 선진 이슬람 문명 등 당대까지 유럽에 전해져 서로 충돌하던 다양한 사상들을 그리스도교 진리의 빛 속에서 웅장하게 체계적으로 종합한 『신학대전』(*Summa Theologiae*)은 인류 문화사적 걸작으로 꼽힌다. 그는 1274년 리옹공의회에 참석하러 가던 길에 중병을 얻어 포사노바에서 선종하였다.

1879년 교황 레오 13세는 회칙 『영원하신 아버지』를 통해 토마스의 사상을 가톨릭교회의 공식 학설로 공표하였다.

■ 옮긴이: 이진남

고려대학교 철학과와 대학원을 졸업하고 미국 성토마스대학교 토마스철학연구소에서 토마스 아퀴나스의 자연법과 신명론에 대한 연구로 박사학위를 받았다. 동덕여자대학교와 숙명여자대학교 교양교육원 교수로 재직했고 지금은 강원대학교 철학과 교수로 일하고 있다. 철학상담치료학회 수련감독과 미국철학상담사이기도 하다.

저서로는 『종교철학』·『나는 긍정심리학을 긍정할 수 없다』 등이 있다.

■ 진리의 협력자들

　　가르멜수도회(윤주현 신부) 가톨릭교리신학원(최승정 신부) 가톨릭출판사(홍성학 신부) †곽성명마티아 교리48기(김순진 요안나) 구요비주교 기쁜소식(전갑수 사장) 김명순소피아 김미라크레센시아 김미리파비올라 김미숙도미나 김수남글라라 김영희글라라 김운장(대화제약 회장) 김웅태신부 김월자안젤라 김은주율리아나 김장이베로니카 김정렬사도요한 김정이아네스 김정임세실리아 김종국신부 김철련스테파노 김청자아가다 김항희마르타 김해영아나다시아 김혜경아네스 김효숙노엘라 김훈겸신부 김희중대주교 로사리오 성모의 도미니코수녀회(오하정 수녀) 목동성당(민병덕 신부) 문정동성당(이철호 신부) 박상수신부 박영규사도요한 박정자소화데레사 박종호시몬 박찬윤신부 박현숙글라라 방배4동성당(최동진 신부) 배옥순시모니아 분당성마리아성당(윤종대 신부) 상도동성당(곽성민 신부) 서초동성당(이찬일 신부) 서호숙데레사 성도미니코선교수녀회(안소근 수녀) 손삼석주교 손희송주교 송기인신부 송인섭안드레아 신수정비비안나 신옥현루시아 심상태몬시뇰 양정희루시아 여규태요셉 염수정추기경 오금동성당(박희원 신부) 오승원신부 위재숙아나다시아 유경촌주교 유덕희(경동제약 회장) 유영숙스콜라스티카 윤정자남파 이경상신부 이계숙루시아 이동익신부 이범현신부 이선용알베르토 이완숙미카엘라 이용훈주교 이윤하신부 †이정국미카엘 이정석요한 이종상요셉 이 진안드레아 이효재로마노 임경희미카엘라 잠원동성당(박항오 신부) 장석호모세 장우일레오 장혜순카타리나 (재)신학과사상(백운철 신부) 전상순요안나 전상직(더맨 회장) 절두산순교성지성당(정연정 신부) 정복신안나 정순택주교 정영숙(다빈치 회장) 정의채몬시뇰 정진석추기경 조규만주교 조신호델피노 조용주마리안나 차상금이사벨 최명주율리아 최미묘분다 학교법인가톨릭학원(김영선 신부) 한무숙문학관(김호기 박사) 혜화동성당(홍기범 신부) 홍순자요셉피나 황예성세실리아

지금까지 출간된 분책(2022년 현재)

■ 제1권(I, qq.1-12), [하느님의 존재], 정의채 옮김, 1985, 3판 2014, 752쪽.
제1문 거룩한 가르침에 관하여. 제2문 신론 – 하느님이 존재하는가. 제3문 하느님의 단순성에 대하여. 제4문 하느님의 완전성에 대하여. 제5문 선 일반에 대하여. 제6문 하느님의 선성에 대하여. 제7문 하느님의 무한성에 대하여. 제8문 사물에 있어서의 하느님의 실재에 대하여. 제9문 하느님의 불변성에 대하여. 제10문 하느님의 영원성에 대하여. 제11문 하느님의 일체성(단일성)에 대하여. 제12문 하느님은 우리에게 어떻게 인식되는가에 대하여.

■ 제2권(I, qq.13-19), [하느님의 생명], 정의채 옮김, 1993, 3판 2022, 572쪽.
제13문 하느님의 명칭에 대하여. 제14문 하느님의 지식에 대하여. 제15문 이데아에 대하여. 제16문 진리에 대하여. 제17문 허위에 대하여. 제18문 하느님의 생명에 대하여. 제19문 하느님의 의지에 대하여.

■ 제3권(I, qq.20-30), [하느님의 작용과 위격], 정의채 옮김, 1994, 2판 2000, 500쪽.
제20문 하느님의 사랑에 대하여. 제21문 하느님의 정의와 자비에 대하여. 제22문 하느님의 섭리에 대하여. 제23문 예정에 대하여. 제24문 생명의 책에 대하여. 제25문 하느님의 능력에 대하여. 제26문 하느님의 지복에 대하여. 제27문 하느님의 위격들의 발출에 대하여. 제28문 하느님 안에서의 관계들에 대하여. 제29문 하느님의 위격들에 대하여. 제30문 하느님 안에서의 위격들의 복수성에 대하여.

■ 제4권(I, qq.31-38), [위격들의 구별], 정의채 옮김, 1997, 300쪽.
제31문 하느님 안에서 단일성 혹은 복잡성에 속하는 것들에 대하여. 제32문 하느님의 위격들의 인식에 대하여. 제33문 성부의 위격에 대하여. 제34문 성자의 위격에 대하여. 제35문 모습(혹은 모상)에 대하여. 제36문 성령의 위격에 대하여. 제37문 사랑이라는 성령의 명칭에 대하여. 제38문 은사라는 성령의 명칭에 대하여.

- 제5권(I, qq.39-43), [위격들의 관계], 정의채 옮김, 1998, 348쪽.

  제39문 본질과 비교된 위격들에 대하여. 제40문 관계들 내지는 고유성들과의 비교에 있어서의 위격들에 대하여. 제41문 인식 표징적(혹은 식별 표징적) 작용들과의 비교에 있어서의 위격들에 대하여. 제42문 하느님의 위격들 상호간의 동등성과 유사성에 대하여. 제43문 하느님의 위격들의 파견에 대하여.

- 제6권(I, qq.44-49), [창조], 정의채 옮김, 1999, 344쪽.

  제44문 피조물들의 하느님으로부터의 발출과 모든 유의 제1원인에 대하여. 제45문 사물들의 제1근원으로부터의 유출의 양태에 대하여. 제46문 창조된 사물들의 지속의 시작에 대하여. 제47문 사물들의 구별 일반에 대하여. 제48문 사물들의 구별에 대한 각론. 제49문 악의 원인에 대하여.

- 제7권(I, qq.50-57), [천사], 윤종국 옮김, 정의채 감수, 2010, 384쪽.

  제50문 천사의 실체 자체에 대하여. 제51문 천사와 물체의 비교에 대하여. 제52문 장소에 대한 천사의 비교에 대하여. 제53문 천사의 장소적 운동에 대하여. 제54문 천사의 인식 작용에 대하여. 제55문 천사의 인식 수단에 대하여. 제56문 비물질적 사물의 일부에서 얻는 천사의 인식에 대하여. 제57문 질료적 사물들의 성찰에 따른 천사의 인식에 대하여.

- 제8권(I, qq.58-64), 천사의 활동, 강윤희 옮김, 2020, lvi-312쪽.

  제58문 천사들의 인식 양태에 대하여. 제59문 천사들의 의지에 대하여. 제60문 천사들의 사랑 혹은 애정에 대하여. 제61문 본성의 존재 안에서 천사들의 창조에 대하여. 제62문 은총과 영광의 존재 안에서 천사들의 완성에 대하여. 제63문 천사의 악함, 즉 과오에 대하여 제64문 마귀들의 처벌에 대하여.

- 제9권(I, qq.65-74), [우주 창조], 김춘오 옮김, 정의채 감수, 2010, 432쪽.

  제65문 물체적 피조물들의 창조 작업에 대하여. 제66문 구별에 대한 피조물의 질서에 대하여. 제67문 자체 안에서의 구별 작업에 대하여. 제68문 둘째 날의 작업에 대하여. 제69문 셋째 날의 작업에 대하여. 제70문 넷째 날에 대한 장식 작업에 대하여. 제71문 다섯째 날에 대하여. 제72문 여섯째 날에 대하여. 제73문 일곱째 날에 속한 어떤 것에 대하여. 제74문 공통적인 것들 안에서 모든 일곱 날에 대하여.

■ 제10권(I, qq.75-78), [인간], 정의채 옮김, 2003, 388쪽.
제75문 인간론: 영적 실체와 물체적 실체로 복합된 인간에 대하여. 제76문 혼의 신체와의 하나됨(합일)에 대하여. 제77문 혼의 능력 일반에 속하는 것들에 대하여. 제78문 혼의 개별적 능력들에 대하여.

■ 제11권(I, qq.79-83), [인간 영혼의 능력], 정의채 옮김, 2003, 324쪽.
제79문 지성적 능력들에 대하여. 제80문 욕구적 능력 일반에 대하여. 제81문 감성적 능력에 대하여. 제82문 의지에 대하여. 제83문 자유의사에 대하여.

■ 제12권(I, qq.84-89), [인간의 지성], 정의채 옮김, 2013, 520쪽.
제84문 신체와 결합된 영혼은 어떻게 자신보다 하위에 있는 물체적인 것들을 인식하는가. 제85문 지성 인식의 양태와 서열에 대하여. 제86문 우리 지성은 질료적 사물들에 있어 무엇을 인식하는가. 제87문 지성적 혼은 어떻게 자기 자신과 자기 안에 있는 것들을 인식하는가. 제88문 인간 혼은 어떻게 자기의 상위에 있는 것들을 인식하는가. 제89문 분리된 영혼의 인식에 대하여.

■ 제13권(I, qq.90-102), [하느님의 모상으로 창조된 인간], 김율 옮김, 2008, 508쪽.
제90문 인간 혼의 첫 산출에 대하여. 제91문 첫 인간의 신체의 산출에 대하여. 제92문 여자의 산출에 대하여. 제93문 인간의 산출 목적 또는 결말에 대하여. 제94문 첫 인간의 지성 상태와 조건에 대하여. 제95문 첫 인간의 의지에 관련된 사항들, 곧 은총과 정의에 대하여. 제96문 무죄의 상태에서 인간이 가지고 있던 지배권에 대하여. 제97문 첫 인간의 상태에서 개인의 보존. 제98문 종의 보존에 대하여. 제99문 태어났을 자손의 신체적 조건에 대하여. 제100문 태어났을 자손의 정의의 조건에 대하여. 제101문 태어났을 자손의 지식의 조건에 대하여. 제102문 인간의 거처, 곧 낙원에 대하여.

■ 제14권(I, qq.103-114), [하느님의 통치], 이상섭 옮김, 2009, 608쪽.
제103문 사물들의 통치 일반에 대하여. 제104문 하느님 통치의 특수한 결과들에 대하여. 제105문 하느님에 의한 피조물들의 변화에 대하여. 제106문 한 피조물은 다른 피조물들을 어떻게 움직이는가. 제107문 천사들의 말에 대하여. 제108문 위계와 질서에 따르는 천사들의 질서지움에 대하여. 제109문 악한 천사들의 질서지움에 대하여. 제110문 물체적 피조물들에 대한 천사들의 통할에 대하여. 제111문 인간들에 대한 천사들의 작용에 대하여. 제112문 천사들의 파견에 대하여. 제113문 선한 천사들의 보호에 대하여. 제114문 마귀들의 공격에 대하여.

■ 제15권(I, qq.115-119), [우주의 질서], 김정국 옮김, 2010, 308쪽.
제115문 물체적 피조물의 작용에 대하여. 제116문 숙명에 대하여. 제117문 인간의 작용과 관련된 것에 대하여. 제118문 혼과 관련한 인류의 번식에 대하여. 제119문 육체에 관련된 인류의 번식에 대하여.

■ 제16권(I-II, qq.1-5), [행복], 정의채 옮김, 2000, 420쪽.
제1문 인간의 궁극 목적에 대하여. 제2문 인간의 행복이 있는 것들에 대하여. 제3문 행복이란 무엇인가. 제4문 행복을 위해 요구되는 것들에 대하여. 제5문 행복에의 도달에 대하여.

■ 제17권(I-II, qq.6-17), 인간적 행위, 이상섭 옮김, 2019, xlviii-444쪽.
제6문 의지적인 것과 비의지적인 것에 대하여. 제7문 인간적 행위의 상황들에 대하여. 제8문 의지에 대하여, 의지는 무엇을 대상으로 갖는가? 제9문 의지의 동인에 대하여. 제10문 의지가 움직여지는 방식에 대하여. 제11문 향유라는 의지 작용에 대하여. 제12문 지향에 대하여. 제13문 수단과 관련된 의지의 작용인 선택에 대하여. 제14문 선택에 앞서는 숙고에 대하여. 제15문 수단과 관련된 의지 작용인 동의에 대하여. 제16문 수단과 관련된 의지의 작용인 사용에 대하여. 제17문 의지에 의해 명령된 작용에 대하여.

■ 제18권(I-II, qq.18-21), 도덕성의 원리, 이재룡 옮김, 2019, lx-264쪽.
제18문 인간적 행위에서의 선성과 악성에 대하여. 제19문 의지의 내적 행위의 선성과 악성에 대하여. 제20문 인간의 외적 행위의 선성과 악성에 대하여. 제21문 인간적 행위의 귀결들과 그 선성 또는 악성에 대하여.

- 제19권(I-II, qq.22-30), 정념, 김정국 옮김, 2020, I-270쪽.

  제22문 영혼의 정념의 주체에 대하여. 제23문 정념 상호 간의 차이에 대하여. 제24문 영혼의 정념들에 있어서 선과 악에 대하여. 제25문 정념들 상호 간의 질서에 대하여. 제26문 사랑에 대하여. 제27문 사랑의 원인에 대하여. 제28문 사랑의 결과에 대하여. 제29문 미움에 대하여. 제30문 욕망에 대하여.

- 제20권(I-II, qq.31-39), 쾌락, 이재룡 옮김, 2020, lviii-358쪽.

  제31문 쾌락 그 자체에 대하여. 제32문 쾌락의 원인들에 대하여. 제33문 쾌락의 결과에 대하여. 제34문 쾌락의 선성과 악성에 대하여. 제35문 고통 또는 슬픔 자체에 대하여. 제36문 슬픔 또는 고통의 원인에 대하여. 제37문 고통 또는 슬픔의 결과에 대하여. 제38문 슬픔 또는 고통의 치유책에 대하여. 제39문 슬픔 또는 고통의 선성과 악성에 대하여.

- 제21권(I-II, qq.40-48), 두려움과 분노, 채이병 옮김, 2020, lxii-278쪽.

  제40문 분노적 정념들에 대하여. 먼저, 희망과 절망에 대하여. 제41문 두려움 그 자체에 대하여. 제42문 두려움의 대상에 대하여. 제43문 두려움의 원인에 대하여. 제44문 두려움의 결과에 대하여. 제45문 담대함에 대하여. 제46문 분노 그 자체에 대하여. 제47문 분노를 일으키는 원인과 그 대처 수단에 대하여. 제48문 분노의 결과에 대하여.

- 제22권(I-II, qq.49-54), 습성, 이재룡 옮김, 2020, lviii-234쪽.

  제49문 습성의 실체 자체에 대하여. 제50문 습성의 주체에 대하여. 제51문 습성의 생성 원인에 대하여. 제52문 습성의 성장에 대하여. 제53문 습성의 소멸과 약화에 대하여. 제54문 습성의 구별에 대하여.

- 제23권(I-II, qq.55-67), 덕, 이재룡 옮김, 2020, lxxvi-558쪽.

  제55문 덕의 본질에 대하여. 제56문 덕의 주체에 대하여. 제57문 지성적 덕의 구별에 대하여. 제58문 도덕적 덕과 지성적 덕의 구별에 대하여. 제59문 도덕적 덕과 정념 사이의 구별에 대하여. 제60문 도덕적 덕들 상호 간의 구별에 대하여. 제61문 추요덕에 대하여. 제62문 대신덕에 대하여. 제63문 덕의 원인에 대하여. 제64문 덕의 중용에 대하여. 제65문 덕들 사이의 상호 연관성에 대하여. 제66문 덕들의 동등성에 대하여. 제67문 후세에서의 덕의 지속에 대하여.

■ 제24권(I-II, qq.68-70), 성령의 선물, 채이병 옮김, 2020, liii-156쪽.
제68문 선물들에 대하여. 제69문 참행복에 대하여. 제70문 성령의 열매에 대하여.

■ 제25권(I-II, qq.71-80), 죄, 안소근 옮김, 2020, l-452쪽.
제71문 악습과 죄 자체에 대하여. 제72문 죄의 구별에 대하여. 제73문 죄들의 상호 비교에 대하여. 제74문 죄의 주체에 대하여. 제75문 죄의 일반적 원인에 대하여. 제76문 죄의 특수 원인에 대하여. 제77문 감각적 욕구 편에서 본 죄의 원인에 대하여. 제78문 죄의 원인인 악의에 대하여. 제79문 죄의 외부적 원인에 대하여(1): 하느님. 제80문 죄의 외부적 원인에 대하여(2): 악마

■ 제26권(I-II, qq.81-85), 원죄, 정현석 옮김, 2021, liii-196쪽.
제81문 인간 편에서의 원죄의 원인에 대하여. 제82문 원죄의 본질에 대하여. 제83문 원죄의 주체에 대하여. 제84문 어떤 죄가 죄의 원인이 된다는 점에서 죄의 원인에 대하여. 제85문 죄의 결과에 대하여.

■ 제27권(I-II, qq.86-89), 죄의 결과, 윤주현 옮김, 2021, xlviii-164쪽.
제86문 죄의 흠결에 대하여. 제87문 벌의 죄책에 대하여. 제88문 경죄와 사죄에 대하여. 제89문 경죄 자체에 대하여.

■ 제28권(I-II, qq.90-97), 법, 이진남 옮김, 2020, l-290쪽.
제90문 법의 본질에 대하여. 제91문 법의 종류에 대하여. 제92문 법의 효력에 대하여. 제93문 영원법에 대하여. 제94문 자연법에 대하여. 제95문 인정법에 대하여. 제96문 인정법의 효력에 대하여. 제97문 법의 개정에 대하여.

■ 제29권(I-II, qq.98-105), 옛 법, 이경상 옮김, 2021, lxiv-608쪽.
제98문 옛 법에 대하여. 제99문 옛 법의 규정들에 대하여. 제100문 옛 법의 도덕적 규정들에 대하여. 제101문 예식 규정들에 대하여. 제102문 예식 규정들의 원인에 대하여. 제103문 예식 규정들의 기한에 대하여. 제104문 사법 규정들에 대

하여. 제105문 사법 규정들의 근거에 대하여.

■제30권(I-II, qq.106-114), 새 법과 은총, 이재룡 옮김, 근간.

제106문 복음적 법 그 자체에 대하여. 제107문 새 법과 옛 법의 비교에 대하여. 제108문 새 법에 포함되는 것들에 대하여. 제109문 은총의 필요성에 대하여. 제110문 하느님의 은총의 본질에 대하여. 제111문 은총의 구분에 대하여. 제112문 은총의 원인에 대하여. 제113문 은총의 결과인 불경한 자들의 의화에 대하여. 제114문 공로에 대하여.